# 장기기증

## 대중 매체와 지역사회 홍보 효과

편자_ Jason T. Siegel & Eusebio M. Alvaro
역자_ 조원현, 윤익진

편자_ Jason T. Siegel & Eusebio M. Alvaro
역자_ 조원현, 윤익진

2014년 9월 25일 1판 1쇄 인쇄
2014년 9월 25일 1판 1쇄 발행

| | |
|---|---|
| 지 은 이 | 질병관리본부 장기이식관리센터, 대한이식학회 |
| 발 행 인 | 이헌숙 |
| 표  지 | 김학용 |
| 발 행 처 | 생각쉼표 & 주)휴먼컬처아리랑 |
| | 서울특별시 영등포구 여의도동 45-13 코오롱포레스텔 309 |
| 전  화 | 070) 8866 - 2220  FAX • 02) 784-4111 |
| 등록번호 | 제 2009 - 000008호 |
| 등록일자 | 2009년 12월 29일 |

www.휴먼컬처아리랑.kr
ISBN 979-11-85111-26-1

# 장기기증

## 대중 매체와 지역사회 홍보 효과

편자_ Jason T. Siegel & Eusebio M. Alvaro
역자_ 조원현, 윤익진

# 목차 Contents

서론 및 개요 .................................................................................. 1

1장_ 건강행위 중재에 대한 심리학의 응용: 최신 경향 ........................... 3
   Stuart Oskamp

2장_ 장기기증: 분야 개관 ................................................................ 15
   Mary Ganikos

Part I: 미디어와 의사소통 중재 ........................................................ 49

3장_ 우리는 지금까지 어디에 있었으며, 어디로 갈 것인가?: 장기기증 미디어 캠페인의 검토와 종합 ....................................................... 51
   Eusebio M. Alvaro and Jason T. Siegel

4장_ Donate Life 캠페인 효과: 미네아폴리스-세인트폴의 아프리카계 미국인 ....................................................................................... 76
   David M. Radosevich, Susan Mau Larson, Tiffany Scott, Clarence Jones, William Tendle, and Susan Gunderson

5장_ 장기 기증과 이식: 알래스카 원주민을 위한 나눔의 새로운 전통 ....... 97
   Margaret D. Allen and Barbara Stillwater

6장_ 오하이오 주의 본인 기증동의 의견존중법: 본인 기증동의 의견존중법이 장기기증률에 미치는 영향 .................................................. 115
   Kimberly Downing and Linda Jones

7장_ New York 내 중국인 사회의 장기기증 향상: 협력단체들의 관점에서 139
   Paul L. Hebert, Julia Rivera, Kelly Eng, Regina Lee, and Susan Seto-Yee

8장_ 인디언, 알래스카인, 그리고 원주민 사회에 대한 intervention 연구: 장기와 조직 기증의 모형 ........................................................ 155
   Nancy L. Fahrenwald

참여 저자 목록 ............................................................................. 173

Index .......................................................................................... 177

## 책을 번역하면서

2000년 장기 등 이식에 관한 법률 제정 이후 국내의 장기이식은 윤리적이고, 체계적인 발전을 하게 되었고, 동시에 뇌사 기증자 증가라는 목표를 서서히 이루어 가고 있다. 그러나 여전히 장기이식대기자와 연간 장기기증자 사이의 숫적 불균형은 환자들에게 해외원정이식의 유혹을 받게 하고, 일부 확인되지 않은 괴담들이 사회적인 문제가 되고 있다. 이와 같은 일들은 수요와 공급의 원칙에 비추어 보면 당연한 결과라고 생각된다.

그동안 장기기증 활성화를 위해 국가기관인 KONOS와 여러 민간단체들의 노력과 병행해서 대한이식학회에서 설립한 (사)생명잇기의 홍보 교육노력에 힘입어 전국적으로 뇌사기증자의 증가를 꾀할 수 있었다. 또한 한국장기기증원이 설립됨으로써 전문적인 장기구득 활동이 가능하게 되었고 Donor Action 활동이 국내 전체 의료기관으로 확대될 것으로 예상하고 있다. 이런 노력의 결과로 2013년에는 인구 100만 명당 뇌사장기기증자 수가 8명을 넘었고, 장기기증 희망카드 등록자 누적수도 100만 명을 넘었다. 특히 지난해에는 기증희망카드 등록자수가 13만 명을 넘어서면서 가파른 상승곡선을 그리고 있다.

그러나 이런 발전에도 불구하고 국민들은 여전히 장기기증이나 이식에 대한 지식이 부족하고, 인지도가 낮은 것이 사실이다. 특히 사회 지도층인사들이나 각 지방자치단체의 장기기증활성화에 대한 소극적인 태도나 무지는 국내의 뇌사기증 활성화에 걸림돌이 되고 있다.

같은 어려움을 겪었던 미국이나 유럽의 활동을 보면 이와 같은 장기기증 활성화 운동이 민간단체의 주도로 이루어지지만 그 방법이나 효과적인 접근에 대한 구체적인 연구와 조사 분석이 국가의 적극적인 재정적 뒷받침 속에서 이루어지고 있다. 그리고 기증이 정체되었을 때 이를 돌파하기 위한 노력이 국가-의료기관-입법부-민간기구들의 연합모임에서 진행되어 새로운 방안들이 제시되었다.

이 보고서에는 그동안 미국에서 시행되었던 수많은 장기기증 활성화를 위한 미디어 홍보와 교육방법이 논문형식으로 제시되어 있다. 각 장에서는 장기기증에 대한 국민들의 인식이나 태도, 기증할 마음이 있더라도 어떻게 기증카드에 서명하여 등록하게 할 것인가, 등록된 사람이 뇌사가 되었을 때 어떻게 가족의 동의를 받고 장기적출까지 성공적으로 마칠 수 있을 것인가에 대한 각종 의문이 제시되었고, 이를 해결하고 효과적으로 국민들에게 접근할 수 있는 방안을 여러 가지 연구방법을 통해 제시하였다. 특히 지역의 인구분포를 감안할 때 서로 다른 지역에서의 연구를 다양하게 진행하여 그 결과를 우리에게 보여주고 있다.

이제 우리들도 각 단체가 시행하고 있는 장기기증 활성화 행사가 단지 행사를 위한 것이 아니라 실제로 국민들에게 어떤 영향을 주는지에 대한 정확한 분석을 통해 국가차원의 장기기증 홍보와 대국민 캠페인이 이루어져야 한다. 그래야 국가는 말기환자들의 고통을 이식으로 해결해 줄 수 있음은 물론 국가 의료비를 줄일 수 있고, 환자본인은 이식으로 얻은 새로운 삶을 통해 가정과 사회에 봉사할 수 있으며, 가족들에게는 그들의 삶의 질을 향상시켜줄 수 있는 일석삼조의 효과를 보게 된다. 이런 상황을 국가가 이해하고 심각하게 받아들여야 한다. 생명나눔에 대한 법적, 제도적 개선을 통해 대통령까지도 앞서서 이 운동을 선도하는 미국의 예를 보면서 우리나라에도 이런 변화가 하루 빨리 일어나길 바란다.

이 책이 각 민간단체의 새로운 홍보활동과 정부의 기증활성화 정책 방향 결정에 조금이라도 도움이 되기를 바라면서, 책을 번역하고 정리하는데 도움을 준 미국 오리건 대학의 조정율 선생과 생명잇기의 유진숙 선생에게 감사를 표한다.

2014. 1. 10
역자 조원현, 윤익진

# 서론 및 개요
## Introduction and Overview

# 1장
# 건강행위 중재에 대한 심리학의 응용
## 최신 경향

*Stuart Oskamp*

이 책은 건강 심리학의 새로운 분야인 장기기증에 초점을 두고 있다. 소개적 성격의 본 장에서 나의 목표는 이 새로운 분야에 대한 약간의 역사적이고 교훈적인 내용을 제공하는 것이다. 처음엔 부제로 "당신의 부모가 연구했던 분야가 아닌"으로 하려고 생각했었다. 그러나 좀 더 깊이 조사를 하기 시작하면서, 이 분야가 한 세대가 아닌 더 최근부터—사실 주로 최근 10년 전부터—연구가 시작되었다는 것을 알게 되었다.

응용 성향이 강한 사회 심리학자이기는 하지만 진짜 건강 심리학자라고는 할 수 없는 처지로, 나는 장기기증이라는 분야에 대한 배경 지식을 줄 만한 자료를 찾았다. 그런 연유로, 건강 심리학의 고전이라 할 수 있는 두권의 문헌을 참고해 보았다. 첫 번째는 Shelly Taylor가 1991년에 출간한 독창적 교과서인 *건강 심리학(Health Psychology,* 2판)이었다. 나는 이 책의 색인에서 '장기'란 단어도, '기증'이란 단어도 찾을 수 없다는 것을 알았다. 목록에서 '간'이나 '신장'은 찾아 볼 수 있었지만, 이도 두 장기가 소화와 분비에서 어떤 역할을 하는지 간략히 설명하는 부분에 불과했다. 하지만, 나는 이 책이 출간된 지 15년이나 되었기 때문에 좀 더 최근에 출간된 책은 장기기증에 대한 연구 요약이 있을 것이라고 생각했다.

그리하여 다음으로 Wiley사에서 2003년에 출판된 *심리학 핸드북 (Handbook of Psychology)*이라는 여러 권의 연재물을—그 중에서도 특히 660페이지가 넘는 제 9권인 건강 심리학을—참고해 보았다(Nezu, Nezu, & Geller, 2003). 그러나 이 책에서도 색인에서 '장기'와 '기증'이란 단어를 찾을 수 없었다. 뿐만 아니라, 이 책의 각 장 제목에도 장기 이식에 관한 연구를 포함하고 있을 것으로 보이는 것은 찾을 수 없었다. 흠! 그래서 나는 '이 분야에 대한 연구가 정말 없을지도 모른다'라고 생각하기 시작했다. 정말 그게 사실이란 말인가?

따라서, 문맥 구성(contextualization)을 시작하기 위해 나는 좀 더 넓은 범위에서의 응용 사회 심리학으로 조금 물러나 바라보기로 했다―구체적으로 그 분야의 나의 저서로(Oskamp & Schultz, 1998). 물론, 그 책의 색인에서도 '장기'나 '기증'은 찾아 볼 수 없다! 그러나 여러 가지 연구 방법이나, 건강 또는 건강 관리에 대해 다룬 장들은 내가 장기기증이란 주제를 좀 더 넓은 시야로 바라 보는데 도움을 주었다.

첫 번째로, 우리의 주제는 건강행위에 대한 응용 심리학 연구의 한 분야이다. 응용 심리학 연구에서 심리학 연구 방법이 사용될 수 있으며, 자주 사용된다. 연구 방법들은 다음과 같다:

- 실험실 실험: 치료와 성과 사이의 명쾌한 인과 관계를 보이기 위한 목적으로 고도로 조절된 상황에서 독립 변수를 다루고 종속 변수에 대한 정확한 측정을 사용한다.
- 상관관계 조사: 인과 관계가 있건 없건, 두 개 이상 변수 가치를 측정하고 비교하지만 숫자 조작은 하지 않는다.
- 평가 조사: 매일의 실행에 기능하는 치료 프로그램이나 정책의 가동이나 효능을 결정하기 위해 행해진다.
- 역학 조사: 많은 수의 사람들을 조사하여 정해진 신체, 의학적 상태를 가지고 있는 사람의 분포를 조사한다.

이중 어떤 연구 방식을 사용하더라도 대부분의 건강 심리학, 의료 복지에 대한 연구는 현장연구로 이루어 진다―자연적인 생활 환경에서의 인간행동 연구―. 이러한 특성이 연구에 상당한 어려움을 더하게 된다.

그러나 우리가 장기 이식에 대해서 다루는 주제는 단지 한 분야의 현장연구에 국한되지 않는다. 중재가 개입된다는 점이 특별할 수 있다. 우리가 다루고자 하는 주제는 단지 자연스러운 생활 환경 안에서의 인간행동을 연구하는 것뿐만 아니라, 사람들이 어떠한 의료 과정에 자원하도록 설득하는 것이며, 이 과정이 감정적일 수 있으며 그들 자신과 다른 사람들에게 굉장히 중요할 수 있다는 것이다.

## 건강 행위에 대한 분야 조사 실행의 이슈

장기기증에 대한 조사를 실행하는데 있어 이슈가 되는 분야 조사와 건강 중재의 여러 특성들을 좀더 자세히 생각해보기로 하자:

- 초기 이슈는 건강 행위 연구에 대한 설문조사 답변자를 단순히 얻는 것이다—예를 들어 장기기증 수요나 장기기증자의 범위에 대한 역학적 연구 같은 것을 말한다.
- 다음으로, 이 참여자들이 특정 그룹을 대표하는지 확인하는 것이다. 참여자들이 스스로 나선 것이거나, 비정상적인 사람들이면 유용한, 그리고 유효한 데이터를 만들 수 없다.
- 그렇다면 가장 유용하고 유효한 정보를 얻기 위해선 데이터 수집자와 응답자를 위한 지시사항이 어떻게 쓰여지고 편집되어야 할까?
- 사람들에게 장기기증을 하라고 설득하는 중재(仲裁)에 있어서, 어떠한 설득 기술이 용인될 수 있으며, 명료성과 최대한의 효과를 위해 어떻게 표현되어야 할까?
- 중재는 이론적 관점을 직접 테스트하거나, 아니면 대신에 몇 가지의 각기 다른 종류의 영향력 있는 인자들을 포함하는 "대혁신"이나 "모든 것을 한꺼번에 뒤섞는" 식으로 설계되어야 하는가?
- 중재가 중대한 영향을 미쳤는지를 비교하기 위해서 어떤 통제조건이 사용되어야 할까? 그와 연관해서, 실험 절차나 비교에서 발생된 인위적 결과가 연구결과의 의미를 왜곡하는 일은 없는가? 비슷한 문제로 중재와 다른 변수(대체로 조사되지 않은 것들)간의 상호작용 효과의 가능성을 생각해 볼 수 있다—예를 들어 중재가 어떠한 표적 대상에겐 효과가 있으나 다른 사람들에겐 없다거나 하는(예로써, 고등 교육을 받은 사람과 아닌 사람, 각기 다른 민족, 문화 배경을 가진 사람들).
- 유의성을 넘어, 얻어낸 효과가 어느 정도인가? 실제적 용어로, 성과의 정도가 어느 정도인가? 예를 들어 장기기증자의 숫자나 적합성이 얼마나

늘었는가?
- 또한 자기 보고의 불확실성과 태도와 행동 사이의 차이점의 가능성도 고려하는 것이 중요하다. 의도가 어떻건, 장기기증에 동의하는 것이 실제로 장기를 기증하는 것보다 쉬운 법이다. 잠재적 장기기증자들의 실제적 행위 발생에 대한 증거는 어디 있는가?
- 이 중재 프로그램의 비용은—금전적 비용과 값으로 매길 수 없는 사회적, 개인적 비용 모두—어떻게 되는가? 그리고 손익 분석에 있어서 이득이 비용을 정당화할 수 있을 만큼이 되는가?
- 그리고 즉각적인 효과를 넘어서, 중재의 장기적 효과는—장기기증이자(중재에 노출되었지만 장기기증엔 동의하지 않은 사람들도 포함하여)와 기증 수혜자(그들의 가족들도 포함하여) 모두에게 해당되는—알 수 있는 것인가?
- 어떠한 도덕적 문제가 연구로 생길 수 있는가? 예를 들어, 해로운 결과의 가능성, 진실하게 설명을 들은 동의에 대한 문제, 그리고 절차상에서의 사기에 대한 문제가 있을 수 있다. 특히, 이러한 점은 문제가 발생했을 때의 심각성 때문에 장기 이식에 관련된 연구에 있어서는 더욱 중요하다.

위에서 열거한 의문들은 연구 방법론과 연구 윤리에서 비롯된 것이다. 그러나 다른 의문이 또 생기는데 바로 의료복지 시스템 때문이다—아니면 자주 사용되는 표현으로 비조직(nonsystem) 때문이다. 당연히 우리가 잘 알고 있듯이, 미국은 전 국민을 위한 단일 의료보험 제도를 가지고 있지 않고 이로 인해 4천만이 훨씬 넘는 사람들이 의료보험이나 다른 방법을 통한 정기적인 의료 혜택을 전혀 받지 못하고 있다. 연방 의료보험 제도의 부재로 인하여, 많은 주(州)들이 주민들의 의료복지에 대하여 각각 다른 판단 기준과 다른 수준의 예산을 가지고 있다. 또한, 사회경제적인 수준에 따른 지리적 구역간 병원의 개수와 수준, 그리고 전반적인 의료 복지의 접근성이 차이를 보이게 된다. 어느 특정 지역 안에서 의료 보험에 가입되어 있는 사람들의 경우에서도, 같은 의료 시술에 대해서도 각기 다른 의료 보험 시스템에 따라 다른 기준과 비용이 적용된다. 의심할 여지 없이, 이러한 요인들은 장기 이식과 같은 첨단 의료 시술의 비용과 가능성 자체에 중대한 영향을 미친다.

## 설득 접근과 매력적 중재의 구성

자, 이제 주제를 바꿔 설득의 접근법에 대해 생각해보자. 장기기증은 확실히 많은 위험부담이 따르는 결정이고, 누군가를 기증자가 되도록 설득하는 일은 쉽지 않다. 따라서 설득에 있어서 지난 70년간 연구되어 온 사회 심리학적 원칙의 접근을 필요로 한다. 몇 개의 핵심적인 설득, 태도와 행동 변화에 대한 이론들은 아래에 간단히 설명되어 있으며, 설득 원칙들에 대한 연구 결과의 간략한 요약 또한 Nicholson(2007)에 의해 설명된 바 있다. 행위변화를 야기하는 변수들보다는, 그 자체의 과정을 설명한 이론은, 행위변화에 대한 초이론적(transtheoretical) 모델이다(Prochaska, DiClemente, & Norcross, 1992). 이 이론의 주요한 두 가지 공헌은 행위변화가 별개의 행위로 이루어진 것이 아니라 한 개의 연속체라는 것과 어느 한 사람이 하위 연속체에서 상위 연속체로 나아가기 위해선 각각의 다른 방식의 개입을 필요로 한다는 명제이다. 이 모델은 건강행위의 어떠한 영역에 해당되는 변화의 연속체를 구성하는 다섯 가지 단계를 명시한다. 다섯 가지 단계는, (a) *사전 고려(pre-contemplation)*, 개인이 건강 보호 행위를 할 생각이나 의도가 없는 단계(예, 질 내 성관계 시 콘돔을 사용하는 행위); (b) *고려(contemplation)*, 미래에 언젠가 행위를 취할 의사가 있는 단계; (c) *준비(preparation)*, 아주 가까운 미래에 행위를 취할 것이며, 예비적 또는 실험적 시도를 취할 수 있는 단계; (d) *행동(action)*, 새로운 행위가 취해지는 단계; (e) *유지(maintenance)*, 행위가 삶의 일상적인 부분이 되는 단계이다. 연구가 큰 표본으로 이루어질 때 한 단계의 4분의 1 수준의 변화에서도 통계학적 차이는 상당하다. 그리고 연구가 작은 표본으로 이루어 질 땐 아주 작은 변화에도 통계학적 차이가 상당히 클 수 있다. 이것은 예를 들어 응답자가 고려에서 준비까지 움직이는 것의 1/4에 해당할 수 있는데 대부분의 샘플이 행동 단계에 이르는 것보다 매우 짧은 정도의 변화이다(예를 들어, Fishbein et al. 1996).

다른 두 가지 밀접하게 관련이 있으며 널리 쓰이는 태도와 행위변화에 대한 이론은 논리적 행동 이론(theory of reasoned action, TRA; Fishbein & Ajzen, 1975)과 계획된 행위 이론(theory of planned behavior, TPB; Ajzen, 1991)이다. 두 이론의 이름이 말해주듯이 TRA는 사람들이 보통 자신들의 관점에서 합리적이라고 생각하는 행동들을 취한다는 이론이다. 이 이론은 개인의 의지에 따른 행동을 결정짓는 유일한 결정 요인은 그 사람이 특정 행동을 특정 시기에 취하고자 하는 자신의 의도라는 것을 상정한다. 두 가지 요소들이 의도를 구성하는 것으로 명시되어 있다: 행동에 대한 개인의 태도와 자신과 관련된 남들이 자신이 어떻게 행동해야 한다고 생각하는지에 대한 자신의 주관적 기준이다. 차례로, 이들 구성 요소들 각각은 행위와 그나 그녀의 평가들에 대한 각 개인의 핵심적 신념의 복합체이다(예를 들어, 그나 그녀가 그런 방법으로 행동한 다양한 특정 결과의 평가).

Ajzen의 TRA는 한가지 요인을—인지된 행위 조절—추가시켜 TRA를 수정한다. 이는 개인이 그들의 태도나 주관적 규범 압박에 따라 행동하는 지를 판단하는데 도움을 준다. 예를 들어, 당신이 당신의 행동으로 원하는 결과를 얻는 것이 불가능할 것이라고 생각한다면(예를 들어, 당신이 100파운드의 돈을 잃어버린 것에 대해 전혀 행동 조절이 되지 않을 것이라고 느끼는 것 같은), 당신은 그 결과를 위해 시도초자 해보지 않을 것이다. 어떤 점에서, 조사해보면 인지된 조절은 오로지 의도에 의한 행동이라기 보다는 행위에 대한 독립적 예측변수(predictor)가 될 수 있다(Armitage & Conner, 2001). 장기기증에 대한 연구를 포함한 많은 연구들이, TRA나 TPB를 개입이나 결과를 예측하는데 있어 기반으로 삼는다.

최근 설득 조사 연구의 중심이 되는 이론은 Richard Petty와 John Cacioppo에 의해 설립된 동화 가능도 모델(elaboration likelihood model)이다. 이 이론은 사람들은 설득의 수동적인 대상에 그치지 않고 주어진 메시지에 호의적이거나 아닌 인지적 반응을 발생시키며 능동적으로 반응한다는 사실을 제시한다. 이 이론에서 중요한 것은, 얻어지는 메시지 그 자체가 아니라, 그 메시지에 대한 개인의 호의적이거나 아닌 고심과의 균형이 그 사람이 설득될 것인지 아닌지를 결정한다는 것이다.

또한, 이론은 각각 다른 방식으로 설득으로 이끌어 가는 두 가지 경로를 제시한다. 중심경로는 설득적 메시지에 담긴 정보와 논점에 초점을 맞추고 수혜자는 이를 이성적으로 분석한다. 만약에 자료들이 믿을 만하고 논점이 강하다면 수혜자의 인지적 반응은 호의적이 될 것이고, 설득이 성공할 것이다. 말단경로는 이성적 판단보다는 메시지에 대한 수혜자의 감정에 의지한다. 이는 수혜자가 메시지 내용을 판단할 정보, 흥미, 의지, 또는 능력이 부족할 때 쓰이게 될 확률이 높다. 메시지 안의 논의점보다는 말단 신호가 보다 중요한 것으로 추정된다. 이러한 것은 자료의 매력이나 호감도, 멋진 프레젠테이션이나 메시지의 유머러스한 내용, 또는 자료가 일으키는 행복하거나 흥미진진한 감정들을 포함한다. 말단 경로는 인지적으로 '게으르기' 때문에 귀여운 슬로건이나 섹시한 모델들이 조리 정연한 논점보다 더 효과적일 수 있다.

장기기증의 목표는 기증자와 수혜자 양쪽에게 중요한 일이기 때문에—어느 한쪽의 목숨이 위험해 지는 상황이 벌어지기도 하는—우리는 사람들이 이성적인 사고의 중심 경로를 통해 결정을 내리기를 바란다. 이러한 사실은 우리가 사람들의 일시적인 감정과 같은 말단 반응이 아니라 중심 과정 반응을 주 목표로 하게 한다. 이렇게 집중하는 것은 중심 경로를 통한 설득이 더욱 강력하고 오래 지속되며 역습에 저항하기 때문에 더욱 바람직하다. 그러나 소통자의 매력적인 모습이나 예술적이고 명료한 메시지 등으로 말단 신호를 극대화 시키는 것이 현명하다.

이 짧은 개요에서 설득 과정을 또 다른 방법으로 설명한 다른 두 책을 언급할 만하다. Robert Cialdini의 "영향: 과학과 실행(1993)"은 설득 과정의 근간을 이루는 여섯 가지 분야의 심리학적 법칙을 제언한다. 법칙들은 다음과 같다:

1. 일관성: 우리가 한 공개적 약속을 지키거나 과거 행동을 계속해 나가는 것
2. 보답: 우리에게 보상한 남들, 또는 보상할 것이라고 생각되는 누군가를 위해 무언가를 하는 것
3. 사회적 증거: 우리 주위 남이 세워둔 예를 따르는 것
4. 권위: 우리가 생각하기에 전문가이거나 정당한 권위자라고 생각하는 사람들을 신뢰하고 따르는 것
5. 좋아하기: 우리가 좋아하는 사람들에게 동의하는 것
6. 부족함: 구하기 힘들거나 구할 수 있는 시간이 얼마 남지 않은 것들을 선호하고 원하는 것

다른 책은 Chip Heath와 Dan Heath의 Made to Stick(2007)이다. 이 책은 굉장히 효과적인 이야기와 같이 듣는 사람의 머리 속에 "집어넣는(Stick)" 의

사소통에서 찾아볼 수 있는 여섯 가지 특징들을 설명한다. Nicholson이 설명하는 여섯 가지 특징은 다음과 같다:

1. 간결함: 메시지는 최대한 간결해야 하되 깊이가 있어야 한다.
2. 예측 외 요소: 메시지는 청중이 집중할 수 있도록 뜻 밖의 요소가 있어야 한다.
3. 구체적임: 메시지는 무의미한 전문 용어의 사용이 없어야 한다. 실제 경험에서 비롯된 구체적인 세부사항을 사용해야 한다.
4. 신뢰성: 메시지는 신뢰할 수 있는 출처에서 비롯된 것이어야 한다.
5. 감정: 메시지는 청중들이 무언가를 느끼게 해야 한다.
6. 이야기의 형식: 메시지는 다시 떠올릴 수 있고 전달될 수 있는 서술형식으로 쓰여야 한다.

설득 연구에 있어서 다른 중요한 고려사항은 설득 메시지에 장점들은 어떻게 '포장'할 것인가에 대한 문제이다. Alex Rothman 과 Peter Salovey(1997)은 그들이 이윤-구조(gained-framed) 메시지와 손실-구조(loss-framed) 메시지라고 이름 붙인 두 가지 접근에 대해 연구를 한 바 있다. 그들의 발견은 개인이 독감 예방접종을 받는 것과 같은 예방 행위를 하도록 설득시키려면 메시지에서 예방접종을 받는 것의 장점을 부각시키는 것이 가장 효과적이란 것을 보여준다. 그러나 어떠한 개인에게 병을 감지하도록 설득하는 데 있어서는 가능한 손실이나 부정적 결과에 대해 강조하는 것이 가장 효과적이다.

이 조사연구 발견은 예측 이론이라고 명명되어왔던 인간 의사 결정 모델로부터 발전되었다(Kahneman & Tversky, 1988). Kahneman 과 Tversky의 연구 결과는 사람들이 행위를 행하지 않았을 시 가능한 손실에 대해 설명을 받았을 때 더 위험을 무릅쓸(어떠한 행동을 했을 때 보상을 받을 확률이 100% 미만인 상황) 확률이 높다는 것이다. "그러나 행위를 행했을 시 가능한 이익에 대해서 설명받았을 때는 보다 위험을 무릅쓸 확률이 적다. 근본적으로 사람들은 얻을 것이 있을 때보다 잃을 것이 있을 때 더욱 위험을 무릅쓰는 경향이 있다" (Nicholson, 2007, p. 18).

아쉽게도, 이러한 연구 결과를 장기기증이란 분야에 있어서 어떻게 적용할

지에 대해서는 분명하지가 않다. 첫째로, 장기기증에 두 가지 종류가 있다: 기증자의 사후에 이루어지는 기증, 그리고 기증자가 살아있는 경우에 행해지는 기증. 장기를 기증하는 행위는 예방적 행동도(기증자에게 있어서) 감지 행동도 아니다. 장기 수혜 예정자의 질환에 대해선 잘 알고 있기 때문이다. 수혜자에게 있어서 장기 이식을 받는 것은 확실히 예방적 행동이다. 따라서, 아마도 기증자가 가족이거나 가까운 친구와 같이 수혜자와 잘 알고 있는 사이라면 기증자에게도 장기기증이 예방적 행동이 될 수 있을 것이다(즉 기증자가 수혜자와 가까운 사이이면 일수록). 이러한 경우에선 Rothman 과 Salovey의 연구 결과에 따라 메시지가 장기기증을 받지 않았을 때 수혜자가 겪을 수 있는 손실보다는 장기기증이 행해졌을 때 수혜자가 얻게 될(그리고 기증자가 얻게 될) 이득에 대해 설명하는 것이 좋다. 이러한 점은 다른 간단한 연구 주제를 낳는다: 그것이 기증자에게 간청할 때 늘 이루어지는 그 어떤 것인가?

기증자의 사후에 이루어지는 장기기증에 있어서는 개인이 자신의 가족이나 친구들뿐만 아니라 다른 어떤 기증 대기자에 대해서도 이러한 생각을 해볼 수 있을 것이다—기증자와 수혜자 양 쪽간에 바람이나 꿈과 같은 점에 있어서 어떠한 공통점이 있지 않을까 하는 점이다. 그러나 생체 기증은 그보다 더 복잡한 문제를 지니고 있다. 기증자가 분명히 자신에게 생길 수 있는 나쁜 결과에 대한 위험 부담을 가지게 되기 때문이다. 이러한 상황에선 Kahneman과 Tverksky의 연구 결과대로 설득에 있어서 기증을 통해 수혜자가 어떠한 혜택을 입을 수 있는지에 호소하기 보단 장기기증 없이 그들이 어떠한 손실을 입어야 하는 지에 호소해야 한다. 그러나 기증자가 감수해야 할 위험 부담이 있으므로, 장기기증을 통해 기증자가 입을 수도 있는 손실 보다는 장기기증이 이루어지지 않았을 시 수혜 예정자들이 입게 될 손실이 더 커 보이도록 해야 한다. 다시 한번, 이들 관점은 간단한 연구조사 질문에 이르게 한다: 장기기증을 호소하기 위해 늘 사용되는 상대 접근법은 어떤 것인가, 혹은 이 분야에 어떠한 정립된 실행법이라도 있는가? 그리고 더 나아가, 어떠한 접근이 더 성공적인지에 대한 학술적 증거가 있는가? 이와 같이, 장기기증이란 분야에 있어 어떠한 방법이 "가장 좋은 방법"인지에 대한 질문들에 대한 연구가 이루어질 시기가 무르익은 것으로 보인다.

## 장기기증 조사 연구의 몇 가지 발견

자, 이제 잠깐 장기 이식에 대한 연구가 언제 시작되었는지에 대한 맨 처음 질문으로 돌아가보자. 나의 개인적인 조사에 따르면, U.S. Health Resources and Services Administration의 장기, 조직 기증의 증가를 위한 교외 보조금 정책은 1999년도에 시작되었다. 이 분야에서 일을 해왔으며 클레어몬트 대학원 대학교에서 나의 동료이기도 한 William Crano, Eusebio Alvaro, Jason Siegel 교수는 약 10년 전부터 장기기증 분야에서 연구를 시작했다. 따라서, 나의 부제인 "최근 십 년도 안된 접근"은 대강 맞는 말 같아 보인다.

이 시기에 이 캘리포니아주 클레어몬트의 연구자들은 장기기증의 몇몇 측면들에 대해 연구를 하였고 반복 추출이 되었으며 유용한 결과들을 얻어냈다. 예를 들어, 기증희망 등록을 시작하였고 이 등록명단을 늘리기 위해 어떠한 매체와 호소 방법이 가장 효과적인지를 실험적 방법과 의사 실험적 방법을 통해 시험해 보았다. 그들은 TV광고, 라디오 광고, 옥외 광고판, 곳곳에 키오스크, 전자우편, 전화 광고를 기증희망 등록을 늘리는데 있어 시험해 보았다. 장기기증을 위한 국민 연합(National Coalition on Organ Donation)의 메시지를 포함한 여러 가지 호소력 있는 여러 종류 메시지의 효과성을 비교해 보았다. 몇몇 대도시들을 제어집단으로 삼아 호소의 성공 정도를 평가하는데 사용하고 다른 도시들에 캠페인 결과들을 반복해 보았다. 그들은 기증희망 등록과 더불어 기증 신념의 종속 변수들과 이 주제에 대한 가족간의 토의 등을 연구하였다. 그들은 지금까지 히스패닉과 백인 인구에 대한 조사를 했고 현재 흑인과 아시아계 미국인을 추가하고 있다. 그리고 히스패닉계 미국인들을 대상으로 생체 및 사체 장기기증 모두에 대한 캠페인을 실시해왔다. 그건 인상적인 조사 연구 주제와 대상 인구 목록이다.

이러한 연구 결과에 조금 보태기 위해 내가 TV 프로그램에서 주워담은 몇 가지 정보를 인용해 보도록 하겠다. 주요 TV 프로그램들에서 장기기증의 필요성과 장기기증의 절차에 대한 유용한 정보들을 소개하기 시작한다는 것은 분명 감사한 일이다. 2007년 2월, PBS사의 TV 시리즈 "California Connected"에서 장기기증에 대해, 특히 캘리포니아주 내 간 기증에 대해 보도하였다. 이 프로그램은 전국에 92,000명에 이르는 대기자 중에서 3분의 1만이 1년 안에 장기를 이식받을 수 있으며, 다른 3분의 1은 장기 이식을 받지 못한 채 사망한 다는 내용을 보도하였다. 몇몇 캘리포니아의 병원들에서는 많게는 58%의 대기 환자들이 이식 수술까지 3년을 기다리나, 보통 다른 곳의 병원에서는 14% 정도 되는 수치이다. 또한, 캘리포니아의 전체 대기 환자 수의 3분의 1에 이르는 환자들이 이식 수술을 받기 위해 외국으로 떠나며, 중국의 진료 환경이 나쁘지 않다는 사실을 보도했다. 물론, 이러한 정보들이 취사선택된 것이고 따라서 신뢰성이 떨어지지만, 환자들이 이식 수술을 받기 위해 어디까지 갈 수 있는지를 극적으로 그려냈다.

2007년 3월 ABC에서 방영된 다른 프로그램에서는 다른 사람에게 신장을 기증할 계획인 앵커와 몇 가지 토론을 가졌다. 그리고 몇 일 뒤에 앵커가 돌아와 자신과 자신의 신장을 기증받을 사람의 경험에 대해 발표를 하였다. TV 프로그램의 이러한 감정에 입각한 논의는 분명히 장기기증의 필요성과 수술의 안정성에 대한 의식을 높이는데 도움이 될 것이다. 이러한 TV 프로그램을 시청한 대중의 반응에 대한 실증적 연구가 이루어졌는지는 모르지만, 만약 연구가 이루어졌다면 장기기증에 대한 대중의 반응에 있어 긍정적인 효과를 확인할 수 있었을 것 같다.

이 후에 이어질 장에선 장기 이식에 대한 다른 실험 접근들과 귀중한 실험 결과들에 대해 다루게 될 것이다.

## 참고 문헌

1. Ajzen, I. (1991). The theory of planned behavior. *Organizational Behavior and Human Decision Processes*, 50, 179~211.
2. Armitage, C., & Conner, M. (2001). Efficacy of the theory of planned behaviour: A metaanalytic review. *British Journal of Social Psychology*, 40, 471~499.
3. Cialdini, R. B. (1993). *Influence: Science and practice* (3rd ed.). New York: HarperCollins.
4. Fishbein, M., & Ajzen, I. (1975). *Belief, attitude, intention, and behavior: An introduction to theory and research.* Reading, MA: Addison-Wesley.
5. Fishbein, M., Guenther-Grey, C., Johnson, W. D., Wolitski, R. J., McAlister, A., Rietmeijer, C. A., et al. (1996). Using a theory-based community intervention to reduce AIDS risk behaviors: The CDC's AIDS community demonstration projects. In S. Oskamp & S. C. Thompson (Eds.), *Understanding and preventing HIV risk behavior* (pp. 177~206). Thousand Oaks, CA: Sage.
6. Heath, C., & Heath, D. (2007). *Made to stick: Why some ideas survive and others die*. New York: Random House.
7. Kahneman, D., & Tversky, A. (1988). Prospect theory: An analysis of decision under risk. In P. Gardenfors & N. Sahlin (Eds.) *Decision, probability, and utility: Selected readings* (pp.

183~214). New York: Cambridge University Press.
8. Nezu, A. M., Nezu, C. M., & Geller, P. A. (Eds.) (2003). *Handbook of psychology: Vol. 9. Health psychology* (I. B. Weiner, Ed.). New York: Wiley.
9. Nicholson, C. (2007, January). Framing science: Advances in theory and technology are fueling a new era in the science of persuasion. *APS Observer*, 20(1), 16~21.
10. Oskamp, S., & Schultz, P. W. (1998). *Applied social psychology* (2nd ed). Upper Saddle River, NJ: Prentice Hall.
11. Petty, R. E., & Cacioppo, J. T. (1981). *Attitudes and persuasion: Classic and contemporary approaches*. Dubuque, IA: Brown.
12. Prochaska, J. O., DiClemente, C. C., & Norcross, J. C. (1992). In search of how people change: Applications to addictive behaviors. *American Psychologist*, 47, 1102~1114.
13. Rothman, A., & Salovey, P. (1997). Shaping perceptions to motivate healthy behavior: The role of message framing. *Psychological Bulletin*, 121, 3~19.
14. Taylor, S. E. (1991). *Health psychology* (2nd ed.). New York; McGraw-Hill

## 2장

# 장기기증
## 분야 개관

*Mary Ganikos*

## 개요

우선 훌륭한 편집자들로부터 장기기증 연구의 바탕이 될 책의 '개요 장' 집필을 요청받게 되어 기쁘게 생각한다.

    내가 아는 한 이 책은, 장기기증의 증가에 관한 철저하고 방법론적으로 문제없는 응용 연구에 초점을 맞춘 첫 번째 책이며, 이제 이러한 책이 만들어질 수 있을 만큼 충분한 양의 정교한 데이터베이스 기반 조사가 충분히 이루어졌다는 점은 매우 고무적인 이정표라 할 수 있다. 이 책의 출간은 편집자들, 저자들, 그리고 다른 모두의 장기기증 부족 문제를 향한 헌신의 증거물인 것이다.

    본 장의 목적은 장기기증과 장기 이식에 대한 개요를 제공하는 것이며 장기 이식 분야의 기본적인 주제들에 대한 간단한 설명은 이 책에서 다루게 될 연구와 계획에 대하여 독자들이 이해하는데 있어 도움을 줄 것이다. 만약 이번이 장기 이식과 장기 기증이란 흥미진진한 분야에 대한 당신의 첫 경험이라면, 여러 새로운 이름들, 단체, 약어, 용어, 개념들이 어렵게 느껴질 수 있을 것이다.

    나는 본 장이 책의 본 내용으로 자연스럽게 넘어가는 것을 돕게 되길 바라며, 독자들이 이 책을 통해 장기 이식이라는 기적에 더욱 감사할 수 있게 되길 바란다. 또한 나는 여러분들 사이에 있는 과학자들이 우리의 흥분을 공유하고, 증가하는 기부에 의해 생기는 도전을 과학적인 방법으로 직면하는 비교적 작은 규모의 사회적 그리고 행위적 연구원들의 핵심 그룹에 동참하였으면 한다.

    장기 이식은 처음 실험 단계에서부터, 매일 환자의 목숨을 살리는 수술로까지 먼 길을 넘어왔고, 일란성 쌍둥이들끼리의 신장이식에서 시작된 장기 이식

술은 한 명의 사후 기증자로부터 얻은 8개의 장기를 각기 다른 9명에게 이식해 9명 모두의 생명을 구하는 수준까지 발전했다. 1988년부터 400,000건이 넘는 이식 수술이 이루어졌고, 약 200,000명의 장기 이식 수혜자가 현재 생존하고 있다(U.S. Organ Procurement and Transplantation Network [OPTN], 2007). 이들은 가족, 친구와 시간을 보내고, 아이를 낳고, 경력을 쌓으며, 산을 오르고, 마라톤을 뛰고 있다. 하나의 예로, 한 젊은 남성은 간 이식 수술 18개월 후 스노우보딩 종목에서 올림픽 동메달을 획득하기도 했고, 한 신장 이식 수혜자는 2006년 NBA 챔피언십 경기에서 팀의 일원으로서 승리하기도 했다. 모든 나이, 인종, 문화, 사회경제적 배경, 종교의 사람들이 장기 이식을 통해 건강한 삶을 살아가고 있다. 장기 이식술은 복잡한 외과 수술이지만 그 외에 다른 대체 가능한 대안이 없는 말기 질환의 환자들을 위한 일상적이며 효과적인 수술인 것이다.

## 왜 장기 이식이 필요한가?

사람들은 자신들이 사는데 필요한 장기가 제대로 기능하지 못하기 때문에 이식을 필요로 한다. 많은 질병과 질환들이 말기 장기 부전으로 이어지게 되는데 예를 들어, 당뇨와 고혈압은 신부전을 발생시킬 수 있고, 간 부전은 급성 간염, 만성 간염, 암, 알코올 남용으로 발생될 수 있다. 고혈압, 선천적 기형, 심장 판막질환 등이 심부전으로 이어질 수 있으며, 폐 부전은 만성 폐쇄성 폐 질환과 폐 고혈압으로 인해 발생될 수 있다.

환자의 삶의 질을 높이는 것 외에도, 장기 이식을 통해 이식을 받지 않았다면 사망했을 환자들의 수명을 늘리는 것이 가능하다. 면역 억제 의약품과 기술적인 발전이 수혜자의 수명 연장 효과를 개선시켰다: 2000년에 사후 기증자로부터 신장 이식 수혜자중 80.6%, 간 이식 수혜자 중 73.6%, 심장 이식 수혜자 중 74.4%가 5년 후에도 생존했다(ustransplant.org, 2007).

조직 이식을 통해 삶의 질 또한 향상되었는데 각막 이식을 통해 사람들이 시력을 회복했고, 인대 이식을 통해 다시 움직일 수 있게 되었고, 심장 판막 이식을 통해 심장의 기능을 회복했다. 피부 이식을 통해 화상과 흉터를 치료하고, 골 이식을 통해 부러지거나 기형인 턱뼈를 치료할 수 있었다. 모두 합쳐서 매년 9십만건의 조직 이식이 이루어지고 있다(Mucsuloskeletal Transplant Foundation, 2006).

장기 이식의 혜택은 이식 수혜자에게 새로운 삶을 제공한다는 것에 그치지 않는다: 장기 이식은 수혜자의 가족, 친구, 동료 외 다른 사람들 모두에게 영향을 끼친다. 한 명의 사후 장기기증자가 9명의 목숨까지 살릴 수 있고, 또 조직 이식을 통해 50명 이상의 사람들의 삶의 질을 향상시킬 수 있다는 점을 고려했을 때, 한 명의 기증자를 통해 영향을 받는 사람들의 숫자는 상당하다고 봐야 할 것이다.

일화와 보도된 증거(National Kidney Foundation, 2000)에 의하면, 수혜자와 그들의 가족, 친구들 외에 장기기증과 이식은 기증자의 살아남은 사랑하는 이들도 돕는다고 한다. 사랑하는 사람이 남기고 간 선물이 단 한 명의 사람의 삶을 구하거나 삶의 질을 향상시켰다는 사실은, 사후 기증자의 유족에게 위안이 될 수 있다. 그들은 무언가 긍정적인 결과가, 그렇지 않다면 가슴 아프게만 끝날 수 있었던 상황에서 나오고 그들이 사랑했던 사람이 신화를 창조했다는 생각을 소중히 여기고 감사할 수 있다.

이러한 광범위한 이득에도 불구하고, 장기 이식은 필요한 사람 모두에게 제공되지는 못하고 있다. 사람의 생명을 구할 수 있는 이 시술은 기증된 장기의 공급 부족으로 인해 한정적이다. 2009년 8월부로, 103,000명에 달하는 환자들이 전국적 장기 대기자 리스트에 등록되어 있다(OPTN, 2009). 반면, 2008년 동안의 사후 기증자 수는 총 7,984명이었다(OPTN, 2009). 2008년, 14,198명의 생체와 사망 후 기증자가 27,958건의 장기 이식을 가능하게 했으나 6,782명의 환자는 장기를 기다리다 사망해야 했다(OPTN, 2009).

장기기증자의 부족은 간단하면서 동시에 복잡하다. 기증자 부족이 현재 장기 이식에 있어서 가장 중요한 문제라는 점에서 간단하다. 복잡한 이유는 사람들이 기증자가 되고자 하는 것을 방해하는 태도, 신념, 동기 등을 이해할 필요가 있다는 점에서, 또한 그러한 장벽과 싸워서 대중의 기증희망 등록을 늘려나가기 위한 정책을 수립하고 실행하고 철저하게 분석해야 한다는 점에서 찾을 수 있을 것이다(본 장에서 Siegel, Alvaro Hohman 참조).

## 어떠한 것이 기증될 수 있는가?

장기와 조직은 모두 사후 기증자로부터 기증될 수 있다. 장기는 —그리고 드문 경우지만 조직도—살아있는 사람으로부터 기증될 수도 있다. 사후 기증자는 생체 기증자보다 더 많은 장기와 조직을 기증할 수 있다(OPTN, 2009). 그러나 죽는 모두가 장기기증을 할 수 있는 것은 아니다. 사망이 병원 안에서 이루어져 장기가 인위적으로 생생하게 유지될 수 있는 경우에 한해 장기기증이 고려될 수 있다(OPTN, 2009). 조직들과 각막의 기증은 병원 안에서 또는 병원 밖에서 이루어진 사망의 두 가지 경우 모두에서 이루어질 수 있다. 몇 종류의 건강 상태는 장기기증이 불가능할 수 있다.

사후 기증자는 여섯 가지 종류의 장기를 제공할 수 있다: 신장, 심장, 폐, 간, 췌장, 소장(OPTN, 2009)이다. 사후 기증자를 통해 제공될 수 있는 조직들은: 뼈, 각막, 귀 연골, 심장 판막, 혈관, 연골, 인대와 힘줄이다. 장기들과는 달리 대부분의 조직들은 보관 후 필요에 따라 사용하는 것이 가능하다.

생체 기증자는 신장과 폐 또는 간의 일부 기증이 가능하다. 간의 일부가 기증되었을 시, 기증자의 남은 간은 재생되어 금방 본래의 크기를 되찾는다(OPTN, 2009). 생체 기증자가 신장을 기증했을 경우, 남은 하나의 신장의 크기가 커지며, 두 개의 신장이 있었을 때의 80% 정도의 기증을 하게 된다(OPTN, 2009). 생체 기증자가 기증할 수 있는 조직은 출산 뒤의 양막, 수술 뒤 피부 조직(예를 들어 복부 성형), 그리고 골반이나 무릎 인공관절 치환술 후 나오는 뼈조직을 포함한다. 사람들은 살아가면서 혈액, 혈액 줄기세포, 제대혈을 기증할 수 있다. 이는 매우 중요한 일이나, 이 책의 초점에 해당되는 내용은 아니다.

## 사후 기증: 누가 이런 일을 하는가?

많은 기구들이 기증과정에 관여하고 있고 첨부 2.1에서 이에 대해 기술될 것이다. 계속해서 읽어 나가기 전에, 첨부 2.1을 먼저 참고하여 장기기증과 이식 수술 과정을 가능하게 하는 공익, 민간 단체들에 대해 익숙해지는 것이 유용할 것으로 보인다.

## 어떤 과정으로 이루어지는가?

사후 기증은 병원에서 한 개인이 사망선고를 받은 뒤에 이루어진다. 중요한 사실은, 그 개인의 생명을 구하기 위해 노력하는 의료진은 이식팀과는 다른 의료진이라는 것이다. 전자의 경우엔 한 개인의 생명을 구한다는 한 가지 목표에 매진한다. 가능한 모든 방법이 동원되고도 환자의 사망이 임박했거나 선고되었을 시, 병원은 근처 장기 구득 기구(OPO)에 통지하게 되고, 그 동안 이식 가능 장기들에 기계적으로 산소를 공급한다.

OPO의 전문가들은 사망자가 의학적으로 기증자로서 적합한지 확인한 후에 동의를 얻게 된다. 이식 의료진은 법적 동의 전에 장기를 적출할 수 없으며, 동의를 받는 방법은 두 가지가 있다. 본인 동의(본인 기증동의 의견존중법: 본인동의, 본인 의견존중법)를 적용하는 주에서는, 사망자가 사망전에 동의한 자기의 장기기증의사를 법적 동의로서 의료진에게 장기 이식 절차를 진행할 권한을 부여한다. 사망 전 기증동의 지정은 기증희망 등록과 자동차 면허증 기재를 통해 가능하다. 본인 동의가 적용되지 않는 주에서나, 운전면허증과 같은 사전 허가 도구가 없는 경우에는 OPO 근무자가 사망자의 가장 가까운 친족의 동의를 얻어야 한다.

동의가 얻어졌을 시, OPO의 전문가들은, 외과 의사들과 다른 적출팀 구성원들에게 장기기증자가 있음을 알리게 된다. OPO는 장기 적출과 이식 네트워크(Organ Procurement and Transplantation Network, OPTN) 측에 기증자의 중요 기본 정보를 제출한다(즉, 혈액형, 신장, 체중, 성별, 나이). OPTN은 연방정부의 보건사회복지부와 계약이 체결되어 있는 장기 공유 연합 네트워크(United Network for Organ Sharing, UNOS)에서 운영되는 장기 배정과 배분을 체계적으로 하는 곳이다. 기증자의 정보는 기증 대기 환자들의 정보들이 저장되어 있는 OPTN의 컴퓨터에 입력된다. 컴퓨터로 적당한 환자를 찾아서 각 기능 장기에 대해 우선권을 갖게 되는 환자에 대한 "매칭 리스트"를 만들게 된다. 장기 이식을 받게 될 환자는 자신의 이식 의료진에게 장기가 준비되었다는 사실과 병원에 방문하여 수술을 받을 시간과 날짜를 통지 받게 된다. 이식 외과의들은 표준적 무균 수술 환경을 갖는 수술실에서 기증자의 장기를 떼어낸다. OPO들은 그 장기에 대한 표준 저장 과정에 따라 이송한 각 장기를 준비하고 해당 이식 병원에 보존 장기를 육상 교통으로 보낼지 비행기로 보낼지 등에 대한 배치를 하게 된다. 그러고 나면 외과 팀은 정해진 수혜자에게 장기를 심게 되는 것이다.

## *사망 후 장기기증자로 등록하기*

그동안 사람들이 자신의 장기기증 의사를 나타내는데 이용된 방법은 기증희망 카드에 사인하고 소지하거나, 운전 면허증이나 유서에 자신의 의사를 나타내는 등 가족, 의사, 종교 지도자, 또는 친구들에게 자신의 의사를 밝히는 것뿐이었다. 비록 이러한 절차를 다 밟는 것은 매우 중요하나, 한 가지 문제가 따른다: 개인이 사망한 순간에 가동되는 이와 같은 동의 방법이 확인 가능한지 확실치 않다는 점이다. 기증희망 카드나 운전 면허증이 들어있는 지갑은 분실될 수 있고, 사망했을 때 유언장이 준비되어 있지 않은 경우가 대부분이며, 가까운 친족에게 연락이 닿기 어려울 수도 있다. 어떤 경우에는 이런 식으로 자신의 기증의사를 표현해 두었던 사람들로부터 결정적인 순간에 기증을 위해 필요한 인증을 받지 못하는 일이 생길 수 있다. 일단 사망이 선고 되면, 장기를 적출할 수 있는 시간이 오래 주어지지 않기 때문에 기증 동의를 얻어낼 수 있는 믿을만한 방법이 필수적이다.

개인의 장기기증 의사를 수집하고, 보관하고, 검색할 수 있는 가장 믿을만한 방법은 기증자(전자 데이터베이스)등록이다. 1993년 일리노이주에서 처음 도입되어 1994년 펜실베니아주가 그 뒤를 따르고, 현재 워싱턴 DC와 푸에르토리코를 비롯한 미국 모든 주에서 주민들의 장기기증 의사가 등록 장부에 등록되어 있으며, 매일 24시간 동안 적합한 자격을 갖춘 장기 구득인에 의해 열람이 가능하다. 대부분의 등록이 주 운전면허국(department of motor vehicles, DMV)에 의해 주민이 운전 면허를 발급받거나 갱신할 때 이루어졌다. 많은 주들에서 온라인 등록이 가능하나, 대부분의 등록이 면허 발급 기관에서 이루어지고 있다. 예를 들어, 버지니아 주의 LifeNet Health에선 많을 때 한 달에 150건 정도의 등록이 이루어지지만, DMV에서 한 달에 평균 10,000건에서 12,000건 정도의 등록이 이루어지고 있다(organdonor.gov 2009). 콜로라도 주와 유타 주에서 등록되어 있는 사람들 중 97%에서 100%의 사람들이 실제로 사망 당시 의학적으로 기증에 적합한 경우에는 장기를 기증한 것으로 신고되었다(organdonor.gov 2009).

## 생체 기증

지난 15년간, 생체 기증은 사후 기증의 대안으로서 점점 빈번하게 이루어졌다. 대부분의 경우에서, 각각의 기증자는 하나의 장기를 기증한다: 즉, 한 개의 신장 또는 간의 일부, 폐의 한쪽 엽이 그것이다. 심장이나 폐 전체와 같은 장기는 사후 기증자에게서만 제공될 수 있다. 2001년에 처음으로 생체 기증자의 숫자(6610)가 사후 기증자의 숫자(6,080)를 넘어섰고, 2004년까지 사후 기증자의 수를 앞섰다. 최근의 감소에도 불구하고 생체 기증은 계속해서 성공 가능한 대안이다. 여러 가지 요소들, 즉 장기 이식이 필요한 환자의 수와 사후 기증자의 수 간에 늘어난 격차, 장기 이식에 대한 높아진 사회적 인식, 그리고 복강경 수술의 증가와 같은 상황변화가 생체장기기증을 증가시켰다. 복강경 수술이 보편화되기 전에는 신장의 적출 과정에서 기증자의 복부에 긴 절제가 필요했고, 이로 인해 회복기간이 길어질뿐 아니라 일상생활에 불편함이 장기간 지속되었다. 복강경을 통한 신장 적출은 몇 개의 작은 복벽절개로 이루어지기 때문에 획복기간이 짧고 불편함도 최소화할 수 있다.

### *생체 기증의 유리한 점*

자발적이며 의학적으로 적합한 생체 기증자의 존재는 수혜자에게 여러 가지의 이점을 제공한다. 가장 중요한 것은, 수혜자의 목숨을 구하게 될 장기 이식을 보장받는다는 점이다. 게다가, 장기의 허혈 시간이 줄어들기 때문에, 장기의 상태를 온전히 유지하기에 더 용이하다(OPTN, 2009). 또한, 생체 기증자가 있는 수혜자는 보통 비교적 더 빨리 이식을 받을 수 있기 때문에 성공적인 결과를 얻어낼 가능성이 커진다(OPTN, 2009). 이 환자들은 이식받을 장기를 기다리기 위해 대기자 명단에서 정신적 고통을 감내하며 자신이 장기를 이식받을 수 있을지 궁금해 할 필요가 없다. 또한, 대기자 명단에서 오래 기다리다 보면 이식받을 장기가 준비되었다 해도, 수혜자가 이식 수술과 회복 기간을 견뎌낼 수 없을 만큼 상태가 악화 될 가능성도 있다. 마지막으로, 대기자 명단에 있는 환자들은 이식받을 장기가 구해지기 이전에 사망 할 수 있다; 보통 매년 6,000명 정도의 환자가 대기 중 사망한다(OPTN, 2009).

수혜자들에게 도움을 주는 것 이외에도, 기증자 본인들도 자신들의 장기기증으로 인해 혜택을 경험 한다(예를 들어, Johnson et al., 1999). 생체 기증자의 대부분은 수혜자의 친인척이나 가까운 친구이며 대부분 말 그대로 자기 자신의 일부분을 바쳐 자신이 사랑하는 사람의 목숨을 구할 수 있었다는 것에 감사하고 자부심을 느낀다.

### 생체 기증자의 위험성

대수술은 마취나 수술 중 과실과 관련된 잠재적 위험성을 가지고 있다. 이식을 위해 장기를 적출해 내는 수술도 예외는 아니다(Elliott, 1995). 그러나 기증자들은 자신에게 아무런 생리적인 이득이 되지 않는 대수술에 자발적으로 자신의 몸을 맡기게 된다. 장기 이식 분야에선 예후 추적 조사가 막 시작되었을 뿐이기 때문에, 생체 기증자에 대한 장기적 결과에 대해선 알려진 바가 없다.

### 생체 기증자 되기

어떠한 개인이 생체 기증을 하기로 결정하게 되면, 신체적, 심리적 적합성 평가를 위한 이식 팀과의 미팅이 마련된다. 건강이 양호한 개인들만 기증자가 될 수 있으며, 고혈압과 당뇨가 대표적인 두 가지 제외 사유다(OPTN, 2009). 심리 평가는 기증자의 안전을 위해서 행해진다. 즉 기증희망자가 충분히 기증에 대해 심사숙고 하였는지, 혜택과 위험성에 대해 이해하고 있는지, 강압에 의해 기증하는 것이 아닌지에 대해 확인하게 된다.

### 생체 기증: 장애와 조건

모든 환자들이 생체 기증을 받기를 원하는 것은 아니다. 생체 기증에 대한 인식 부족, 친인척에게 기증을 부탁하는데 있어서의 거부감, 유전적으로 일치하는 기증자를 찾기 어렵다는 점 등이 장애요인이다(Horton & Horton, 1990).

이러한 장애를 극복하려고 여러 가지 뛰어난 노력이 진행되었다(Waterman & Rodrigue, 본 장 참고). 여기에 포함되는 프로그램으로는 이식받는 환자들에게 생체 이식을 받을 수 있는 기회가 있다는 점을 설명하고 이들이 이 문제에 대해서 다른 사람들과 이야기를 나눌 수 있는 능력을 개발해주는 것이다 (Horton & Horton, 1990). 또 다른 전략으로는 소위 말하는 '짝 교환'이 있다.

이것은 잠재적 수혜자 집단이 있고 의사도 있으나 기증자(짝)가 적합하지 않는 경우를 포함하고 있다. 짝의 집단 안에서, 반드시 각 잠재적 수혜자에게 잘 맞는 기증자가 존재하기 마련이며, 이것은 각 수혜자가 잘 맞을 수 있는 집단 안의 다른 기증자로부터 기증을 받을 수 있게 한다. 짝 교환은 얼마가 되었던 기증자-수혜자 짝들 사이에서 발생시킬 수 있고 기증자와 수혜자가 포함되어 있는 짝이기만 하면 혈연이던 비혈연이던 어떤 조합도 포함시킬 수 있으며 이렇게 되면 모든 수혜자는 장기를 갖게 될 수 있는 것이다.

### 장기기증자가 되는 조건으로 돈을 받을 수 있나?

불가능하다. 장기기증에 있어서 모든 형태의 대가성 기증이나 교환은 미연방법에 의해 금지되어 있다(the National Organ Transplant Act, or NOTA). 위반 시, $50,000 이하의 벌금 또는 5년 이하의 징역에 처해진다. 뒤에 나오는 재정적 인센티브에 대한 논의를 참조하라.

## 장기 부족

그림 2.1에서 보면 기증자 부족을 알 수 있다. 2008년 말, 전국의 장기 이식 대기환자 숫자는 100,775명 이었다(OPTN, 2009). 사후 기증자가 다수의 장기를 제공하기 때문에(평균 기증자 당 3.05개), 14,198명의 생체 기증자와 사후 기증자들이 27,958건의 이식 수술을 위해 장기를 기증했다(OPTN, 2009). 그러나 6,782명의 대기 환자들이 이식받을 장기를 기다리다 사망했다(OPTN, 2009). 비록 1993년 이후 거의 해마다 기증자의 수가 늘었지만(OPTN, 2009), 더 많은 장기가 필요하다.

### 소수 민족 기증자들 사이에서의 더 큰 인종적 다양성의 필요

장기 부족은, 2008년 말 전국 장기 이식 대기자 명단의 53.1%를 차지했던 비백인 인종집단에게 더욱 특별히 우려되는 일이다(예를 들어, Siegel, Alvaro, Lac, Crano, & Alxander, 2008). 불균형적으로 높은 당뇨, 고혈압 발병률로 인하여, 아프리카계 미국인(Davis 등, 2005), 스페인계(Alvaro, Jones, Rbles, & Siegel, 2005), 미국 인디언(Fahrenwald & Stabnow, 2005), 그리고 아시아/태

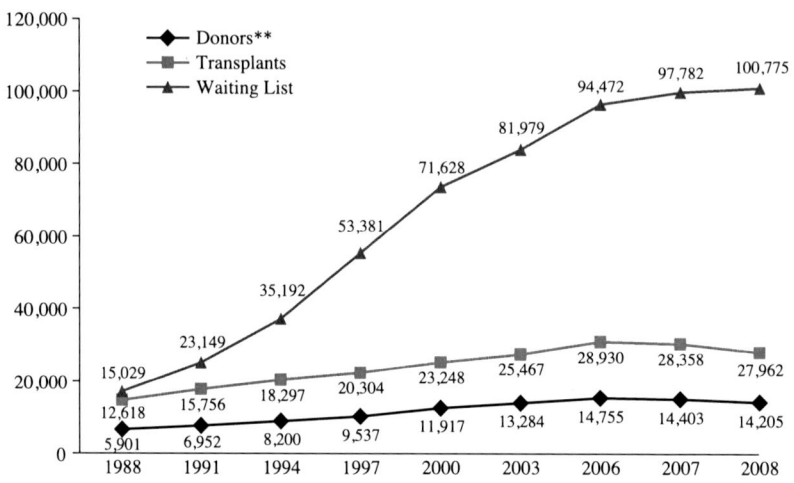

**그림 2.1** 장기 부족: 이식건수와 기증자와 비교한 장기에 대한 전국 대기 리스트

평양 섬사람들(Herbert et al., this Volume)은 신장 질환을 겪게 될 위험이 크며, 결과적으로 더 많은 장기 이식을 필요로 하게 된다. 이에 대한 예로, 2008년에 신장 이식 대기자 명단의 35%, 신장 기증자의 14%, 그리고 신장 이식 수혜자의 24.5%가 아프리카계 미국인이었다(OPTN, 2009).

비록 장기를 인종에 따라 연결시키지는 않으며, 다른 인종 간에도 자주 이식이 이루어지고 있으나, 같은 민족적 배경을 지닌 기증자가 많을 경우 한 개인이 이식을 받게 될 가능성이 커질 것이다. 이는, 기증자/수혜자 짝짓기에 있어 중요한 요소인 적합한 혈액형과 조직 표지자가 같은 인종의 구성원들 사이에서 발견될 확률이 높기 때문이다. 다양한 인종의 기증자들이 늘어날수록 다양한 인종의 사람들이 장기 이식 수혜의 기회를 가질 수 있게 될 것이다.

## *왜 장기 부족이 발생하는 것일까?*

▶ 임상적 문제

수 많은 사람이 사망하지만 사후 기증으로 이어지는 건 그 중 작은 숫자에 불과하다. 매년 미국에서 250만 명이 사망하는데도 불구하고(Centers for

Disease Control and Prevention, 2005), 의학적, 사회적 요인들로 사후 장기기증이 가능한 숫자는 상당히 줄어들어 버린다.

    1980년부터, 일괄적 사망 선고법(Uniform Determination of Death Act)에 의해 뇌사가 합법적 사망 형태로 인정되었고, 뇌사 판정을 받은 개인의 신체로부터 장기를 이식받는 것이 일반적인 일이 되었다. 그러나 미국에서의 뇌사자의 추정치는 적으며, 뇌사 판정을 받은 개인이 모두 잠재적 장기기증자가 되는 것은 아니다. 그 중의 일부는 활성암과 같은 질병에 의해 의학적으로 부적합하다. 연방 규정상 병원이 OPO에 모든 사망 신고를 하도록 되어 있지만, 일부는 사망 신고가 되지 않거나, 장기기증이 가능한 시간 안에 신고가 이루어지지 않기도 한다. 때때로, 사망자가 사망 전 기증에 대한 의사를 남겨놓지 않거나, 사망자의 가족에게 제 시간에 연락이 닿지 못하여 동의나 사망자의 의학적, 사회적 병력을 얻지 못하는 경우도 있다. 그리고 가족이 장기기증에 동의를 하지 않을 수도 있다. 부적절한 의학적 관리로 잠재적 기증자를 잃게 되는 경우도 있다. 이러한 요소들로 인하여, 뇌사 장기기증자의 수가 잠재적 뇌사 기증자의 숫자인 연 11,000명에 훨씬 못 미치게 되는 것이다. 가장 최근에, OPO 외과팀이 심장사 후 기증을 추구하는 숫자가 증가하고 있다. 심장사는 1962년 최초의 성공적인 사망 후 기증자에 대한 수술이 시행되었을 당시에는 기준이 되는 기증형태였으나, 1980년대 뇌사 기증자로부터 기증을 받기 시작하면서 뇌사가 기준이 되기 시작했다.

▶ 사회적-심리적 문제

사회 심리학적 요인들이 기증자 부족에 원인이 된다. 예를 들어, 얼마나 장기기증에 긍정적인 생각을 가지고 있는지를 떠나서, 많은 사람들이 그저 단순히 기증희망 등록을 하지 않는다. 갤럽에서 시행한 두 번의 설문이—하나는 1993년에 장기기증에 대한 동업자들에게, 또 다른 하나는 2005년에 건강 자원과 서비스국(Health Resources and Services Administration, HRSA)에 시행되었던 설문이 이런 점을 잘 보여준다. 1993년에 설문 응답자 중 93%가, 2005년에 95%가 장기기증을 적극적으로 지지한다고 대답했다. 반면, 운전 면허증을 통한 등록이나 기증희망 카드 등을 통해 기증에 동의한 비율은 각각 28%, 52.75에 그쳤다.

### 왜 더 많은 사람들이 기증희망 등록을 하지 않을까?

공공 교육에 참여하고 장기기증 전문가들과 기증자를 늘릴 방안을 연구중인 사회, 행동 과학자들에게 특히 중요한 주요 쟁점은 왜 사람들이 기증희망 등록을 하지 않는지를 이해하는 것이다. 몇몇은 간단히 기증에 대한 생각을 해보지 않아서일 것이고(Siegel, Alvaro & Hohman, this volume), 다른 사람들은 등록할 의사는 있으나 할 기회가 없어서일 수 있다(Siegel, Alvaro & Hohman, this volume). 2005년 HRSA-갤럽의 설문에 의하면(HRSA, 2005), 기증희망 등록을 하지 않은 사람들 중 19%는 등록할 의사가 있다고 대답했다. 더 많은 정보와 편리한 등록 기회가 있다면 이 집단은 기증희망 등록을 할 가능성이 있다. DMV나 인터넷을 통한 간편한 기증희망 등록이 영향을 끼칠 수 있다.

나머지 81%의 경우에는, 다른 요인들이 등록을 막고 있을 수 있다. 지난 20년이 넘는 시간 동안 계속 되어온 여러 가지 장벽들이 아직까지 영향을 미치고 있다. 이러한 장벽들은 대중들과 일부 사람들이 가지고 있는 잘못된 생각들을 포함한다(통상적인 믿음 종류들에 대해 보려면, Mayo Clinic, 연대미상 참조). 이의 한 예로, 하워드 대학의 이식 책임자인 Clive O. Callender는 아프리카계 미국인이 기증희망 등록을 하지 않는 이유로 장기기증에 대한 오해를 들었다.

### 장기에 대한 탐구: 사회적, 행동적 도전

이러한 정교하고 기적적인 의료 분야에 있어서, 주요 장애요소가 과학적인 것이 아니라 인간적 요소―극심한 장기 부족―라는 점에서 독특하고 난해하다고 할 수 있다. 특히, 장기 거부 반응 억제를 포함한 여러 임상적 난관들에도 불구하고, 장기 이식 연구는 계속 발전하고 있다. 그러나 장기기증을 늘리는 일은 계속 문제로 남아있다. 이것은 해결방안이 사회, 행위 학자뿐아니라 지역사회 교육자들, 병원 개선 전문가들과 관심있는 모든 시민들에게 부가된 주요 공중보건 문제인 것이다.

기증을 증가시키려는 시도는 공중보건과 행위변화 분야에서 비교적 새로 등장한 것이다. 미국 내 최초의 성공적인 장기 이식은 1954년 보스턴의 브리검 여성병원에서 이루어졌다(Hume, Merrill, Miller, & Thorn, 1955). 그 후,

1978년에 개발되어 1983년 미국 식품의약청의 승인을 받은 면역 억제제인 싸이클로스포린이 유전적으로 다른 개인들 간의 장기 이식을 가능하게 만들었다. 이 중대한 발견은 수 많은 다른 이식을 가능하게 했고, 거의 모든 건강한 사람들을 잠재적 장기기증자로 만들었으며, 장기기증을 늘릴 방법을 찾게 만들었다.

미국 장기기증 제도는 꾸준히 사전동의 체제를 유지해왔다. 앞에서 다루었듯이, 수술적으로나 법적으로 이식팀이 (a) 사전에 개인이 동의를 했거나(즉, 운전면허증이나 기증희망 등록을 통해), (b) 사망 시 가족에게 동의를 얻는 경우를 제외하고 장기를 취득할 수 없다는 것을 뜻한다. 기증을 늘리기 위한 노력은 두 가지 상호 보완적인 접근을 동시에 포함해 왔다:

1. 교육과 현장 지도 노력을 통해 사람들의 장기기증과 기증희망 등록을 증진시키는 데에 대한 집중(예, Alvaro, Jones, Robles, & Siegel, 2006).
2. OPO에 사망 의뢰를 증가시킬 수 있는 기증-우호적 병원 환경 조성과 잠재적 기증자 가족과의 만남과 대화법 개선을 통한 뇌사 가족 기증 동의율을 향상시키는데 대한 집중(Dodd-McCue & Tartaglia, 2005).

이러한 목표는 지식, 태도, 감정, 행동 양식 등이 복합적으로 작용되어야 하며, 충분히 사회 과학과 행동 과학적 연구 대상이 될 수 있다(Quinn, Alexander, O'Connor, & Meltzer, 2006). 병원의 뇌사자 의뢰, 가족 동의와 기증에 대한 약속 실천 등을 몇몇 관계되는 중요 단계들과 더불어 아래에서 논의하고자 한다.

## 병원 의뢰를 증가시키기 위한 노력

1980년대 말부터 1990년도 초반에 걸쳐 펜실베니아주, 콜로라도주, 뉴저지주의 OPO들은 잠재적 기증자의 숫자를 파악하기 위하여 HRSA 이식 부서의 부분적인 지원으로, 병원 기록에 대한 후향적 연구를 진행하였다. 연구 데이터에 의하면, 전국적으로 매년 12,000~15,000 명의 잠재적 기증자들이 있으며, 실제 장기기증 사례 수와 비교하면 병원이 잠재적 기증자의 25~30%를 OPO에 신원 확인 및 조회 하지 않는 것으로 밝혀졌다(Nathan 등. 1991).

이러한 정보와 약 50%의 환자의 가족들이 환자의 장기를 기증하기 거부한다는 사실에 착안하여, 펜실베니아주는 1994년에 모든 병원이 모든 사망자들을 인근 OPO에 신고하지 않으면 500 달러의 벌금을 부과하는 법(PA-102)을 통과시켰다. 그 결과 3년 후 기증자 수는 43% 증가했고, 5년 뒤에는 61%가 증가했다(OPTN, 2009).

펜실베니아주의 결과를 감안하여, 보건 사회 복지부의 노인의료보험과 저소득층의료보장 서비스 센터(CMS; 연방 보건사회복지부[DHHS], CMS, 1997)가 1998 노인의료보험과 저소득층의료보장 프로그램에 대한 참여 실태를 발표했을 때, 노인의료보험과 저소득층의료보장에 참여하고 있는 모든 병원은 모든 사망과 사망 임박 사실을 담당 OPO에 신고할 것을 의무화 했다. 그들은 또한 모든 신고된 사망과 사망임박자에게 OPO나 OPO에서 훈련 받은 '지정된 담당자'로부터 장기기증이 이루어지게 요구했다. 또 이에 응하지 않는 병원은 노인의료보험과 저소득층의료보장에 참여할 자격을 박탈당할 수 있도록 했다.

1995년에, 휴스턴에 있는 OPO, LifeGift는 이식부서의 연구비 지원으로 OPO 구득 관계자를 일급 외상센터나 기증 잠재력이 큰 병원에 파견시킴으로써 병원과 OPO사이의 유대를 강화시키고, 잠재적 기증자를 찾아내어 의뢰하고 동의를 받는 비율을 증가시켰다(Shafer et al. 1997). 이 원내근무 코디네이터들(in-house coordinators, IHCs)은 병원 직원들과 친근하게 같이 일하고, 더 눈에 잘 띔으로써 잠재 기증자들로부터 신뢰를 받게 되어 심리적으로 상당한 변화를 시키는데 주요했다. 1999년에 LifeGift 는 또 다른 연구비를 이식부서에서 받아서 원내근무 코디네이터를 전략적으로 시애틀과 휴스턴의 두 개 외에 LA와 뉴욕의 병원에 추가하여 다시 파견하여 시행하였고 다시 한번 인상적인 결과를 얻을 수 있었다. 원내근무 코디네이터 병원에서의 의뢰가 12%에서 26% 증가하였다(이에 비해 원내근무 코디네이터가 없는 병원에서는 변화가 없었다). 원내근무 코디네이터 병원에서는 동의률도 13% 증가한 반면 원내근무 코디네이터가 없는 병원에는 변화가 없었다. 원내근무 코디네이터 전략은 전국적으로 도입되었고 현재는 표준 시책으로 받아들여지고 있다(Shafer et al., 1997).

## 가족 동의를 증가시키려는 노력들

사망자 가족들과의 상호 작용을 발전시키고, 이를 통해 기증 동의 비율을 높이기 위한 많은 시책과 기획이 시행되어 왔다(Dodd-McCue & Tartaglia, 2005). 1988년, 건강 관리 재정지원부(the Health Care Financing Administration)는 노인의료보험과 저소득층의료보장에 참여하고 있는 병원들이 잠재적 기증자를 확인하고, 그 가족들에게 장기기증을 택할 수 있다는 것을 확인 시키고, OPO에 잠재적 기증자를 통보하게 하는 절차를 의무화하는 규정을 발표하였다. 수년간, "가족들에게 기증할 수 있다는 것을 제안하다"라는 표현을 썼는데, 이게 의미하는 것은 결정에 대해 중립적 자세를 취한다는 의미였다.

1991년, 국립 신장 재단(NKF)은 전미 중환자 간호협회(American Association of Critical Care Nurses)와 공동으로 간호사들에게 장기기증에 대한 태도와(잠재적 기증자의) 가족들에게 이식을 권하는 기술에 있어 도움을 주는 워크숍 프로그램을 실시하였다. OPO 코디네이터들—간혹 장기 구득을 돕는 임상적으로 훈련된 직원(예, 간호사들)—또한 가족들에게 기증 선택을 제안하였다. 나중에, 많은 OPO들은 성공적인 제안자들로부터의 기술과 요령을 갖추는 것이 필요하다는 인식하에 기증동의를 받는 직원들을 장기 구득을 시행하는 직원과 별도로 훈련시키기 시작하였다. 몇몇 OPO들은 가족과의 긴밀한 관계 형성을 위한 대인 기법과 애도 표현에 대한 교육을 제공했다.

1990년대 중반에는, 기증 요청의 시기는 가족들에게 사망을 알리는 시기와 얼마나 가까운가 하는 면에서 그 중요성이 인식되었다(Gortmaker et al., 1998). 이 두 가지 논제를 "Decoupling(비동조화)"하는 게 표준이 되었는데 이는 기증에 대해서 접근하기 전에 죽음의 현실을 받아들여 애도할 수 있는 시간을 갖도록 하는 것을 허용한다는 의미이다.

1999년에, HRSA는 동의를 증가시킬 수 있는 전략을 시행하고 검토하기 위한 임상가와 연구자가 팀을 이룰 수 있게 하는 새로운 응용 연구 프로그램을 시작하였다(추후 논의 예정)(예를 들어, Jacoby, Breitkopf, & Pease, 2005). 동의 과정에서 몇몇은 특정 형태의 사람들과 관계를 맺기도 하고 잠재적 기증자 가족에게 감성적 지원을 제공하기도 한다(예를 들어, Dodd-McCue, Tartaglia, Veazey, & Streetman, 2005). 예를 들면 기증자들의 어머니 모임(MOD 분대)에서 가족들에게 지원 보조를 제공하게 하는 것이다. 몇 가지 계획은 요청자들에게 가상적 훈련 경험(때때로 직업적 배우를 써가며)을 제공하게 된다..

가장 최근의 광범위하게 받아들여지고 있는 가족 접근 전략 중 두 개는 "추정적"과 "이중적 지지" 접근법이다(예를 들어, Mulvania, 2008). 전통적인 기증 제의의 중립성 지키기와 달리, 가족들에 단도직입적 질문을 제시할 수 있는데(즉 "당신은 당신의 사랑하는 사람의 장기를 기증하는 것을 고려해보시겠습니까?" 식으로), 이 전략은 사전에 미리 치고 나가는 접근법을 포함한다.

또 다른 동의 전략으로는 본인의 사전동의를 존중하여 실행하는 것인데, 사망 전에 본인의 사망 후 기증하겠다는 약속을 장기 구득을 위한 법적 동의로 추정하는 방법 같은 것이다. 기증 약속에 대한 법적 보장 방법은 주마다 다양하지만, 가장 흔한 것은 운전 면허증 기증 표시와 기증희망 등록이다. 본인 동의에 대한 법적 근거는 첫번째 일괄적 해부학적 기증법(UAA)이 1968년 공포된 데 근거하고 있는데, 이것은 기증희망 카드를 가진사람의 기증 희망을 표현하는 법적 기록이고 장기 구득을 인증할 수 있도록 보증하고 있다. UAGA는 또 기증의사 기록 없는 고인을 대신할 수 있는 친족에 대해서도 정의해놓고 있다. 몇 개의 주에서는 1968년 판의 UAGA를 받아들이고 있고, 대부분의 주들과 워싱턴 특별구에서는 1987년 개정한 UAGA를 받아들이고 있기 때문에, 본인 동의의 법적 근거를 포함하고 있다. 하지만, 남은 가족에 대한 존중 때문에 가족의 동의를 구하는 과정이 여전히 시행되고 있다.

1990년대 중반, 본인 동의 존중을 실행하는 방안이 장기적출 분야에서 등장하기 시작했다. 펜실베니아 서부와 일부 서부 버지니아에서 OPO로 종사하는, 장기 구득 및 교육 센터(The Center for Organ Recovery & Education, CORE)는 가족들의 반대에도 불구하고 고인이 법적으로 밝혀놓은 기증의사를 고수하게 된 것이었다. 가족 중심 접근에서의 이 급진적 전환을 일부는 흥미있게 바라보고 있고 일부는 기증 반대를 무시 당한 가족들이 곧 CORE를 상대로 법적 소송을 제기할 것이라고 보고 회의적으로 생각하고 있다. 몇몇 사람은 또 살아있는 사람의 희망대로 우선권이 주어져야 한다고 주장하였다. CORE는 아직까지 고발당하지 않고 이 시도를 지속하고 있다.

점점 더 많은 OPO들이 본인의 동의를 채택하고 있는데, 몇몇은 전적인 동의이고 다른 몇몇은 극한 상황에서의 가족들의 동의이다. 예를 들어, 몇몇 OPO들은 문서로 이루어지진 않았지만 사망자의 장기기증 결정이 변경되었다는 가족들의 설득력 있는 주장을 받아들일 수밖에 없다. 몇몇의 주에서는 본인동의의 결정을 더욱 존중하는 강화법을 제정했다. 그러나 사망자가 사망 전에 기증에 대한 허가를 남겼다 하더라도, 사망자의 의학적, 사회적, 과거력을 제공하는 데에는 가족들이 중요한 역할을 계속하게 된다. 이러한 정보는 장기구득 책임자가 C형 간염이나 HIV같은 전염성이 있고 잠복기가 긴 질병들의 위험성을 인지하게 하여 장기기증 가능여부를 결정하는데 도움이 된다.

### *최상의 실행이 전파되게 하기*

소개와 동의를 증가시키는데 효과적인 실행들이 미국전역의 여러 지역에서 이용되었고 매우 높은 효과를 보인다. 몇몇 실행은 HRSA의 연구 프로그램에서 파생된 것이다. 병원에서의 동의와 소개를 증가시키는 방법들을 알아내는 연구적 노력을 증대시키는 것도 중요하지만, 연구와 실행을 통해 효과적이라고 보여진 전략들을 넓게 실행하는 것도 중요하다.

2003년 9월, HRSA는 큰 병원들의 장기기증 환산율을 평균 50%에서 75%(OPTN, 2009)까지 증가시키기 위한 목적으로 장기기증 돌파구 협력 시스템(ODBC)을 착수했고, 이미 몇몇 병원들은 이들이 제시한 기증전환율을 달성했다. 기증전환율이란 병원에서 장기기증이 의학적으로 가능한 사람들이 실제로 기증자가 되는 비율을 의미한다. 이전환율은 최적화된 소개, 동의 그리고 동의 후 이식하기 전 잠재적 기증자의 의학적 관리에 따라 달라진다. 개인의 사망 전 기증 결정이 법적인 동의효력을 가지기 때문에, 일반 대중들의 기증에 대한 관심 또한 전환율에 영향을 미친다.

의료 개선 기관(Institute for Healthcare Improvement)이 여러 차례에 걸친 상호적인 회의들을 통해 특정 지역에 효과적인 실행들을 전파하기 위한 목표 지향적인 변화(Shafer et al., 2006)를 꾀하며 개발한 것이 돌파구 협력 시스템이다. 모델 테스트는 변화를 가져왔고(Shafer et al., 2006), 성공적인 전략들을 기관의 실행들과 체계적으로 통합시켰다.

다른 협력 시스템으로는 2005년에 소개된 것으로, 한 사람의 기증자로부터 구득되어 이식되는 장기의 숫자(organs transplanted domor)를 3.06에서 3.75로 증가 시키기 위해 만들어졌고, 이 두 개의 협력 시스템은 합쳐지게 되었다. 2007년 10월에는, 전국 장기기증 전환율이 51.5%(United Network for Organ

Sharing, 2004)에서 69%로 증가했다. 이 과정에서 병원과 OPO의 돈독해진 관계, 그리고 이식학회와 기증에 좋은 영향을 미치는 다른 기관들 사이에 있는 관계들이 또한 중요한 역할을 했다. 예를 들어, 이런 시스템의 결과로 의료기관 평가위원회는 기증 전환율이 병원의 성과에 중요한 부분을 차지한다고 강조했고, 또한 평가 과정에 있어 개선 계획들을 추천했다. 협력은 지역적인 노력으로 확대되었는데, 더 많은 병원들의 참여를 독려하고 성공적인 전략들을 홍보했다.

2009년 1월에는 국립신장재단(NKF)에서 10년 내에 신장 대기 목록을 없애기 위한 계획으로 "기다림을 끝내자!" 라는 캠페인을 착수했다. 국립신장재단은 신장이식 결과를 개선하고 2차 이식의 필요성을 감소시키며, 사망 후 기증 또는 살아있는 기증자들의 수를 늘리는 동시에 이식에 관한 지역이나 인종의 차별 제거와 같은 기증과 이식 체계의 개선을 위해 다른 조직이나 정부기관과 함께 검증된 전략들을 실행했다.

## *재정적 인센티브와 잠정적 동의:*
## *아직 시도되지 않았지만 종종 거론되는 전략들*

자주 거론되었지만 아직 시도되지 않은 재정적 인센티브와 잠정적 동의에 대한 과장없이 동의를 증가시키기 위한 노력들을 검토하는 것은 완벽하다고 할 수는 없을 것이다.

재정적 인센티브란 기증과 동의를 격려하기 위한 "대가"의 사용이라고 보면 된다(Schlitt, 2002). 장례 비용, 자선단체를 위한 선물들, 그리고 기증자 가족에게 직접적인 지원 등이 대표적 인센티브들이다(Cohen, Siminoff, Arnold, & Virnig, 1991). 2005년에 이뤄진 HRSA-갤럽 조사(HRSA, 2005)에 따르면 16.5%의 인구가 인센티브를 받는다면 기증을 하겠다고 했으며, 72%는 인센티브가 결정에 영향을 미치지 않을 것이라고 했다. 비슷하게 18.7%의 사람들이 인센티브를 받았을 시에 가족들의 장기를 기증하겠다고 했는데(HRSA), 이는 1993년의 12%보다 증가한 수치이다. 하지만 이전에 이야기 했듯이, 장기이식법(NOTA)이 대가를 동반한 인간의 장기 교환을 금지했기 때문에, 임상적으로 실험적인 이러한 개념들의 가능성은 없어졌다.

미국의 사전동의 기증 체계와 달리, 몇몇 유럽 국가들은 잠정적 동의(presumed consent)를 기반으로 한 opt-out 체계를 실행 중인데 사람들이 기증을 하고 싶지 않다고 법적으로 의사표명 하지 않으면 그들은 잠재적 기증자로 간주된다. 잠정적 동의가 미국에서도 효력이 있을지는 미지수다(Institute of Medicine 참고, 2006). 2005년 HRSA-갤럽 자료(HRSA, 2005)는 85.9%의 참여자들이 잠재적 동의는 이식을 위한 기증 장기 수를 증가시킬 것이라고 생각했고, 43.2%가 이런 시스템을 찬성했다는 것을 보여준다.

### 기증에 대한 대중의 관심을 증가시키기 위한 노력들

1968년 UAGA는 대중의 관심을 증가시키기 위한 지원적 노력을 시작했는데, 법적인 문서로 효력이 있는 기증희망 카드를 선물로 줌으로써 시민 단체들이 나서서 행동할 수 있게 했다. 1970년대에는 NKF와 미국 의사회 같은 그룹들이 우편 캠페인, 건강박람회 그리고 다른 장소들을 통해 기증희망 카드들을 널리 배포하기 시작했다. 장기를 필요로 하는 사람들의 가족들의 지원을 받은 언론을 통한 다른 지원적 노력도 생겨났다.

1983년 9월 미국 의회는 4월의 셋째 주를 장기와 조직 기증 관심의 주간(P.L. 98~99)으로 선정했고, 2003년 보건사회복지부(DHHS) 장관 Tommy G. Thompson이 4월을 기증의 달로 선정할 때까지 지속되었다. 1984년 이후로 매년, 대통령의 개회선언은 이 행사를 기념비적인 행사로 만들었다.

1984년 NOTA의 승인은 이 신생 분야를 정당화했고, OPTN을 통해 장기를 공유하는 국가적인 체계를 구체화하는데 도움을 주었다. 이 법안은 장기기증 증가의 기능을 가진 OPO의 설립, 가동, 그리고 확장까지 가능하게 했고, 또 기증을 증가하기 위한 연방 승인 프로그램을 허가했다. 이 법안은 또한 공공 교육 계획을 보고할 수 있게 장기 이식에 대한 연방 프로젝트 팀을 설립했다. 이 프로젝트 팀의 1986년 보고서에 의하면, 공공 교육과 지원적 노력간에 균형이 잡히지 않았고, 지역에 한정 되었으며, 목적이 불분명하고, 또 제대로 평가되지 못했다고 한다(DHHS, Public Health Service, 1986). 이것은 놀랄만한 일이 아닌데, 그 때 당시에는 소수의 전문가들만이 건강 교육이나 홍보에 경험이 있었고, 또 공공 지원에 대한 자금도 부족했다.

이 분야가 점점 성장하면서, 장기 이식은 점차 말기환자 치료의 표준수술 절차의 하나로써 받아들여졌고, 장기의 수요가 늘어남에 따라 장기의 가용성을 증가시키기 위한 방법들의 탐색도 증가했다. 1980년대 후반에는 공공 지원이 급증한 시기이다. OPO, 눈 은행과 조직은행, NKF와 연계단체, 국립의료원, 그리고 사설 비영리단체들이 나서서 여러 조직들, 종교 단체들, 학교, 사회 및 시민 단체들에 대한 지원과 다른 프로그램들을 실행했다. 1988년에는 이식 부서가 지원 활동을 촉진하는 1년 프로그램을 시범으로 시작했다. 1990년대에도 장기기증 교육과 지원에 대한 한결 같은 변화가 일어났다. OPO는 홍보, 의사소통, 그리고 건강 교육에 경험이 있는 직원들의 채용을 점점 늘렸는데, 좀 더 정교한 지원 프로그램의 개발이 가능해졌다. 프로그램의 수와 종류가 증가한 것은 매우 중요한 일이었다. 가스펠 콘서트, 연극 프로그램, 운전면허시험국(DMV) 직원 교육, 퍼레이드 장식차량들, 그리고 기증자 키오스크 등이 노력들의 다양성을 보여준다. OPO와 다른 기관들의 지역사회 봉사 전문가들은 등기소나 공공 교육을 위한 신탁 자금, 그리고 직접적인 동의의 연습 등을 포함하는 기증의 기반을 설립하기 위해 주 의회와 함께 제정법의 홍보에 힘쓰고 있다. 이러한 전문가들과 조직들은 기증과 관련된 사회의 태도와 습관들에 긍정적인 변화를 가져오는데 큰 역할을 했다.

1991년에는, 미국 의무감인 Antonia Novello씨가 기증에 관한 워크숍을 전국적으로 시행함에 따라 장기기증 증가의 필요성에 대해서 주목을 받았다— 워크숍 자체가 기증 증가에 대한 지역사회의 책임감을 지지했다. 워크숍 이후 관련 주제에 관한 논문들 모음집과 기증 증가를 추천하는 내용의 회의록들을 묶은 책이 만들어졌다. 추천내용들은 의료적 접근을 실행하는 것부터 지역사회의 일반 대중과 다양한 인종의 사람들을 대상으로 하는 교육의 증가까지 다양하다(DHHS, Public Health Service, 1991).

1992년, 켄터키 주는 생명 신탁금을 통해 장기기증 교육을 위한 자금을 모금하는 제정법을 통과시킨 첫 번째 주가 되었다. 신탁금은 거주자들이 운전면허를 얻거나 갱신할 때 켄터키 순회 재판소 사무원의 감독 아래에 진행되는 기금에 1달러를 기부하도록 한다. 2000년까지 켄터키 주 운전자들의 50%가 기부를 했고, 3,000,000달러 이상이 모금되었으며 장기기증이 62% 증가했다(DHHS, HRSA, 2001).

1992년에는 또한 현재의 미국 생명 기부 재단(DLA)의 전신인 기증 연합체(Coalition on Donation)의 도입으로 인해 기증 전문가들이 전국 리더십 모임

## 2장 _ 장기기증

들을 통해 융합되었고, 오직 장기와 조직의 기증을 증가시키기 위한 목적에 집중하였다. 전국적으로 OPO, 안구 은행과 조직은행, 그리고 종종 혈액 은행과 골수 이식 센터들 같은 기증 관련의 지역 조직들이 DLA 제휴기관으로서 지역 사회의 지원을 공동으로 실행하고 같은 주제에 관해 한데 모였다. 국립 DLA는 The Advertising Council, Inc.,와 다른 광고회사들과 협력하여 인쇄 유인물들과 TV, 라디오 광고들을 포함하는 11개의 캠페인을 개발해냈다(이 책의 Alvaro & Siegel 참조). DLA는 연구를 기반으로 한 캠페인들과 지원의 중요성을 강조한 초기 그룹들 중 하나이다. 시작부터 2000년까지 DLA의 캠페인 자료들은 "당신의 삶을 공유하세요. 결정을 공유하세요"를 슬로건으로 내세우며 미국인들이 개인적인 기증을 결정하고, 또 그 결정을 가족들에게 알리도록 했다. 이러한 주제를 정하게 된 계기는, 종종 가족들이 떠나간 이들의 소망을 잘 모른 채 동의를 요청 받았을 때 "아니오"를 선택하는 것을 배경 삼아 가족의 동의를 받는 전통을 따른 것이다. 몇 년 동안 가족들간의 대화의 중요성이 두드러졌다. 2000년에는 DLA가 현재의 슬로건인 Donate Life를 사용하기 시작했다. 이 슬로건과 또 그에 맞는 상표 로고를 꾸준히 사용함으로써 기증 모임들과 DLA는 홍보에 많은 노력을 했다.

협력 시스템의 시작이 있은 직후, 1993년 일리노이주에서 처음으로 기증희망 등록소를 만들면서 또 다른 매우 중요한 경향이 생겨났다. 이 전자화된 데이터베이스는 일리노이 거주자들이 그들이 사망했을 때 장기들을 사용 할 수 있다는 확답을 포함하는 그들의 결정을 기록할 수 있게 했다. 지금은 모든 주, D.C., 푸에르토리코가 등록소를 실행 중이다. 안전한 기증장소 역할을 하고, 개인의 기증 결정을 믿을 만한 보도를 통해 제공할 뿐 아니라, 기증희망 등록센터는 다른 방법들이 할 수 없는 아주 유용한 자료들을 제공할 수 있다. 특히 등록소는 유례 없이 장기기증희망 등록자들의 매우 정확한 숫자를 제공한다. 또한, 우편 번호에 따라 등록소 자료들을 분석해보면 지원 노력들을 계획하고 평가하는데 중요한 정보를 산출할 수 있다. 등록소설립 이전에는, 장기기증 교육 직원이 지원 활동의 효과를 파악하는데 어려움이 있어서 정확한 평가와 연구가 불가능 했다. 등록소 기재 자체만으로 인과 관계를 설명하기에는 부족하지만, 대상 지역과 사람들에게서 시간이 지날수록 일어나는 변화에 유효한 영향력을 미치고 있다.

2001년에는 전 보건사회복지부(DHHS) 장관이었던 Tommy G. Thompson 은 장기, 조직, 골수, 그리고 혈액 기증을 증가시키기 위해 '장기기증의 선물' (National Gift of Life Donation Initiative) 이라는 프로젝트를 시작했다. 그의 캠페인 중 세가지 요소가 현재까지 실행되고 있는데: 직장의 평생동업자; 결정, 기증; 그리고 장기와 조직 기증 연합이 그것이다. "직장의 평생동업자"는 기업들과 조직들이 직원들과 회원들을 기증에 대해 교육시키고 등록을 장려하는 정부-민간 합작품이다. 이 프로그램은 현재 다양한 종류의 고등교육 기관의 기증을 증가시키기 위해 노력 중이다. "기증 결정"은 운전자 교육이나 고등학생들이 운전면허를 취득할 때 장기기증에 대해 잘 알고 결정할 수 있도록 설계된 수업들을 맡는 선생님들을 위한 교육 프로그램이다. 미국과 캐나다 전역의 고등학교에서 계속 사용되고 있다. 이 프로그램들의 전체 목록을 원한다면, www.organdonor.gov를 참고하면 된다.

가장 최근에는, HRSA의 성공적인 협력체를 모티브로 한, 기증자 선택 협력체(DDC)가 2006년 DLA에 의해 설립되었는데, 이는 등록소를 홍보함과 동시에 등록소 회원을 6천만에서 1억 명으로 늘리기 위한 국가적인 노력이었다. 지역 OPO들과 DLA들은 이 목표를 실현하기 위해 여러 가지 전략들을 실행하고 있다. 2009년 4월까지는 등록소 회원이 거의 8천만명까지 증가했다. DDC의 노력—NKF와 제휴사들, 다른 국립 혹은 지역 조직들, HRSA와 HRSA와 NIH의 수령자들 등등의 다른 그룹들이 실행한 전략들과 더불어—은 앞으로도 계속 증가 할 등록소 회원의 증가에 기여할 것이다.

## 국가차원의 행사들과 기념일

주기적으로 개최되며 전국적으로 주목을 받고 있는 두 행사로 미국 이식 게임과 1월1일 열리는 로즈 퍼레이드의 Donate Life 장식차량이 있다. NKF의 주도 하에 열리는 이식 게임은 올림픽 형식의 행사로, 모든 연령대의 장기 수혜자들이 여러 종목의 운동 경기에서 겨루게 된다. 이 게임들은 매체의 아주 큰 주목을 받으며, 참가한 수혜자들의 이야기들이 전국 지역 곳곳에 방송된다.

LA의 OPO를 이끄는 OneLegacy의 협력과 더불어서, 기증 협회는 2004년 이후로 매년 장미 축제를 지원해왔다. 2008년 참가한 차량은 쇼맨십으로 극적이며 드라마틱한 충격을 주었고, 매우 권위 있는 심사위원의 특별 트로피를 수상했다. 2009년의 차량은 효율성과 더불어 장미의 컨셉, 디자인, 그리고 보여주는 방식이 뛰어나 Queen's 트로피를 받았다.

수 많은 국내의 기념일들은 전국의 지역사회들로 장기기증 지원 노력이라는 공통된 주제에 초점을 맞추고 있다(www.organdonor.gov 참조). 기념일들로는 기증자의 날(National Donor Day, 2월 14일), Donate life month (4월), 소수인종 기증자 관심의 날(Dational Minority Donor Awareness Day, 8월 1일), 그리고 기증자 안식일(National Donor Sabbah, 11월 주말)이 있다.

### 지역적 노력
1990년대부터 현재까지, 지역의 장기기증 조직들은 전국의 지역사회에 기증을 홍보하기 위한 점점 정교해지는 제안들을 실행해왔다(예를 들어, Siegel, Alvaro, Jones 등, 2008). 장기기증 전문가들은 회의나 리스트서브 등, 최고의 실행들을 공유해왔다. 비록 TV나 라디오 광고는 대부분의 장기기증 조직들이 일반적으로 엄두도 못 낼 만큼 비싸지만, 많은 지자체에서는 여러 청중들, 상황들, 사건들(Allen & Stillwater, 2009 참조)그리고 기관들을 대상으로 하는 다양한 노력이 실시되었다. 한편, 다양한 문화의 사람들도 공통 관심사로 떠 올랐는데, Howard 대학교와 국립 소수민족 장기 교육 프로그램(MOTTEP)에 의해 선구적인 연구가 진행되고 있다.

### 이식 지원 프로그램
1999년, 이식 부서는 기증을 늘리기 위한 일련의 정교한 지원 프로그램들을 가장 처음 시작했다. 그 중 두 개의 프로그램은 연구를 바탕으로 하여 성공적으로 반복 가능한 관계들을 알아내는 것이 목적이었다. 이 프로그램들은 대중들이 기증에 참여할 수 있도록 격려하는 것부터 장기의 생존능력을 확신하기 위한 기증자들의 의료적 관리까지 기증에 관한 역할을 넓혔다.

또 다른 세 개의 프로그램은 다른 연구나 연구 지원 프로그램을 통해 성공적이었던 복제 프로젝트들을 지원해왔다. 한 프로그램은 주의 기증희망 등록소의 개선과 발전을 지원하며 기증자들의 자료들이 법적으로 문서화되고, 안전하게 저장되며, 쉽게 접근할 수 있는 기반을 구축하는데 도움이 되었다(지원 프로그램 목록을 보려면 www.organdonor.gov 참조).

## 어떠한 변화가 있었나?

장기기증을 홍보하기 위해 셀 수 없이 많은 지역사회 또는 병원을 기반으로 한 활동들이 실행되었는데, 몇몇은 국가적인 노력의 일부였고, 나머지는 지역 특화 사업이었다. 몇몇은 평가되었지만, 나머지는 그러지 못했다. 아래의 내용은 몇몇 전반적인 결과들을 분석한 결과이다.

### ▶ 병원 기반의 활동들

실제 기증률이 증가함에 따라 환산율도 증가했다. 2003년 후반 협력 시스템의 도입 후, 국내의 환산율은 51.5%에서 66.2%까지 증가했고(OPTN, 2008), 연간 사망 기증자들의 수도 6,457명(2004년)에서 7,985명(2008)로 늘어났다 —전년도 2.5%의 연간 평균 증가율이 7.5%로 늘어났다(OPTN, 2009). 확실히 협력 시스템들은 여러 가지 면에서 포괄적이고 긍정적인 접근을 통해 환산율과 기증률 그리고 병원 기반의 활동 전반에 영향을 미쳤다. 그들은 또한 병원과 OPO 사회가 전례 없는 방식으로 같이 협력하는 데에 활력을 불어 넣었다.

다른 노력들 또한 환산율 증가에 기여했다. 예를 들어, 몇몇 협력 시스템에 참여하지 않은 OPO들과 병원들은 병원 개선의 노력을 계속 해나갔고 긍정적인 결과를 보여주었다. 이식 부서의 사회적 행동적 연구 지원을 받은 OPO-병원 팀들 또한 긍정적인 결과를 나타냈다. 이전의 장기기증 증가에 자극을 주었던 공교육 또한 계속해서 영향력을 행사했다. 이러한 다른 영향들을 조정하지 않은 채 협력 시스템의 기여도를 정확하게 평가하는 것은 어렵지만, 결과들 —수치로 보여지는 결과와 병원에서 기증을 홍보하는 조직들과 개인들의 기반이 넓어지는 것—이 매우 극적이다.

공공 지원과 교육이 장기기증에 대한 지식, 태도 그리고 가장 중요한 행동의 변화에 매우 큰 영향을 미쳤다는 것은 기정 사실이다. 기증희망 등록소 가입자를 예로 들자면 그 수가 8천만으로 증가했다. 특히 더 많은 주에서 기증자들의 소망을 기증에 대한 동의로 간주하기 때문에 이것은 매우 중요한 결과이다.

그림 2.2는 기증에 대한 대중들의 관심과 기증희망 등록 가입을 증가시키기

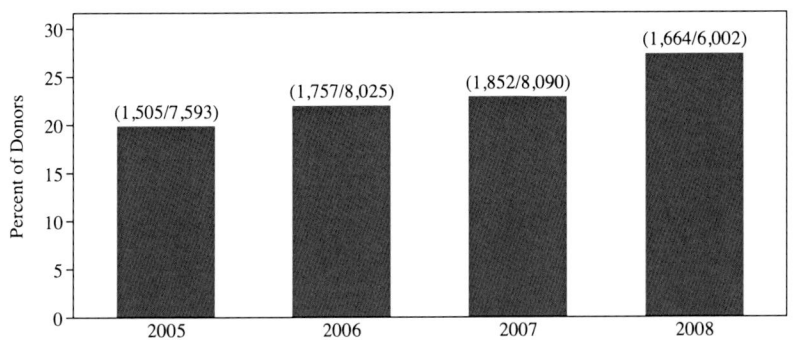

**그림 2.1** 기증 의사를 문서로 작성한 기증자들, 2005년부터 2008년 9월 30일 까지.
(출처: 2008년 11월 OPTN 자료)

위한 기증 사회의 노력들의 성공을 실험적으로 보여주는 증거이다. 사망 시 기증을 하기로 결정한 후 직접 기증문서를 작성한 사람들의 숫자는 꾸준히 증가했는데, 2005년 20%에서 2008년 28%까지 증가했다. 위에서 지적한 바와 같이, 잠재적 기증자들이 실제 기증자가 되기 위해서는 기증 희망 문서의 작성이 매우 중요한 역할을 한다.

국가 차원의 조사들 또한 공교육의 영향에 관한 흥미로운 자료를 제시한다. 뉴스나 연예 매체 같은 다른 요인들이 대중들의 인식이나 행동들에 영향을 준다는 사실을 참작하고서라도, 2005년 HRSA-갤럽 조사(HRSA, 2005)와 1993 파트너쉽-갤럽 조사(Partnership for Organ Donation, 1993) 의 비교는 아주 흥미로운 결과를 보여준다.

두 조사 모두 무작위로 선발한 응답자들(1993, N = 6,127; 2005, N = 2,341)을 대상으로 하는데 소수자들은 과다표집 되었다. 부록 2.2에 있는 자료들이 몇몇 결론들을 나타낸다. 몇몇은 장기기증 실행들에 대한 변화의 성공을 보여주고 나머지는 지원 노력들의 새로운 방법을 제안하는 유익한 자료이다(부록 2.2). 전체적으로 이 자료는 공교육을 위한 기증 사회의 여러 노력들이 변화를 만들어 냈다는 것을 보여준다. 예를 들어, 기증 사회에서 강하게 홍보하고 있는 가족들간의 기증에 관한 대화는 엄청나게 증가했는데, 기증에 대한 태도와 실행들에 영향을 줄만한 매체와 서민들의 연합된 지원의 가능성을 강조한다.

이 결과들은 또한, 기증에 좀 더 회의적이고, 꺼리는 사람들에게 접근하기 위한 노력을 강화하면서, 아직 등록하진 않았지만 의향은 가지고 있는 개인들이 등록된 기증자가 될 수 있도록 지속적이고 전략적으로 목표가 설정된 지원 활동이 필요함을 나타낸다. 잘못된 믿음을 바로잡아 주는 것이 특히 도움이 될 것이다; 그 예로, 55세 이상의 사람들이 기증자가 되기 위해서는 나이보다 장기의 가용성이 중요하다고 알려줄 수 있는 효과적인 전략들을 알아내는 것이 있다. 진전이 분명히 있고, 또 이식 대기자 수도 증가하고 있으므로, 기증을 통해 목숨을 살릴 수 있는 창의적인 방법들을 알아낼 필요성이 있다.

## 결론

사실 모든 사람들은 장기 이식이 불치병의 효과적인 치료방법으로 이상적이라는 것을 알고 있을 것이다. 그리고 그들은 개인적인 관심을 가지며 기증자로서 등록될 것이다. 비록 이것은 아직 이루지 못한 단계이지만, 진전은 분명히 있다.

어떤 유명한 행동변화에 대한 초이론적 모델(Prochaska & Velicer, 1997)에 따르면, 건강 문제에 대한 무지의 단계에서부터 실제로 행동을 취하고, 그 행동을 유지하는 단계를 거쳐야 건강 습관이 변화된다고 한다. 비록 미국인들은 의심의 여지없이 모든 단계에 걸쳐 퍼져있지만, 행동과 유지의 증가가 있다는 것을 등록의 증가로 확인할 수 있고, 또 이 책에 소개된 수치들과 두 개의 갤럽 조사들(Partnership for Organ Donation, 1993; HRSA, 2005) 같은 잘 짜인 설문 조사들을 통해 미묘한 변화들이 관찰되는 것은 매우 흥미로운 사실이다.

기원전 400년부터 사람들이 뼈 이식을 실험하기 시작했던 것에 비해 현대의 성공적인 이식 체계는 상대적으로 젊은, 그렇지만 정교하고 고무적인 의학 분야이다. 증가하고 있는 장기기증에 대한 사회적, 행동적 연구는 실험 기반의 학문의 일부분으로 진화하고 있다. 건전하고 의미 있는 연구를 설계할 수 있는 능력이 있고, 연구가 현실과 맞닥뜨리며 여정이 평탄치 않더라도 그 연구를 이끌어 갈 수 있는 강단이 있으며, 무엇이 되는지를 아는 것만큼 무엇이 되지 않는 것인지를 아는 것도 중요하다는 것을 이해하는 지혜를 가진 연구원들에게 이 흥미로운 분야는 기회가 될 것이다.

## 부록 2.1 기증과 이식 과정에 관여하는 주요 조직들

- **미국 보건사회복지부(DHHS)**: DHHS는 대통령 내각의 15부서 중 하나이다. DHHS 스스로는 11개의 주요 기관들로 구성되어 있다. 이 중 세 개의 기관들이 기증과 이식을 맡고 있는데, 의료서비스 관청(HSB)과 이식부서(DoT)를 주관하는 보건 자원 및 서비스 국(HRSA)이 DHHS 내의 이식 그 중심에 있다. 미 의회에서 지정한 DHHS의 업무는 HRSA/HSB/DoT를 통해 장기 조달 이식 네트워크(OPTN), 장기 수여자 등록소(SRTR)와 계약을 맺고 미국의 장기 이식 시스템을 감독, 지원하는 것이다. DHHS는 이 나라의 장기 이식 체계가 타당하고 효율적이며 공정한지 확인할 책임이 있다. 여러 직접적 계획들 혹은 지원이나 계약들과 같은 간접적인 계획들을 실행하여 장기기증을 증가하는 것 또한 DHHS의 임무이다.
- **주 정부**: 주 정부는 다양한 방면으로 기증과 이식에 영향을 줄 수 있는 법과 정책들을 통과시킨다. 예를 들어, 사망자를 대신하여 기증 결정을 내릴 수 있는 법적 권한을 누가 갖고 있는가를 결정하거나, 장기기증 교육을 위한 자발적인 신탁 자금 조성을 용이하게 하거나, 기증희망 등록소의 실행을 요구하는 등의 역할을 할 수 있다.
- **운수국 혹은 자동차 사무소**: 대부분의 지역 주민들이 운전면허증이나 기증희망 등록소, 혹은 둘 다에 기증자를 등록하는 곳이다. 많은 주의 기증희망 등록소가 운수국에 자리하고 있는데, 주민이 사망했을 시 이식사회에 정보를 제공하는 역할을 한다.
- **장기 조달 이식 네트워크(OPTN)**: OPTN은 전산화 된 이식 대기 목록을 관리하며 장기기증자가 생겼을 때 일치하는 수여자를 찾는 역할을 한다. 또한 이식 사회나 대중들과 일하며 장기의 할당(맞춤)과 분배 체계의 효율, 평등성과 유효성을 개선하기 위한 정책 추천 안을 개발하고 DHHS에 제공한다. 1986년 개시한 이후 OPTN은 HRSA와 계약 아래 미국 장기이식센터(UNOS)에 의해 운영되고 있다.
- **장기 수혜자 등록소(SRTR)**: SRTR은 OPTN이 장기 할당이나 다른 정책들에 관한 발전과 평가를 할 수 있게 분석적 지원을 제공한다. SRTR은 또

한 장기 이식에 대한 장관의 자문 위원회를 포함하는 DHHS에도 분석적 지원을 제공한다. 다른 이식 센터에서 다른 장기들을 이식받은 수여자들의 생존율 같은 기증과 이식에 관한 다양한 방면의 연구를 진행한다. SRTR은 HRSA와 계약을 맺고, 1987년부터 2000년까지는 UNOS에 의해, 그리고 2000년부터 현재까지는 Arbor 건강 연구 협력체에 의해 운영되고 있다.

- **급성환자치료 병원**: 기증이 가능한 사망이 일어나는 병원이다. 장기기증이 가능한 대부분의 사망은, 몸을 인공적으로 유지하고 장기를 기증될 수 있는 상태로 둘 수 있는 장비들을 가진, 큰 급성환자치료 병원에서 일어난다. 연방법에 의하면 병원은 OPO에게 모든 사망을 보고해야 한다.
- **이식 프로그램**: 병원에서 장기 이식을 진행하는 수술 팀이다. 한 병원에 한 개 혹은 그 이상의 이식 프로그램이 있을 수 있다(예로 신장 프로그램, 심장 프로그램, 그리고 폐 프로그램). 이식 프로그램의 의사들은 대기자 목록에 있는 환자들에게 장기를 이식해줄 뿐만 아니라 기증 서비스 지역(DSA) 내 기증자들의 장기들을 추출하는 역할도 한다.
- **장기 구득 조직(OPOs)**: 담당 DSA 내의 장기기증을 증가시키기 위한 전략들을 실행하는 58개의 비영리 조직이 있다. OPO들은 지역병원에 사망자가 발생했을 시 기증 과정을 세밀히 조직한다. 사망이 발생했을 때, OPO는 다음의 행동을 취한다:
  ○ 사망자가 의학적으로 기증자가 될 수 있는지 결정한다
  ○ 기증에 대한 가족들의 동의를 얻거나 본인의 직접적인 동의를 문서화 한다
  ○ OPTN의 "일치 목록"을 통해 잠재적 장기 수여자들을 가려낸다
  ○ 장기의 구득 이전에 기증자 관리를 조직화한다
  ○ 장기의 구득과 보존을 돕고 관리한다
  ○ 수여자가 이식을 받는 병원으로의 장기 배송을 관리한다
- **안구 은행**: 이 기관은 연구와 이식을 위해 기증된 각막을 추출하고 분배하는 곳이다. 미국 생명 은행들은 원뿔 각막이나 각막 상처 등을 치료하기 위한 목적으로 매년 46,000번의 이식을 가능하게 한다.
- **조직 은행**: 이 기관에서는 기증된 사람의 조직(예로 뼈, 정맥, 그리고 피

부)을 추출, 처리, 저장, 그리고 분배하는 곳이다. 몸에서 나온 장기는 장기에 따라 다르지만 제한된 시간 동안만 유지되지만, 조직들은 저장이 가능하고, 어떤 것들은 무기한으로 저장할 수 있다.
- **조직적합성 연구소**: 이 연구소들은 기증자와 잠재적 수여자의 조직들이 서로 적합한지 결정하는 데 탁월한 능력을 발휘하여 장기 거부반응의 가능성을 감소시킨다.

## 다른 기증과 이식 관련 기관들

- **미국 조직 은행 협회(AATB)**는 이식을 위한 높은 품질의 조직과 세포의 안전한 공급을 가능하게 한다(aatb.org, 800-635-2282).
- **미국 조직적합성 & 면역 유전학 협회(ASHI)**는 의료 및 연구 전문가들이 면역 유전학과 이식 면역학의 발전, 교육 그리고 적용에 힘쓰는 조직이다(ashi-hla.org, 856-638-0428).
- **미국 다문화 건강 & 이식 전문가들 협회(ASMHTP)**에는 증가하는 다문화에 대해 계획 및 기회들과 국내에서의 지도력을 보여주기 위해 다양한 그룹의 이식 전문가들이 종사한다(asmhtp.org, 866-276-4871).
- **미국 이식 수술 의사 협회(ASTS)**는 환자와 사회의 이익을 위해 이식 관련 학문과 실행을 성장시키는 이식 수술 전문 의사들의 모임이다(asts.org, 703-414-7870).
- **미국 이식 협회(AST)**는 이식 수술에 대한 연구와 교육, 변호, 그리고 환자 보호에 전념하며 지식과 과학적인 정보를 제공하는 이식 전문가들과 의사들로 구성되어 있다(a-s-t.org, 856-439-9986).
- **Arbor 건강 연구 협력체**는 전염병학과 공중보건에 대한 연구를 주로 하며 HRSA와의 협력 아래 SRTR을 운영하고 있다(ArborResearch.org, 734-665-4108).
- **장기 조달 조직 협회(AOPO)**는 장기와 조직들의 유효성을 증가시키고 장기기증 과정의 질, 효과, 그리고 진실성을 끌어올리기 위해 OPO들을 지원하는 역할을 한다(aopo.org, 703-556-4242).
- **미국 생명 기부 재단(DLA)**는 미국의 지역 연합들과 국내의 여러 조직들을 통합한 총 연합체로써 장기, 눈, 조직 등의 기증을 장려한다

(donatelifeamerica@donatelife.net, 804-782-4920).
- 미국 안구 은행 협회(EBAA)는 안구 은행의 발전과 홍보를 통해 시력을 회복시켜주는 일을 하는 조직이다. 미국에서 가장 오래된 이식 관련 협회이며 국가에서 인증한 안구 은행 단체이다(restoresight.org, 202-775-4999).
- 국립 신장 재단(NKF)는 신장과 요로의 질병의 예방과 이식을 위한 장기 및 조직의 유효성을 증가시키기 위해 노력한다(kidney.org, 800-622-9010).
- 국립 소수인권자 장기 교육 프로그램(MOTTEP)은 소수인권자 사회에 장기와 조직 이식에 대하여 교육하고 건강한 삶을 촉진한다(nationalmottep.org, 202-865-4888/800-393-2839).
- 북미 장기 코디네이터 단체(NATCO)는 다양한 장기 이식 전문가 그룹들의 실행과 지식을 발전시키고 개발하는데 도움을 주며 장기기증과 이식의 효과, 질, 그리고 진실성에 영향을 준다(natco1.org, 913-492-3600).
- 국제 이식 수여자 협회(TRIO)는 이식 대기자, 수여자, 그리고 그들의 가족들, 또 기증자 가족들의 삶의 질을 높여준다(trioweb.org, 800-874-6386).
- 미국 장기이식센터(UNOS)는 교육, 기술력, 그리고 정책 개발 등을 통해 장기의 유효성과 이식수술을 발전시키며 HRSA의 협력 하에 OPTN을 운영하고 있다(unos.org, 804-782-4800/800-292-9547).

## 부록 2.2 성공의 지표

### 지원적 성공의 지표: 1993년과 2005년 국내 확률 조사 자료의 비교
- 그들의 운전면허증이나 기증희망 카드에 장기기증 의사를 밝힌 미국인들의 비율은 1993년 28%에서 2005년 52.7%로 거의 두 배 가까이 증가했다.
- 가족들에게 본인의 장기기증 의사를 밝힌 미국인들의 비율은 1993년 52%에서 2005년 70.8%로 상당히 증가했다.
- 가족 구성원들의 기증 의사를 몰랐더라도 그들의 장기를 기증하겠다고 한 미국인들의 비율은 47%(1993)에서 71.2%(2005)로 24.2%나 증가했다.

### 추가적인 지원과 연구에 관한 지표들: 2005년 조사에서 얻은 결과
- 장기기증을 허락한 사람들 중에서는:
  - 백인들(61%)이 기증자가 되기를 허락한 비율이 가장 높았고, 흑인들(31%)이 가장 낮았으며, 히스패닉(39%)과 아시아인(39%)은 중간에 있었다.
  - 연령대 별로는, 55세 이상 그룹이 44.3%로 35~54세(59%)와 18~34세(51.1%) 그룹에 비해 낮은 비율을 보였다.
  - 대학 졸업장을 가진 사람들의 63.8%가 기증 의사를 밝혔고 대학 중퇴자 55.1%, 그리고 고등교육 혹은 그 이하를 이수한 사람들 28.6%가 기증 의사를 밝혔다.
- 기증을 허락하지 않은 사람들 중에서는:
  - 전반적으로, 43.2%가 기증을 할 수도 있다고 대답했다.
  - 히스패닉(49.2%)이 가장 반대하지 않았으며, 흑인(30%)들이 가장 꺼려했으며, 아시아인(46%)과 백인(44.8%)이 중간에 있었다. 하지만 교육 수준을 따졌을 때에는, 대학 학위가 있는 흑인들의 기증 의향은 대학 학위가 있는 다른 인종들과 비슷한 수준이었다.
  - 55세 이상의 사람들은 37.4%의 낮은 의향을 보였고 35~54세 그룹과 18~34세 그룹은 각각 44.4%와 50.6%가 기증 의향을 보였다.

# 감사의 글

저자는 이 장을 작성하는 데 자료를 제공하거나 검토해준 많은 사람들의 도움에 감사한다. Remy Aronoff, Jim Bowman, Dave Bosch, Jim Burdick, Rich Durbin, David Fleming, Tommy Frieson, Rusty Kelly, Bernie Kozlovsky, Monica Lin, Ginny McBride, Lin McGaw, Patty Mulvania, Howard Nathan, Catherine Paykin, Linda Ohler, Teresa Shafer, Bryan Stewart, and Sarah Taranto 에게도 감사하다. Teresa Beigay, Joy Demas, Debbie Gibbs, Jan Howard, Rita Maldonado, 그리고 Venus Walker에게도 특별한 감사의 말을 전한다.

## 참고 문헌

1. Alvaro, E. M., Jones, S. P., Robles, A., & Siegel, J. T. (2005). Predictors of organ donation behaviors among Hispanic Americans. Progress in Transplantation, 15, 149~156.
2. Alvaro, E. M., Jones, S. P., Robles, A. S., & Siegel, J. T. (2006). Hispanic organ donation: Impact of a Spanish-language organ donation campaign. Journal of the National Medical Association, 98, 28~35.
3. Callender, C., Bayton, J. A., Yeager, C., & Clark, J. E. (1982). Attitudes among Blacks toward donating kidneys for transplantation: A pilot project. Journal of the National Medical Association, 74, 807~809.
4. Centers for Disease Control and Prevention. (2005). Deaths: Final data for 2005. National Vital Statistics Reports, 56, 1~5.
5. Cohen, A., Siminoff, L., Arnold, R., & Virnig, B. (1991). Increasing organ and tissue donation: What are the obstacles, what are the options? The surgeon general's workshop on increasing organ donation: Background papers (pp. 199~232). Washington, DC: U.S. Department of Health and Human Services.
6. Davis, K., Holtzman, S., Durand, R., Decker, P. J., Zucha, B., & Atkins, L. (2005). Leading the flock: Organ donation feelings, beliefs, and intentions among African American clergy and community residents. Journal of Transplant Coordination, 15(3), 211~216.
7. Dodd-McCue, D., & Tartaglia, A. (2005). The role of relatedness' in donation discussions with next of kin: An empirical study of the common wisdom. Progress in Transplantation, 15(3), 249~256.
8. Dodd-McCue, D., Tartaglia, A., Veazey, K., & Streetman, P. (2005). The impact of protocol on nurses' role stress: A longitudinal perspective, Journal of Nursing Administration, 35(4), 205~216.
9. Elliott, C. (1995). Doing harm: Living organ donors, clinical research and "The Tenth Man." Journal of Medical Ethics, 21, 91~96.
10. Fahrenwald, N. L., & Stabnow, W. (2005). Sociocultural perspective on organ and tissue donation among reservation-dwelling American Indian adults. Ethnicity and Health, 10(4), 341~354.
11. Gortmaker, S. L., Beasley, C. L., Sheehy, E., Lucas, B. A., Brigham, L. E., Grenvik, A., et al. (1998). Improving the request process to increase family consent for organ donation. Journal of Transplant Coordination, 8(4), 210~217.
12. Health Resources and Services Administration (HRSA). (2005). 2005 national survey of organ and tissue donation attitudes and behaviors. Rockville, MD: Author.
13. Horton, R. L., & Horton, P. J. (1990). Knowledge regarding organ donation: Identifying and overcoming barriers to organ donation. Social Science and Medicine, 31, 791~800.
14. Hume, D. M., Merrill, J. P., Miller, B. F., & Thorn, G. W. (1955). Experiences with renal homotransplantations in the human: Report of nine cases. Journal of Clinical Investigation, 34, 327~382.
15. Institute of Medicine. (2006). Organ donation: Opportunities for action. Washington, DC: National Academies Press.
16. Jacoby, L. H., Breitkopf, C. R., & Pease, E. A. (2005). A qualitative examination of the needs of families faced with the option of organ donation. Dimensions in Critical Care Nursing, 24, 183~189.
17. Johnson, E. M., Anderson, J. K., Jacobs, C., Suh, G., Human, A., Suhr, B. D., et al. (1999). Long-term follow up of kidney donors: Quality of life after donation. Nephrology Dialysis Transplantation, 67(5), 717~721.
18. Mayo Clinic. (N.d.). Organ donation: Don't let these 10 myths confuse you. Retrieved January 2, 2009, from http://www.mayoclinic.com/health/organ-donation/FL00077
19. Mulvania, P. A. (2008). Dual advocacy: A value-positive approach to obtaining consent for

organ donation: A skills practice workshop. Unpublished paper, Gift of Life Institute, Philadelphia.
20. Musculoskeletal Transplant Foundation. (2006). [Home page]. Retrieved January 8, 2009, from http://mtf.org
21. Nathan, H. M., Jarrell, B. E., Broznik, B., Kochik, R., Hamilton, B., Stuart, S., et al. (1991). Estimation and characterization of the potential renal organ donor pool in Pennsylvania: Report of the Pennsylvania Statewide Donor Study. Transplantation, 51, 142~149.
22. National Kidney Foundation. (2000). KDOQI Guidelines 2000. Retrieved January 2, 2009 from http://www.kidney.org/professionals/kdoqi/guidelines_updates/doqi_uptoc.html#va
23. Organ Donation Breakthrough Collaborative. (N.d.). About the collaborative. Retrieved January 4, 2009, from http://www.organdonationnow.org/index.cfm?fuseaction = Page.view Page&pageId = 471
24. organdonor.gov (2009). Donor registry. Retrieved January 4, 2009, from http://organdonor.gov/donor/registry.shtm
25. Partnership for Organ Donation. (1993). The American public's attitudes toward organ donation and transplantation. Boston: Author.
26. Politoski, G., & Boller, J. (1994). Making the critical difference: An innovative approach to educating nurses about organ and tissue donation. Critical Care Nursing Clinics of North America, 6, 581~585.
27. Prochaska, J. O., & Velicer, W. F. (1997). Behavior change: The Transtheoretical model of behavior change. American Journal of Health Promotion, 12, 38~48.
28. Quinn, M. T., Alexander, G. C., O' Connor, K. G., & Meltzer, D. (2006). Design and evaluation of a workplace intervention to promote organ donation. Progress in Transplantation, 16(3), 253~259.
29. Schlitt, H. J. (2002). Paid non-related living organ donation: Horn of Plenty of Pandora's box. Lancet, 359, 906~907.
30. Shafer, T. J., Wagner, D., Chessare, J., Zampiello, F. A., McBride, V., & Perdue, J. (2006). Organ donation breakthrough collaborative: Increasing organ donation through systems redesign. Critical Care Nurse, 26, 33~48.
31. Shafer, T. J., Wood, R. P., Van Buren, C. T., Guerriero, G., Davis, K., Reyes, D. A., et al. (1997). A success story in minority donation: The LifeGift/Ben Taub general hospital in-house coordinator program. Transplantation Proceedings, 8, 3753~3755.
32. Siegel, J. T., Alvaro, E., Jones, S. P., Crano, W. C., Lac, A., & Ting, S. (2008). A quasiexperimental investigation of message appeal variations on organ donor registration rates. Health Psychology, 27, 170~178.
33. Siegel, J. T., Alvaro, E., Lac, A., Crano, W. D., & Alexander, S. (2008). Intentions of becoming a living organ donor among Hispanics: A theoretical approach exploring differences between living and non-living organ donation. Journal of Health Communication, 13, 80~99.
34. United Network for Organ Sharing. (2004). Chapter 3: Organ donation and utilization in the U.S., 2004. Table III: 1. Eligible, actual and additional donors, 2002~2003. In OPTN/SRTR Annual Report. Richmond, VA: Author. Retrieved January 4, 2009, from http://www.optn.org/AR2004/Chapter_III_AR_CD.htm?cp = 4
35. U.S. Department of Health and Human Services (DHHS), Centers for Medicare and Medicaid Services, (CMS). (1997). Conditions of participation in Medicare and Medicaid programs.Washington, DC: Author.
36. U.S. Department of Health and Human Services, Health Resources and Services Administration. (2001). State strategies for organ and tissue donation: A resource guide for public officials. Washington, DC: Author.

37. U.S. Department of Health and Human Services, Public Health Service. (1986). Organ transplantation: Issues and recommendations, report of the Task Force on Organ Transplantation. Washington, DC: Author.
38. U.S. Department of Health and Human Services, Public Health Service. (1991). The surgeon general' s workshop on increasing organ donation: Proceedings. Washington, DC: Author.
39. U.S. Organ Procurement and Transplantation Network. (2004). OPTN/SRTR annual report. Washington, DC: Author.
40. U.S. Organ Procurement and Transplantation Network. (2007). Welcome to the 2007 OPTN/SRTR annual report: Transplant data 1997~2006. Retrieved January 8, 2009, from http://www.ustransplant.org/annual_reports/current
41. U.S. Organ Procurement and Transplantation Network. (2009). Donation and transplantation. Retrieved January 3, 2009, from http://www.optn.org/about/

# < Part I >
# 미디어와 의사소통 중재
## Media and Community Interventions

## 3장

# 우리는 지금까지 어디에 있었으며, 어디로 갈 것인가?

## 장기기증 미디어 캠페인의 검토와 종합

*Eusebio M. Alvaro and Jason T. Siegel*

근래 수십 년간 사회적 문제들과 보편적인 인간 조건 향상 문제들을 옹호하기 위해 대중매체를 이용하는 것에 대한 관심이 급증했다. 이러한 노력들의 대부분은 우리의 건강에 영향을 미치는 다양한 행동들의 변화에 초점을 두고 있다. 장기기증 분야 역시 이런 일반적인 경향에서 제외되지 않았다. 거부 반응 면역억제제와 이식수술 기법이 발달하면서, 장기기증희망 등록과 동의에 대한 장려는 장기이식을 통한 삶의 구제와 향상에 관련된 핵심 사안이 되었다. 그 결과로, 이식과 기증에 대한 대중의 관심과 지식에 초점을 맞춘 대중매체 캠페인들이 1980년대 들면서 일상이 되었다. 건강 증진 행동들을 알리는 다른 캠페인들과 마찬가지로, 과거와 같은 비이론적인 캠페인들이 행동 과학자와 사회과학자들의 참여로 정교한 이론을 기반으로 한 캠페인으로 바뀌었다. 이런 진화는 보건성 이식분과에서 관련 연구비(Social and Behavioral Grant Program)를 마련하면서 더욱 탄력을 받았다.

이 장의 목표는 독자에게 장기기증에 대한 관심(awareness), 태도(attitude), 의사(intention), 그리고 실제 행동(actual behavior) 같은 장기기증운동의 결과 향상을 위해 고안된 대중매체 캠페인에 관한 연구개요를 제공하는 것이다. 이에 더하여 독자들은 대중매체 캠페인의 성과로서 기대할 수 있는 결과들에 대한 광범위한 이론적 이해와 그런 이해가 어떻게 장기기증 캠페인에 관한 연구에 도움을 주는가에 대해 알려 줄 것이다. 이 목표에 따라, 이 장의 첫 번째 부분에서는 대중매체의 효과에 대한 이론적 관점을 검토하고, 각 관점의 장기기증 캠페인 연구에 대한 영향도 다뤄진다. 두 번째 부분은 미국과 함께 국제적으로 시행되었던 장기기증에 관한 대중 매체 캠페인의 시대별 개요를 다루었다. 이런 캠페인들의 특징과 결과들은 현재의 지식 기반을 기술하고 미래 연구를 위한 가능한 방향과 평가 노력들을 확인하는 관점에서 논의 되었다. 마지막으로 이 보고서는 장기기증 캠페인 연구에 관한 도전과 문제점들을 서술하였다.

## 대중매체 효과에 대한 이론적 접근

대중매체가 인간 행동에 어떻게 영향을 미치는가에 대한 이론들은 장기기증 행위를 목표로 하는 대중매체 캠페인을 사람들에게 알리는데 상당히 유용할 수 있다. 서로 상반되는 이론들로 충돌하기 보다는, 장기기증 캠페인에 적용할 수 있는 상호보완적인 통찰력을 갖도록 노력하였다.

### 피하주사침 혹은 특효약 모델 *(Hypodermic Needle or Magic Bullet Model)*

"피하주사침" 혹은 "특효약 모델"(Schramm, 1982)은 1930년대 이후로 나치즘의 권력을 설명하기 위해 대두된 것으로, 그들은 대중매체가 "주사" 혹은 "총알"의 영향에 저항할 수 없는 수동적인 청중에게 메시지를 "주입"할 수 있는 그런 힘을 가졌다고 했다. 대중적인 인기라는 관점에서 보면, 이것은 대중메시지의 제작자들은 직접적으로 대중을 조종할 수 있다는 생각을 반영한다. 실제로 이런 접근방법의 지지자들은 학구적인 면 보다는 좀 더 대중적인 성향을 나타내고, 대개는 대중매체의 묘사에 의해 제기된 끔찍한 범죄의 발생을 가져오는 것이 목격된다. 이런 관점에 따라, 효과적인 장기기증 대중매체 홍보물 제작이 개발 중이고, 그 내용은 적절한 전달 메시지의 개발, 그리고 개발된 메시지를 대중에게 전달해주는 방법, 그리고 이 메시지를 접한 모든 대중들이 장기기증 희망자로 등록하는 것을 목표로 하고 있다. 비록 메시지의 변화는 향후 계속되는 연구를 필요로 하고, 또 가능성을 보여주고 있으나(Siegel Alvaro, Crano, Lac, Ting & Jones, 2008), 어떤 종류의 메시지도 단순히 대중에게 노출된다고 해서 대중들의 장기기증희망 등록으로 이어질 가능성은 희박하다.

## 2단계 흐름 모델

1940년대, 여론 조사원 Paul Lazarsfeld(Lazarsfeld, Berelson, & Gaudet, 1948)는 대중매체 의 영향이 two step flow model을 통해 극대화 된다고 주장했다. 즉 대중매체를 통한 메시지가 사회여론 주도층에 먼저 영향을 주게 하면 그들이 직접적인 접촉을 통해 그들의 사회집단 내 다른 사람들에게 영향을 끼치게 되는 2단계를 의미한다. 이와 같이, 정보는 여론 주도층을 통해 "대중들" 속으로 흘러 들어간다. 대중매체에 가장 많이 접촉하며 대중매체를 이해하는 사람들은 그 내용을 다른 사람들에게 설명하고 확산시킨다. 요컨대, 이런 관점은 대중매체가 청중에 대한 매우 제한적인 직접 효과를 가진다는 개념을 갖게 한다. 여기에 관련된 2개의 일반적인 조사결과가 나왔다. 대중 매체는 청중들의 의견을 변화시키기 보다는 기존의 견해를 좀 더 확고히 할 가능성이 많고(Klapper, 1960), 또 청중들은 그들의 성향에 맞는 대중 메시지에 자신들을 노출시킨다(Berelson & Steiner, 1964). 가장 중요한 것은, 이들 연구가 전달 되어진 메시지를 직접 대화를 통해 다른 사람에게 전달하는 것이 메시지 내용 그 자체 보다 태도 형성이나 과정 변화에 더 중요할 지도 모른다는 관점을 지지한다는 것이다. 예를 들면, 금연에 관한 대중매체 캠페인의 평가(Durkin & Wakefield, 2006; Gunther, Bolt, Borzekowski, Liebhart, & Dillard, 2006; Hafstad & Aaro, 1997)는 사람들 사이의 토론(interpersonal discussion)이 긍정적인 캠페인 효과를 보인 반면, Morton 등의 실험적인 조사는 대중 및 대인 사이의 의사소통이 함께 건강상 위험에 대한 자각을 고취시킨다는 사실을 발견했다(Morton & Duck, 2001).

재미있는 사실은 장기기증에 대한 공교육의 그 동안의 노력들이 장기기증 결정을 한 사람들에게 그 사실을 그들의 사랑하는 사람들과 의논하도록 강조하고 있었다는 점이다. 대중 매체 캠페인의 효과를 극대화할 수 있는 대인 커뮤니케이션의 잠재적인 역할의 중요성을 고려할 때, 기증 논의의 확대를 목표로 하는 메시지는 이 캠페인에서 좋은 토양을 제공 할 수 있다. 또 이런 논의의 증대는 사람들에게 기증희망 등록 기회가 주어져서 어떤 행동변화가 필요할 때까지 장기기증에 대한 토픽을 가장 중요하게 여기게 하는 기능을 가진다(Siegel, Alvaro, & Hohman 참조).

## 의제 설정

비록 대중 매체 모델의 효과에 대한 제한적 지지가 1940년대 이후부터 있어왔지만, 강력한 대중매체 효과가 존재한다는 조짐이 있었던 것도 사실이다. Schramm(1982)의 요약에 따르면, (a) 대중매체는 조직과 개인에게 지위를 부여하고, (b) 대중매체는 일탈을 통해 사회 규범들을 재확인하며, (c) 대중매체는 정보에 압도당해 사람들이 무기력으로 이끌릴 때 사회적 진정제로 작용한다. 이 연구는 대중매체가 의제를 설정할 때 관중에게 무엇을 알려야 하는지에 관해 말해주고 있다(McCombs & Shaw, 1972). 즉 대중 매체는 청중들에게 무엇을 생각할 것인가가 아니라 무엇에 대해 생각할 것인가를 말해주는 도구라는 개념을 가져야 한다는 것이다. 대중 매체는 제기된 문제들의 중요성에 따른 순서와, 또 이런 문제들에 대한 토론의 시기를 결정해야 한다. 이 이론은 최근에 와서야 건강 캠페인 연구에 적용되었고, 상당한 가능성을 보여주고 있다.

위에서 기술한 2단계 흐름 접근과 의제 설정 모델을 종합하면, 대중매체 캠페인은 사람들에게 좋은 생각을 제시하고, 이 생각이 토론의 중심이 되도록 사회적 구조를 만드는 것이 최선이라고 제의할 수 있다. 이 토론은 결국 제시된 문제점과 관련된 행동을 하는데 직접적인 영향을 줄 수 있다. 결국 대중 매체 캠페인의 가장 지대한 영향은 장기기증이라는 것이 가치가 있는 행동이라는 사실과 이 제목으로 공청회를 모을 만한 토픽으로 인지시키는데 있다. 기증희망 등록이 증가된 것은 이런 논의의 결과라고 생각된다. 그러나 이런 접근방법은 관중들의 관심을 끌기 위해 좀더 생생한 메시지를 사용할 것인가, 또는 장기기증의 몇몇 기발한 면에 초점을 두고 많은 토론을 유발할 것인가에 대한 논쟁이 있다.

## 관계 구축 (Cultivation)

대중매체 효과에 대한 다른 관점은 Gerbner(1969; Gerbner, Gross, Morgan, & Signorielli, 1980)가 제안한 관계 구축 분석(cultivation analysis)이다. 이 접근은 사람들이 대중 매체에 대해 점진적으로 노출되게 해서 사회적 통념의 갑작스런 변화를 유도하기 보다는 점진적인 변화와 이루어 가는데 초점을 두고 있다. 이 관점에 의하면, 대중매체는 우리의 상징적인 환경을 지배한다. 즉 대중 매체 속에서 발견되는 현실의 모습이 현실에 대한 우리들의 개념을 형성하게 한다. 대중 매체는 관중들의 가치관과 신념을 성숙시키거나 강화한다. 중대한 점은 TV시청을 과다하게 하는 자들은 TV에 소개되는 세계가 실제 세계를 정확히 반영한다고 믿는 경향이 있다는 점이다. 게다가, TV 시청에 빠진 사람들은 세상의 모든 것이 동질화 되어 있다는 견해를 가지게 된다. 이것이 mainstreaming(주류화) 이다. 이러한 과정들의 최종결과는 대중매체에 묘사된 "현실"에 대한 사회적 정당화다. 그리고 이 정당화 과정을 통해 대중의 행동이 영향을 받게 된다.

이런 관점에서, 대중매체를 최상으로 활용하는 방법은 장기기증자로 등록하는 것이 모범적인 사회규범이라는 생각을 소개하거나 강화하는 데 이용하는 것이다. 현재 이용되고 있는 방법 중 하나는(이 책의 Ganikos 참조) TV 프로그램을 통해 장기기증 스토리라인을 장려하는 것이다. 만약 장기기증희망 등록이 TV에서 모범적인 삶의 규범으로 비추어지게 된다면, 시청자들은 기회가 주어졌을 때 등록하고픈 동기부여를 받을 수 있을 것이다. 좀 더 확실한 방법은 장기기증 행동의 가치를 알려주는데 대중매체를 이용하는 것이다.

## 이용과 충족

Raymond Bauer(1964)는 Uses and Gratifications(이용과 충족) 접근법이라는 이름으로 대중매체를 이용한 초기 제안자였다. 대중매체 메시지의 수동적인 수취인일 것이라는 생각과는 달리 관중들은 활동적이고, 목적의식이 분명하고, 목표 지향적으로 보여진다. 그들은 대중매체를 그들이 바랐던 목표성취나 구체적인 필요를 만족시키는데 이용한다. 관중 욕구의 초기 단계는(McQuail, 1971) 감시(surveilance), 개인의 정체성과 대인관계 그리고 전환이다. 그러나 사람들의 욕구가 대중 매체를 포함한 사회적 활동과정에 의해 부분적으로 영향을 받는다는 사실을 알 필요가 있다.

이런 사실을 장기기증에 적용하려면 관중의 시각을 반드시 심각하게 고려해야 한다. 대중매체를 적극적으로 활용하는 소비자일 경우 그들은 가치, 기대, 필요와 목표를 창조해 낸다. 따라서, 대중매체를 통한 구매를 결정할 때 장기기증 메시지의 배치를 심각하게 고려하도록 권고한다. 각각의 장기기증 메시지들은 서로 다른 종류의 프로그램에서 최상의 효과를 나타낼 수 있기 때문이다. 아마 노인을 겨냥한 뉴스와 정보 프로그램에서는 비교적 직설적인 정보를 사용하는 것이 가장 효과적일 것이다. 아니면, 불분명한 정보 메시지보다는 좀 더 시각적이고 청각적으로 흥미로운 광고들을 만들어내는 게 더 좋을지도 모른다.

메시지 배치에만 신경을 쓰는 것은 전혀 가치가 없다. 같은 프로그램으로 전달되는 다양한 관중들의 요구에 대한 심각한 청중 분석이 있어야 한다. 예를 들면, 로맨틱한 내용의 드라마를 즐기는 시청자들은 출연자들의 장기기증에 대한 자비로운 캐릭터 설정에 따라 긍정적인 영향을 받을 수 있다. 반면에, 순전히 현실 도피를 위해 보는 시청자들은 관중에게 죄책감을 끌어내려는 시도가 과할 경우에는 분개할 지도 모른다. 적어도 이용과 충족이라는 관점에서 보면 장기기증 메시지 개발자들이 목표 관중의 관점과 텔레비전 시청습관을 이해하기 위한 형성적 연구에 많은 노력을 하도록 이끌어야 한다.

### *이론적 관점의 개요: 대중매체가 무엇을 할 수 있는가?*

수많은 이론적 관점들은 다음의 방안으로 사용될 경우에 대중매체의 유용성이 인정된다: (a) 이슈의 중요성 유지, (b) 이슈 중요성에 대한 대중인식 형성, (c) 규범적 행동 창출, (d) 이슈에 대한 토론 조건 형성, 그리고 궁극적으로 (e) 대중 속은 물론 사람과 사람 사이의 토론환경 조장과 촉진.

이들 중에서 특히 주제에 대한 부각과 우선순위 매기기, 장기기증 논의 등의 극대화에 더욱 관심을 기울여야 한다. 일례로, 장기기증이 빈번하게 그리고 지속적으로 대중매체에서 취급되고 있는지에 대한 연구조사가 되어야 한다. 더욱이, 장기기증과 이식을 포함한 논란이 많은 사건들의 매스컴 보도로 인해 얻어질 수 있는 이점에 대해 검토할 만하다. 논란은 문제점들을 대중에게 제기하고 그들을 참여하게 만든다. 그래서 문제의 제기와 대중의 참여는 피하기 보다는 적극적으로 활용돼야 한다(Siegel et al., 참조).

장기기증에 대한 대중 매체 캠페인을 했을 때 등록을 위한 장치가 충분한지를 알아야 한다. 달리 말하면, 대부분의 TV 시청자들에겐 손쉽게 등록할 수 있는 장치가 마련되어 있지 않다는 말이다. 심지어 그들이 감동을 받았다고 해도, 당장에 실행하기 어렵다면 등록으로 이어지는 일은 흔치 않을 것이다 (Siegel et al., 참조). 그래서 앞에서 논의된 다섯 가지 대중매체의 역할들은 특히 장기기증희망 등록으로 이어졌을 경우에 가치가 높다. 이슈에 대한 중요성 부각, 사회 규범적 행동으로서의 장기기증에 대한 긍정적인 대중인식의 확산과 기증에 대한 빈번한 대인관계 논의가 함께 이루어지면 기증기회가 주어졌을 때 실제 등록을 하도록 하는데 크게 기여할 것이다.

## 장기기증 대중매체 캠페인

이제 텔레비전이나 라디오와 같은 전파매체를 이용한 대중매체 시장에서 광범위한 지역사회를 대상으로 시행한 장기기증 대중 매체 캠페인에 대한 검토를 해보자. 주안점은 전통적인 개념화와 대중 매체 캠페인에 관한 연구, 그리고 그것들의 효과 등이다(Noar, 2006; Snyder, 2007). 캠페인 범위 외에 결과에 대한 자료가 부족한 것들은 연구에서 제외되었다(예를 들면, Allen et al.,). 예를 들어 생체 장기기증에 관한 대중 매체의 효과와 같은 것은 다룰 수 없었다. 마지막으로, 대중매체 채널에서 여러 중재(intervention)의 관점에서 다양한 연구조사가 있었지만(본문의 Feeley, Anker, Vincent, & Williams; Siegel et al., 2008), 이들은 이번 검토의 초점이 아니다. 이런 노력은 특정한 설정 내에서 매우 특별한 지역의 인구를 대상으로 한 중재이기 때문이다. 비록 장기기증 메시지에 대한 유익한 정보를 제공한다 해도, 이런 연구들은 보다 전통적인 면에서 대중 매체 효과를 개념화한 것과는 다른 역학을 반영한다.

'장기기증' 이라는 탐색 용어를 사용하여 1970년부터 2009년 사이의 자료를 3개의 데이터베이스를 이용해 검색한 결과(Communication and Mass Media Complete, PsychINFO, and MEDLINE) 장기기증이라는 단어가 제목에 포함된 연구가 1,750건 검색되었다. 검색내용을 검토하고 인용결과를 확인해 보니 위의 검색자료 중 14개의 캠페인(목록 3.1 참조)을 통해 보고된 17개의 간행물을 확인할 수 있었다. 그 외에도 2개의 다른 캠페인이 이번 장에서 언급되고, 세 번째는 현재 검토 중이다. 그 결과 다음과 같은 몇가지 주요 관찰내용을 도출할 수 있었다; (가) 히스패닉과 아프리카계 미국인들은 일반대중과 거의 유사한 정도의 관심을 받는다; (나) 2개의 예외를 제외하면 (Alvaro, Siegel, Crano, & Pace Jones, under review; Sanner, Hedman, & Tufveson, 1995) 평가는 대조군이나 비교 그룹이 부족한 상태에서 유사 실험 전과 후의 검사로 시행되었다; (다) 행동변화에 대한 결과들은 절반 정도의 연구에서 보고되었다; (라) 대부분의 연구들은 미국에서 시행되었다. 10년 단위로 상세한 검토를 거친 결과, 더 많은 조사연구의 필요성과 함께 과학적인 엄격한 잣대에 많은 차이가 있음을 보여주었다.

## *1980년대*

장기기증과 이식에 관한 공교육 분위기조성을 위한 대중 매체 캠페인의 이용은 비교적 최근에 일어난 현상이고, 이런 노력을 위한 엄격한 조사연구는 아주 최근의 일이다. 1980년대에 시작된 초기 캠페인은 워싱턴 DC에서 시작된 초기 캠페인인 컬럼비아 특별구 장기기증 프로그램(DCODP) (Callender, 1987); 1986년에서 1992년까지의 다우케미컬 주도 프로그램(DOWTIP); 세인트루이스, 미주리 주의 프로그램(Kappel, Whitlock, Parks-Thomas, Hong, & Freedman, 1993); 그리고 사우디아라비아인에 대한 캠페인(Aswad, 1991) 등은 연구자들의 선견지명과 혁신, 소수민족사회에 대한 주목 이라는 면에서 격려 받을 만하다. Callender가 주도한 연구와 세인트루이스 캠페인은 둘 다 아프리카계 미국인들을 대상으로 함으로서 소수민족에 대한 연구에 대해 강조하고 있다. 캠페인 결과에서 나온 데이터는 캠페인 개발 및 이행에 강력히 관여하는 홍보마케팅과 공교육에 대한 생각에 지대한 영향을 미친다.

Callender 그룹 캠페인에서 보고된 평가(Callender, 2001; Callender et al., 1997)와 세인트루이스 프로젝트는 캠페인 전후의 결과를 포함하고 있다는 것이 장점이다. 더욱이 초기의 캠페인임에도 불구하고 장기기증 동의와 등록 통계 같은 장기기증의 행동적 지표를 평가에 포함한 것이 우수한 점이다. 예를 들면, 1982년에 시작된 캠페인 보고에 의하면, Callender(1987)는 캠페인 전에 월 25건이던 자동차 면허국의 등록이 캠페인 후에는 600건으로 증가했다고 보고하였다. 세인트루이스 연구(Kappel et al.)에서는, 아프리카계 미국인 기증자들의 referral(장기구득기관으로의 소개)이 1988년 30건에서 1990년 61건으로 증가했다. 이것은 방법론의 정교함을 향상시키는데 기초가 되었다(see Fischer, this volume).

## *1990년대*

**표 3.1** Published OD mass media campaign studies

| Study | Target Audience | Research Design | Behavior Outcome | Campaign Location |
|---|---|---|---|---|
| Alvaro et al. (2006) Study 1 | Hisp Amer | Pre/post | No | USA/AZ |
| Study 2 | Hisp Amer | Pre/post | No | USA/AZ |
| Alvaro et al. (under review) | Hisp Amer | Pre/post and control | No | USA/NV |
| Aswad (1991) | General | Post only | No | Saudi Arabia |
| Callender (1987) | Af Amer | Pre/post | Yes | USA/DC |
| Callender (2001) | Af Amer+ | Pre/post | Yes | USA/DC |
| Callender et al. (1997) | Af Amer+ | Pre/post | Yes | USA/DC |
| Cosse et al. (1997, 2001) | General | Pre/post+ | No | USA/VA |
| Downing and Jones (this volume) | General | Pre/post+ | Yes | USA/OH |
| Frates et al. (2006) | Hisp Amer | Pre/post+ | Yes | USA/CA |
| Kappel et al. (1993) | Af Amer | Pre/post+ | Yes | USA/MO |
| Lauri and Lauri (2005) | General | Pre/post | No | Malta |
| McLoughlin et al. (1991) | General | Pre/post | Yes | Australia/NSW |
| Persijn and van Netter (1997) | General | Pre/post | Yes | Netherlands |
| Radosevich et al. (this volume) | Af Amer | Pre/post | No | USA/MN |
| Sanner et al. (1995) | General | Pre/post and control | Yes | Sweden |
| Wolf et al. (1997) | General | Post only | No | USA |

1990년대에는 미국에서 소수민족 장기/조직 이식 교육 프로그램(MOTTEP)이 시작되었다(Callender, 2001; Callender et al., 1997). 1993년, 이 프로그램은 세 도시에 있는 아프리카계 미국인들을 대상으로 삼았다가, 1995년에는 다른 소수민족들을 포함시킬 수 있도록 연구범위를 확장하면서 15개 도시에서 시행되었다. 이 시기에 공공교육 분야에서 장기기증 노력의 일환으로 시행된 두 번째 주요한 발전은 장기기증 기관들의 전국 연합체(현재 Donate Life America)에서 시행한 "Share Your Life, Share Your Decision" 운동이었다. 1994년 7월에 시작된 이 캠페인의 첫 번째 단계에서는 TV, 라디오와 지면광고를 위해 3,340만 달러가 소요되었다. 이 캠페인은 이후 실질적인 기증자 가족들과 유명인사들의 참여, 지속적인 모금으로 이어졌다.

불행히도, 캠페인 효과에 대한 평가는 부족함이 있지만, 그 결과들은 생산

적이다. 캠페인 후의 조사에서는(Wolf, Servino, & Nathan, 1997) 응답자의 59%가 장기와 조직기증에 관한 TV 혹은 라디오 광고를 봤고, 그들 중 10%는 기증희망 카드에 서명을 했다고 보고되었다.

Cosse와 동료들은(Cosse & Weisen-berger, 2000; Cosse, Weisenberger, & Taylor, 1997) 범국민 캠페인이 버지니아주 리치몬드 지역 주민들에게 준 영향력을 평가했다. 1994~1997년의 연간 단면적 추적 조사에 의하면 본인이 직접 보고한 장기기증희망 등록이 통계상으로 현저한 증가추세를 보였다. 1994년 39% 이던 기증희망 등록율이 다음 해인 1995년에 37%, 1996년 50%, 그리고 1997년에는 44%이었다(Cosse & Weisenberger). 이 연구의 한계는 각각의 조사에서 샘플 크기가 작았고(예를 들면, N = 대략 150), 대조군이나 비교 집단, 그리고 캠페인 노출에 대한 평가가 없었다는 점이다. 저자의 언급대로, 이런 연구들이 시행되었던 시기에는 Mickey Mantle, David Crosby 등 유명인사들이 이식받은 사실 때문에 캠페인과 전혀 상관없는 대중적 관심이 장기기증 분야에서 발생했다. 관찰된 결과의 차이 판정시 이런 관점들이 고려되어야 한다. 비교군이나 대조군이 있었으면 가치가 있었을 것이다. 연구 방법론의 발전은 1980년대에 걸쳐 개선되었지만, 아직도 개선할 점이 여전히 많다.

1990년대의 장기기증 캠페인의 발전은 미국에 국한되지 않았다. 호주, 네덜란드, 스웨덴에서 국제적인 노력이 더해졌다. 2개월동안 진행된 호주의 캠페인(McLoughlin et al., 1991)은 지역 운전면허발급소에서 운전면허증을 처음 받거나 갱신하는 운전자들의 장기기증희망 등록 수 증가를 목적으로 설계되었다. 이 캠페인은 1990년 8월에 개시되었고, 포스터로 보완된 30초짜리 TV 광고와 버스 광고, 그리고 TV와 라디오의 인터뷰로 구성되었다. 총 21편의 TV와 라디오 인터뷰들이 이뤄졌고, 시작과 동시에 16편의 신문 기사들이 게재되었다. 지역 자동차면허발급소에서 수집된 데이터에 따르면, 캠페인 전에는 장기기증자로 등록한 운전면허 지원자들이 28%였던 것이, 캠페인 후에는 34%로 증가했다. 통계 검정은 없었고, 추가 정보 제공도 없었다. 대조군 집단의 부족 때문에 기증희망 등록 증가에 대한 설명은 장기적인 증가추세라는 정도로 할 수 밖에 없다.

장기와 조직기증자 정보 및 교육을 위한 네덜란드 재단은 1991년에 사무실을 열었고, 그 즉시 몇 가지의 지역사회 봉사활동에 대한 노력을 시행했다

(Persijn & van Netter, 1997). 1993년 10월, 국내 기증자 주간 동안 네덜란드 TV에 처음으로 방영된 15분짜리 장기기증 영상 직후에 TV와 라디오 캠페인이 시작되었다. 1분과 4분짜리 TV 방영분이 이 영상에서 만들어져서 향후 2년 내내 방송되었고, 다른 TV와 라디오 프로그램, 그리고 1994년에는 라디오 광고에서 보충되어 방송되었다. 1988년과 1992년에는 대규모 설문조사(N = 1,000+)가 시행되었고, 1994년에는 캠페인 후의 조사가 시행되었다. 장기기증 희망 등록도 추적되었다. 이 등록통계는 1988년과 1992년에 똑같이 2,050,000이었다가, 1994년에는 2,625,000으로 상당한 증가를 보인 흥미로운 데이터를 제공했다. 이 평가보고서는 이 대중매체 캠페인 이외의 봉사활동 노력의 주최자를 밝히면서 많은 절차에 대한 정보는 제공했지만, 통계적 분석이나 캠페인 노출에 대한 평가는 제시하지 못했다. 따라서 관측된 결과들의 차이가 캠페인 이외의 노력에 의해 영향을 받았을 가능성이 있다는 문제와, 캠페인이 모든 사람들의 눈과 귀에 노출되었다는 아무 증거가 없다는 문제점이 있다.

스웨덴 캠페인의 평가 디자인(Sanner, Hedman & Tufreson, 1995)은 다양한 캠페인 상태에 대조 집단이 추가되면서 상당히 향상되었다. 이런 엄격한 접근법은 행동과학 오리엔테이션의 초기 지표이고, 차후의 장기기증 캠페인에 대한 평가를 특징지을 것이다. 이 연구의 목적은 1992~1993년의 겨울에 스웨덴의 3개 지역에서 시행된 공교육 캠페인을 평가하는 것이었다. 이 연구가 주는 하나의 중요한 것은, 중재(intervention)를 시행하지 않은 대조군 없이, 여러 가지 종류의 정보 효과를 시험하기 위한 2차 목표를 진술했다는 것이다. 3개의 중재는 다음과 같이 비교된다: (가) 집중적인 개입 즉 기증희망 카드의 광고, 주요 집단에 대한 훈련, 회의와 전시회에서의 강연; (나) 단순하게 각 가정에 2장의 기증희망 카드를 넣은 브로슈어 배부; 그리고 (다) 1과 2가 결합된 중재.

중재 설문조사(intervention survey) 전 후에 시행한 대규모(N = 700) 자료를 보면 개입 영역에서 대조군에 비해 인식(awareness)은 증가되었지만, 장기기증 태도(attitude)에 대한 차이는 발견할 수 없었다. 등록된 자료에서 브로슈어가 배포된(2번과 3번 개입지역) 두 개 지역에서는 기증자들이 2배 이상 늘어났지만(3% to 13% and 5% to 12%), 대조군 지역과 1번 중재를 받은 지역에서는 동일한(5%) 결과가 나타났다는 중요한 소견을 보여주었다. 이것은 사람들에게 제공된 등록 방법에 따른 효과에 차이가 있음을 의미한다(Siegel et al.,

참조). 또한 이 결과들은 행동지표의 필요성을 지지하는데, 오로지 태도에만 초점을 맞추면 동일한 접근이 배제되기 때문이다.

몰타에서 시행된(Lauri & Lauri, 2005) 또 다른 국제 장기기증 캠페인의 평가는 캠페인 효과를 시험하는 창조적인 접근(creative approach) 사례다. 이 캠페인의 중요한 목적은 장기기증을 알리고, 등록을 증가시키는 것이었다. 이 한 달짜리 캠페인은 신문 광고뿐만 아니라, 텔레비전 전국방송과 라디오 방송국을 통한 광고를 이용했다. 이 광고들은 신장이식 수혜자의 모습뿐 아니라 장기기증으로 인한 혜택을 증언해 준 기증자 가족들의 이야기를 담았다. 캠페인의 성공적 수행을 위해 설문, 인터뷰와 포커스 그룹을 포함하는 규범적 연구가 시행되었다.

이 캠페인 평가의 독특한 점은 장기기증에 대한 사람들의 사회적 묘사(social representation)에 초점을 두었다는 것이다. 5개의 포커스 그룹들은 그런 묘사들을 통해 캠페인 전, 후의 차이점을 평가하는 데 익숙했다. 캠페인 전 포커스 그룹 참가자들에게는 다양한 사람들이 담긴 60장의 사진들을 보게 한 다음, 그들 중 누가 장기를 기증할 자인지 또는 아닌지를 고르라고 했다. 핵심 데이터를 포함한 사진들을 통해 언어 연상이 유발되었다. 결과를 보면 캠페인 전에는 기증자들이 젊고, 배려심 많고, 활동적인 전문인 또는 대중적인 모습으로 인지되던 것이, 캠페인 후에는 관대하고 현 정세에 밝은 가족이 있는 평범한 노동자계층 사람들로 인지되었다.

### *2000 이후 현재까지*

1990년대 말에, HRSA 이식분야(HRSA/DoT)에서 사회 및 행동 과학 연구 프로그램이 만들어졌다. 이 프로그램은 장기기증 대중매체 캠페인의 영향에 대한 여러 연구 프로젝트에 대한 동기와 연구기금을 제공하고 있다. 이들 노력의 중요한 특성은 장기기증 전문가 및 연구자 간의 협력으로 방법론을 개선하고 반영한 행동과학적 접근이라는데 있다.

이 프로젝트의 목적은 소수 민족 사회에 초점을 두었고, 실제로, 표 3.1에서 볼 수 있는 것처럼, 이 프로그램으로 지원이 되어 출판된 연구들은 한 개만(Downing & Jones, this volume) 일반 시장을 대상으로 했다. 다음에 나오는 모든 프로젝트는 HRSA/DoT 의 기금을 받아서 진행한 것이다.

2005년 1월에 오하이오 주의 기증희망 등록소(Donor Resistry) 설립은 텔레비전, 라디오 광고, 그리고 간판, 포스터, 브로셔, 새로운 웹 사이트 등을 포함한 전국 대중 대중매체 캠페인을 출시시키는 원동력을 제공했다. "영웅" 캠페인 은 2005년 전반에 걸쳐 시행되었고, '영웅이 되어라', '장기 조직 기증자가 되어라', '오하이오 기증희망 등록에 참여합시다'. 'www.donatelifeohio.org'의 표어로 모든 연령, 인종 그리고 민족들에게 접근했다(see Downing & Jones, this volume). 같은 기간 동안 오하이오 자동차 면허국은(Ohio Bureau of Motor Vehicles, OBMV)은 모든 오하이오 주 내의 자동차면허국 위치를 알리는 마케팅 자료를 가지고 캠페인을 시작했다.

캠페인의 평가(Downing & Jones)는 2001, 2003, 그리고 2005년에 시행한 세 가지 대규모 횡단면 조사 자료와 등록된 자료를 사용하여 실시하였다. 등록율은 46%에서 51%로 증가했다. 젊은 층의 비율은 14%의 차이로 가장 확실하게 증가했다. 조사결과는 기증에 대한 인식과 태도, 기증 의지, 그리고 스스로 기증희망 등록 면에서 유의하게 증가되었다는 것을 알 수 있다. 대조군이 사용되지 않아서 명확한 결론을 내릴 수 없었고, 대중매체 캠페인의 영향은 자동차면허국의 지원 활동과의 차이를 알아내기 어려웠다. 그러나 다중 데이터 소스와 민감성 측정도구는 자료를 해석하는데 다소의 신뢰성을 줄 수 있었다. 이 프로젝트에서 나온 데이터의 풍족함이 보다 최근 중재방법에 대한 평가를 특성화하는 측정법과 연구 방법론 개발을 강조하고 있다.

두 번째 중재는(Radosevich, Larson, Scott, Jones, Tendle, & Gunderson, this volume) 지역과 시청자 두 가지 항목에 더 중점을 두는 노력을 하였다. 기증운동 연합기구인 Donate Life America에서 개발한 국가 캠페인 자료를 사용하여 장기기증의 중요성을 강조한 라디오, 텔레비전, 브로슈어 그리고 포스터를 포함한 대중매체 캠페인이 개발되었고, 특별히 아프리카 미국인을 위해서 개발되었다. 지역의 인쇄 광고와 보도자료가 이들 자료를 보완했다. 또한 공공기관 관련자들의 노고로 의료전문가, 이식수혜자, 그리고 기증자 가족에 대한 인터뷰를 제작하여 지역 라디오와 방송 등에 송출하였다.

캠페인 전과 후 6개월간의 평가를 위해 실행 전 자료(N = 278)와 실행 후 자료(N = 187)를 수집하였고 평가에 a quasi-experimental pre-test, post-test study design 이 이용되었다. 분석은 캠페인 전 후 군 사이에서 유의한 차이를 나타내었다. 즉 캠페인과 기증에 대한 인지도와 지식도 증가와 함께 기증에 대해 더 긍정적인 태도를 보였다. 자가보고 등록 행위(self report)는 7%가 증가되었으나 통계적으로 유의하지 않았다. 그러나 아프리카계 미국인은 기증 동의 비율이 29%에서 63%로 캠페인 과정에서 증가되었다. 백인에서 비율은 여전히 비슷하게 유지되었고, 반면에 다른 인종의 비율은 감소되었다. 마지막으로 연구는 비교군은 포함되지 않았지만, 캠페인 노출과 결과 사이의 관계를 조사 분석했다. 결과는 캠페인 노출과 기증에 대한 태도 사이에는 유의한 관계가 있었다. 전체적으로 결과는 긍정적이었다.

### *히스패닉 캠페인: 캘리포니아, 애리조나, 네바다*

아프리카계 미국인은 전통적으로 기증 대중매체 캠페인에 지속적으로 목표가 되고 있지만 새로운 소수 민족, 히스패닉 미국인에게 직접적인 중재로 탄력을 받고 있다. 2001 년에 Frates 및 동료들은(Frates , BOHRER & 토마스, 2006) TV와 라디오에서 스페인어로 된 세 개의 광고로 캠페인을 실행하고 평가하였다. 첫 번째 광고는 이식을 필요로 하는 어린이의 모습을 보여주었고, 두 번째 광고는 어린이가 자라서 의사가 되어 한 가족에게 기증의 필요성에 대해 정보를 제공하는 모습을 보여주었다. 그리고 세 번째는 이식이 필요한 젊은 환자의 모습을 보여주었다. 이에 대한 라디오 광고도 1년 간 방송되었다.

캠페인의 영향은 병원 동의율와 전화 설문으로 평가되었다. 4개의 전화 설문조사는 장기기증의 태도와 행동의 변화가 조사되었다(각 N = 500). 첫 번째 설문조사는 캠페인 전에 시행되었고, 반면 나머지는 캠페인 이후 매 3년 마다 대중매체의 영향에 대해서 조사했다. 설문조사자료의 분석은 기증에 대한 신념 변화뿐만 아니라 캠페인의 노출에 주안점이 있었고, 자기보고 등록에는 변화가 없었다.

병원의 동의 자료를 보면 매년 처음보다 동의 숫자가 증가했다. 그러나 연구자들은 연구기간 동안 동의 비율에 가능한 한 직접적인 영향을 주기 위해서 다중언어와 다중 문화를 가진 진행자들을 추가적으로 고용했다. 캠페인의 영향 조사를 더 어렵게 만든 것은 젊은 히스패닉 심장이식 수혜자가 의학적인 실수로 죽었다는 사실이 지역 대중매체에 보도가 된 것이었다. 이것은 캠페인의 긍정적 영향에 방해가 되었을 것이다.

우리 연구 프로그램 중의 한 가지는 장기기증을 목표로 한 스페인어 사용 대중매체 캠페인이 관련이 있는지 평가하는 것이었다. 2000년도에 Arizona 의 기증네트워크에서 일하던 Sara Pace Jones는 공동 연구자로 우리를 끌어들였고, 우리는 현재까지 계속 이 미국보건성의 이식분야의 기금 일을 하고 있다. 우리의 초기 매체 프로젝트에서(Alvaro, Jones, Robles, & Siegel, 2006, Study 1) 캠페인은 2001년 1월부터 6월까지 Arizona, Tucson에서 실시되었다. 캠페인 전 전화 설문조사(Alvaro, Jones, Robles, & Siegel, 2005) 자료와 핵심 그룹들은 유익한 메시지를 개발하고 캠페인 수행 전략을 만드는 정형적 연구에 이용되었다.

캠페인은 스페인어로 된 4개의 30초짜리 텔레비전 광고와 2개의 60초짜리 라디오 광고를 이용했다. 텔레비전 광고 중 한 개는 기증자의 생명을 구하기 위해 최선을 다하는 의료진의 엄청난 노력을 강조하는 동시에 이식의 영향을 묘사했다. 다른 3개의 TV 광고는 지역의 히스패닉계 장기 수혜자가 받은 장기기증의 긍정적인 영향을 테마로 한 이야기, 장기 수혜자의 삶의 여러 부분들을 본인이 직접 나래이션하여 보여주는 것이었다. 두 개의 라디오 광고는 장기기증에 대한 카톨릭교회의 관점을 전달하기 위해 지역의 주교를 이용하였다. 대중매체 이용료는 거의 30,000달러를 지불하여 중요한 방송시간에 캠페인이 이루어졌다. TV 광고는 697회, 라디오 광고는 1,368회 방송되었다. 많은 방송 시간들은 Tucson 지역에서 스페인어 방송이 저 비용으로 이용이 가능했기 때문이다. 청중들에게 친사회적인 행동을 개선하는 데에 관심이 있는 일부 방송사에서는 우리의 광고 캠페인 방송 외에 부가적으로 시간을 더 추가시켜 주었다.

캠페인의 영향은 Tucson에 거주하는 스페인어 사용 성인을 대상으로 전화 설문 조사하여(N = 500) quasi-experimental pretest-posttest Design를 통해서 평가하였다. 여러 가지 주목할 만한 결과가 나왔다. 첫째, 많은 캠페인 방송 노출로 aided recall(보조 회상: 광고의 내용을 설명한 후에 적어도 1개 이상의 광고를 회상 할 수 있었던 반응자)이 가능했던 사람이 45.5%에 달했다. 보조 회상 자료를 보면 최소한 한번은 광고를 회상한다고 하는 응답자가 30% 정도로 나왔다. 두 번째는 종교적인 반대, 가족의 반대, 의학적 치료나 기증으로 인한 합병증 등에 대한 특별한 신념이 캠페인 전, 후에 차이가 있었다. 차이점은 기증에 대해 더 호의적인 성향으로 변한 것이다. 세 번째는 캠페인 후 가족의 장기기증에 대한 토론이 캠페인 전보다 더 증가했다는 사실이다.

우리는 이 초기 연구에 이어 2001년 9월부터 2002년 6월까지 애리조나주 Phoenix에서 반복실험을 시행했다. 같은 TV 광고가 두 연구에 사용되었다. 두 개의 새로운 라디오 광고는 Phoenix 지역을 위해 개발되었다. 그리고 라디오 광고는 Phoenix 의 주교를 출연시킨 것 외에는 Tucson에서 방송되었던 것과 같았다. 연구1과 같이, 캠페인을 위해 많은 방송시간에 50,000불의 비용을 지불했다. TV 광고 1,885회, 라디오 광고 1,264회 방영되었다.

연구 1과 같이, 캠페인의 영향은 quasi-experimental pretestposttest design 사용으로 조사했다. 절차도 초기연구와 꼭 같은 방법으로 시행되었다. 그 결과는 연구1과 유사했고 거의 차이가 없었다. 보조 회상율은 높았다. 최소한 한 개의 TV 광고를 회상을 한다고 응답한 사람이 2/3 였고, 최소한 한 개의 라디오 광고를 회상한다고 한 사람들이 1/3이었다. 연구1에서 처럼, 종교, 가족의 신념에 따라 캠페인 전,후 결과에 차이가 있었으나 의학적 치료와 발생 가능한 후유증의 인식에 따른 차이는 없었다. 중요한 것은 연구1의 결과처럼 장기기증에 대한 가족 토론은 캠페인 후에 유의하게 더 증가되었다.

연구1과 2를 함께 생각하면 그 결과는 희망적이다. 첫째 방송 매체를 이용하여 매우 낮은 가격의 스페인어 대중 매체 캠페인으로 사람들에게 상당한 노출을 할 수 있었음이 분명하고, 그 결과는 막대한 비용을 투자해야 얻을 수 있는 일반 대중을 위한 캠페인의 결과를 얻을 수 있었다. 둘째, 인지된 종교적 장애가 성공적으로 설명되었고, 기증 과정에서 필수 분야인 가족간의 토론 (Martinez et al., 2001; Marwick, 1991)이 대중매체를 통해서 활성화 되었다. 물론 중재를 하지 않은 그룹이 적은 것 때문에 원인추론에 제한이 있고, 캠페인 영향에 대한 행동 변화 측정도구가 없었다. 당시 애리조나의 기증희망 등록은 사업을 시작하지 않았고, 운전면허시 등록도 선택 사항이 아니었다. 그럼에도 불구하고 높은 방송노출과 캠페인 광고가 목표로 했던 캠페인 전 후의 기증신념에 차이는 캠페인의 영향이라고 할 수 있다.

이 일련의 연구의 마지막 연구에서(Alvaro et al.,), 우리는 연구 1,2에 보고한 내용의 설문을 캠페인을 시행하지 않은 지역사회에 반복 실험할 수 있는 기회를 가졌다. 이 연구에서 네바다 주 라스베가스는 중재지역으로 선정되었고, 반면에 애리조나주 Phoenix는 캠페인을 실시하지 않는 비교지역으로 선

**표 3.2**  Counterbalanced design for Las Vegas campaign

| Month | Nov | Dec | Jan | Feb | Mar | Apr | May | Jun | Jul |
|-------|-----|-----|-----|-----|-----|-----|-----|-----|-----|
| Ads   | B   | D   | C   | D   | B   | C   | D   | C   | B   |

*Note:* D = DNA ads. C = Donate Life ads. B = Both ads.

 

정했다. 설문조사 절차는 연구 이전과 동일하게 실시 되었다. Phoenix 중재 연구 이후 3년이 지났기 때문에, 비록 전적으로 순수한 비교 장소가 아니었지만 이 경우에 어떤 편차가 중재군과 비교군 사이에 심각한 격차를 보이기 보다는 보수적인 방향으로 작동할 것이라고 믿었다. 이전 연구와 비교해서 향상된 또 다른 분야는 병원 동의율에서 행위적인 결과에 대한 자료를 조사할 수 있었다는 점이다. 중재는 우리의 캠페인 광고와 장기기증 연합에 의해 만들어진 스페인어 TV와 라디오 광고가 매달 교대로 시행되었다(표 3.2). 매체 판매는 두 광고 세트가 동일하였다.

    연구의 결과는 희망적이기도 하고 절망적이기도 하다. 첫째, 전화 추적 자료는 월별로 차이를 보이지 않았다. 즉 두 개의 다른 캠페인에서 광고의 영향이 없다는 것을 말한다. 그러나 캠페인 후에 보조 회상(aided recall) 및 비보조 회상(unaided recall)의 자료에서 광고, 특히 Arizona(연구1, 2)를 위해 특별하게 제작한 광고는 DLA연합 광고보다 더 회상율이 높았다. 캠페인의 전체 노출 정도는 거의 50%였다. 그러나 불행하게도, 비교 지역의 응답자들도 광고에 약 50%가 노출되었다. 이는 그 시기에 Phoenix에서는 캠페인 방송이 안된 것과 관련이 있을 수 있다.

    비교 지역에 보고된 노출에 대한 결과를 제외하고는 여러 변수에서 캠페인의 영향이 분명하게 있었다. 즉 태도, 사랑하는 사람과 함께 장기기증에 대해서 논의하려는 의도, 장기기증자로 서약하려는 의도, 사망 후에 기증자가 되겠다는 의지, 그리고 가족의 사망 후에 가족의 장기를 기증하겠다는 의지에서 분명한 차이가 있었다. 캠페인의 영향으로 가장 설득력이 있는 것은 히스패닉 계의 병원 동의률이 캠페인 전 37%에서 캠페인 후 50%로 증가되었다는 것이다. 같은 시기 동안에 히스패닉 계의 실제 기증자는 11%에서 20%로 증가되었다.

    이번 연구 시리즈의 결과를 Frates 등의 자료와 결합하면, 히스패닉 지역에서 대중매체를 이용한 장기기증 캠페인의 성과는 분명하게 긍정적인 경향을 보였다. 그러나 기능적으로 비교 또는 대조군을 이용한 연구를 통해 논쟁의 여지가 없는 증거를 수집하는 작업이 여전히 남아 있다. 비교그룹 지역사회와 함께 직면한 도전은 더 넓은 로스엔젤레스 지역에서 다중 중재와 대조지역으로 다시 실험을 되풀이 하도록 인도했다. 더군다나 이 프로젝트는 대중 매체와 지역 봉사 활동의 관련 영향을 조사할 수 있을 것으로 주요 요소들을 대부분의 연구와 연결되어 있다.

## 대중매체 장기기증 캠페인: 도전과 고려사항들

앞의 검토에서 보듯이, 장기기증 성과들을 향상시키기 위한 대중 매체 캠페인의 사용은 다음과 같은 결과를 가져왔다. 첫째, 몇몇 캠페인이 미국과 세계적으로 실행 되었다. 둘째, 상당한 노력들이 장기수요가 불균등하고, 기증 신청이 불충분한 소수민족들을 대상으로 행해졌다. 셋째, 전체적으로 볼 때, 대중매체 캠페인은 믿음, 의지, 그리고 기증신청자들, 기증에 대한 가족의 동의 등에 있어서 긍정적인 효과를 가져다 줄 수 있음을 강력하게 시사했다. 하지만 후자에 대한 증거는 단순한 추측결과일 뿐 어느 부분에서도 최종적인 결론이 아니다.

   이 부분에 대해 계속적으로 많은 설명이 필요하기 때문에 우리는 이제 광범위한 문제들의 논점들과 장기기증 성과들을 향상시키기 위한 대중 매체 캠페인 사용시 고려사항들이 어떤 영향을 미치는지에 대해 논하고자 한다. 이번 세션에서는 배운 교훈들과 현재의 연구에서 알려진 자료들을 예시하려 한다. 우리의 목적은 우리가 중요한 이슈라고 믿는 것을 명확하게 하기 위함이며 향후 캠페인의 설계자들과 캠페인의 시행을 위해 필요한 목표를 제공하는 것이다.

### 디자인(설계) 도전들

비록 측정과 분석적인 접근방법에 있어서는 상당한 발전이 있었으나, 평가 디자인은 이 발전속도를 따라가지 못 했다. 특히 중요한 결함은 대조군 또는 비교 집단이 없다는 것이다. 장기기증 결과에서 그런 집단들 없이는 일반 대중들의 경향을 추적할 수 없으며 이런 경향에 대한 가능성 입증이 제안된 가설을 강력하고 경쟁력 있는 가설로 만들 수 있다. 캠페인 노출에 대한 측정방법

분석에서 대조군과 비교군이 없는 것을 보완하는 몇 가지 방법이 있기는 하지만 그것들로도 충분하지 않다. 또 다른 측정 방법에 대한 결함은 한 개의 중재 지역에 너무 의지한다는 점이다. 여러 지역에서 다수의 대조군과 비교 지역들을 포함하여 연구한 것들과 더불어서 캠페인을 동시에 수행하고 평가하는 것은 각 지역의 특성이 포함되어 더 적절한 분석을 제공하게 될 것이다(Fisher, this volume을 참고). 로스엔젤레스의 넓은 지역에서 히스패닉 캠페인을 다시 반복한 연구의 디자인은 많은 중재 방법과 비교 장소들을 포함한 몇 안 되는 연구 중의 하나이다.

### 누가 대중 매체 캠페인에 대상이 되어야 하는가?

대중 매체 캠페인의 성공을 위해 청중을 고려하는 것은 필수 사항이다. 이 장에서 검토한 많은 연구들은 소수 민족 대상자들에게 초점이 맞추어져 있다. 우리는 이러한 중재들을 적극 권장한다. 이런 시도는 장기기증의 불균형을 해결하기 위한 도덕적 접근이라는 점 외에 캠페인 비용과 메시지 영향을 극대화할 수 있다. 대중 매체 캠페인의 최대 단점 중 하나는 경비가 많이 들기 때문에 상당한 자금 없이는 유지하기 어렵다. 특별히 소수 인구를 위해 제작된 홍보물을 대중 매체 송출을 통해 캠페인 하는 것은 비용 면에서 상당히 제한적일 수 있다.

소수 지역 방송에 프로그램을 편성하고 광고를 하는 것은 일반 시장에서 하는 것보다 비용이 저렴하다. 또한 소수 매체 방송의 다른 장점으로는 목표로 하는 청중들에게 좀 더 많은 공유를 하게 할 수 있고, 반면에 일반 시장에서는 프로그램 선택이 다양해서 청중들이 분산될 수 밖에 없다는 점이다. 예를 들어, 스페인어 유니버젼 네트워크(Spanish-language Univision network)는 미국 히스패닉 TV 마켓의 85%를 지속적으로 공유하고 있다.

이들 요소들은 캠페인 노출에 대해 상당한 영향을 줄 뿐만 아니라, 제한된 연구기금으로 주어진 노출 정도를 확인하려는 노력에도 영향을 준다. 요약하면 때로는 특별한 메시지를 소수 민족 시청자에게 알리기가 더 쉽고, 또 그와 같은 메시지에 이미 노출되었던 대표적인 청중을 출연시키는 편이 더 쉽다. 예를 들면, 최근 프로젝트로, 우리는 지역 장기 등록 장소의 인지도를 높이기 위해 일반적인 시장에서 대중매체 캠페인을 실시하였다. 우리는 이전에 시행한 히스패닉 캠페인 연구와 비슷한 예산규모를 갖고 있었지만 보조 회상율은 5%에 머물렀다. 이것은 히스패닉 캠페인으로부터 얻은 40%이상의 회상율 보다 현저히 낮다.

일반적 청중들을 대상으로 할 경우는 기발한 아이디어가 들어있는 핵심메시지와 함께 막대한 비용투자가 의미 있는 노출에 대한 결과를 얻을 수 있다. 예를 들면, 캠페인에 소개된 오하이오 주에 첫 번째로 동의 등록을 한 사람을 소개하는 캠페인에 대해서 설문 조사 응답자의 38%가 기억을 하고 있었다 (Downing& Jones, this volume). 그렇지 않고 일반 시장에서 틈새시장을 공략하기 위해서는 효용성을 또한 입증할 수 있어야 한다. 예를 들면 지역 팀 행사 방송에 지역 스포츠 팬들을 목표로 광고성 캠페인을 할 수 있다. 이와 같은 목표가 있는 노력들은 실용적이고 바람직할 수 있지만 그렇지 않을 수도 있다. 그러나 제한된 기금으로 효과를 볼 수 있다.

## 캠페인에서 청중 노출 조사

위에서 논의된 것처럼, 시청자 노출은 최선의 메시지로 필요한 이익을 도출하기 위해 중요하다. 노출 정도를 어떻게 조사할 수 있는지에 대한 질문은 겉보기에는 간단하지만, 대중 매체 연구자들에게는 상당히 복잡하고 어려운 일이다. 광고나 프로그램의 청중 노출에 대한 조사의 상업적인 기준은 종합시청률(gross ratings points /GRPs)을 사용하는 것이다. 그러나 종합시청률의 해석은 여러 가지 문제들이 뒤 따른다. 예를 들면, 250의 종합시청률은 목표 대상 시청자들의 25%에게 10배 혹은 2.5%의 시청자에게 100배의 TV 광고 방송으로 얻을 수 있다. 비록 종합시청률이 유용하지만, 다른 노출의 측정 수치들을 보완해야 한다.

자기보고 회상(self reported recall)은 이런 측정도구 중 하나이다. 사실 회상은 메시지의 인지를 반영하는 노출 그 이상이다. 왜냐하면 메시지를 회상하는 것은 메시지에 집중하고 기억 속에 그것을 저장해야 하기 때문이다. 그러나 이 측정 방법 또한 주의 깊은 정밀조사가 필요하다. 첫째, 보조 회상(aided recall)과 비보조 회상(unaided recall) 사이를 식별해야 한다. 예를 들면, 전자를 알아내기 위해서 우리는 간단한 TV 광고를 방영한 후 시청자들이 그것을 보았는지에 대해서 질문하는 것이다. 그러나 비보조 회상의 경우에는, 사전

결정된 시간 주기(즉, 지난 90일간)에 시청자들이 TV광고를 본적이 있는지에 대해서 질문을 받게 될 것이다. 이 두 가지 측정방법에 대한 반응을 비교하면, 일정한 패턴을 알게 된다. 즉 비보조 회상 검사응답자가 보조 회상 검사의 응답자보다 더 높게 나온다는 점이다. 분명히 두 가지 측정법을 사용하는 것이 최선의 방법이다. 그러나 시간이 없다면 비보조 회상법을 사용하는 것이 원칙이다.

자기보고 회상법의 두 번째 문제는 반응자들이 노출을 과다 보고하려는 경향이 있다는 점이다. 보조회상법을 이용한 연구에서 이러한 현상을 설명하기 위해서는 참여자들에게 위조 광고를 보여주고 이에 대한 자가보고 노출을 조사하는 것이다. 이를 통해 참여자들의 편견에 대한 기본 비율을 알 수 있고, 그것을 노출 계산에 포함시킬 수 있다. 우리의 연구3에서 방송되지 않았던 광고 내용을 이야기 해 준 후에, 그들이 광고를 보았는지에 대해 물어 보았을 때 설문 응답자의 17%에서 보았다고 대답을 했다. 비보조 회상 연구에서 이러한 편견을 설명하기 위한 한가지 방법은 응답자들에게 광고를 서술하여 노출을 보고하도록 요청하는 것이다(한 예 Siegel & Alvaro, 2006). 그러나 이 방법은 매우 어려워서 상당한 참가자들이 응답을 기피할 수 있다. 비보조 회상 연구를 시행 시 고려되어야 할 두 번째 접근법은 이런 방법을 캠페인 전 그룹이나 비교 대조군에서도 시행해야 한다는 것이다. 당연히 이들에게는 광고가 전혀 방송된 적이 없어야 한다. 이것 역시 노출계산시에 감안할 수 있는 기본 편견에 대한 비율을 제공할 수 있다. 예로, 우리의 연구 3에 따르면, 사실 장기기증에 대한 광고가 몇 년 동안 방송되지 않았음에도 불구하고 비교 지역 응답자의 50%는 지난 6개월 동안에 장기기증 캠페인 광고의 비보조 회상을 보고했다는 것을 알아냈다.

### 메시지라고 해서 모두 같은 것은 아니다!

메시지가 전달되지 않는 메시지는 메시지가 아니다. 잘 짜인 연구 계획과 행동 과학 이론으로부터 나온 메시지가 아닐 경우에는 캠페인 효과가 극대화될 수 없다. 더군다나 의도된 결과들은 실제로 불량 메시지들에 의해 손상을 받는다 (Burgoon, Alvaro, Grandpre, & Voloudakis, 2003). 형성적 연구(formative research)는 대중 매체 캠페인의 필수 요소라는 것은 일반적으로 알려진 사실이다. 특히 최근에는 많은 장기기증 캠페인 개발자들이 강력한 호소에 대한 청중들의 반응을 알려주기 위해 핵심집단, 인터뷰, 다른 형태의 연구를 시도하고 있다.

그러나 아직도 관련 메시지의 효과를 알기 위해서 다양한 메시지 종류들을 체계적으로 조사한 연구는 드물다. 비록 대중매체 캠페인의 영향에 대한 완벽한 연구들이 계속 필요하지만, 어떤 메시지들의 최고 성과를 보이는지를 확인하기 위한 노력들도 동시에 이루어져야 할 것이다. 우리의 지역사회를 대상으로 대중매체 캠페인 연구가 지정되었을 때 먼저 이런 일에 대해 누구보다 죄책감을 가졌다. 그래서 잘 조절된 상태에서 다양한 메시지 종류의 영향력을 비교조사하기 위한 연구들을 실행하고 있다. 실제로 장기기증 메시지의 관점을 조사하기 위한 연구들이 미미하지만 점차 확대되고 있다.

Smith와 그 동료들은(Smith, Morrison, Kopfman, & Ford, 1994) 이 분야의 선구자가 되었고, 다른 연구자들에게 이런 연구들을 하도록 동기를 부여하였다. 이러한 연구 방향은 매우 유망하다. 예를 들어, Arizona 장기기증희망 등록소에 등록할 수 있도록 한 컴퓨터상의 프린트 메시지에 관한 연구에서, 특정 메시지의 조작을 통해 기증희망 등록에 상당한 변화가 있었음을 알 수 있었다. 미래 캠페인 조사를 위해 우리들이 해야 할 연구는 잘 통제되고 경비가 적게 드는 환경에서 메시지의 상대적인 영향력을 평가하기 위한 선도연구를 시행하는 것이다. 그리고 이 결과를 더 큰 규모의 대중매체 캠페인을 위한 메시지 개발에 이용하도록 하는 것이다. 더 야심 있는 두 번째 접근은 다양한 장소를 목표로 하는 대규모 대중매체 캠페인에 다양한 메시지들을 이용하는 것이다. 물론 이 모두에서 설문을 위해 선택되는 메시지 유형들은 이론적 배경을 가지고 만들어져야 한다(see Siegel, Alvaro & Hohman, this volume; see also, Fischer, this volume).

## 결론

비록 큰 발전이 장기기증에 관한 대중매체 캠페인의 연구에서 이루어지고 있었어도 완료되기 위해서는 많은 작업이 남아있다. 대중매체 효과에 대한 정확한 연구들은 아직도 제대로 수행하지 못 하였고, 위에서 요약된 것과 같은 쟁

점에 대해 조사하는 더 핵심적인 연구들이 권고되고 촉진되어야 한다. 장래 연구를 위한 연구의 기틀은 만들어졌다. 그것은 다수의 중재와 비교군 또는 대조 지역들을 포함시키는 연구, 좀 더 제한된 시청자들을 대상으로 하는 연구, 노출과 캠페인의 회상에 좀 더 정교하고 섬세한 측정 방법을 사용하는 문제, 그리고 기증 결과에 대한 메시지 유형별 영향을 평가하는 연구가 필요하다. 제일 뒤에 언급한 주제는 같은 노출을 주더라도 모든 메시지의 유형이 같은 결과를 가져오는 것이 아니라는 점이 점점 명백해짐에 따라 특히 시급한 사항이다 (Siegel et al., 2008).

더군다나 이곳에서 보고 된 거의 모든 연구는 조사를 할 수 없는 여러 가지 미디어 옵션에 대해서는 크게 고려하지 않았고, TV나 라디오 광고 등을 이용한 대중매체 캠페인으로 이루어졌다. 또 이 분야에서 오락을 겸한 교육적인 접근이 효과가 있을 것인가? 라디오 청취자 참여 프로그램은 어떤가? 장시간의 텔레비전 프로그램은? 장기기증에 초점을 맞춘 인터뷰와 새로운 스토리의 이용은 얼마나 효과가 있을까? 드라마틱한 프로그램을 만드는 것은 어떠한가? 다큐멘터리는? 더 중요한 것은 이론에 근거한 대중 매체 중재 방법에 내재된 가능성을 극대화하기 위한 연구들이 거의 없었다는 사실이다.

대중매체 영향에 대한 이론의 인식과 사용은 시행할 수 있는한 중재방법에 대한 전혀 새롭고 참신한 전망을 열어 줄 것이고, 미디어 영향 측정에 대한 고전적 접근에도 새로운 장을 열어줄 것이다. 이 장에서 검토된 연구들은 선구적 노력들로 대중 매체가 장기기증의 성과를 증진시키는데 이용될 수 있는지에 대한 지식을 계속적으로 강화할 수 있는 확고한 기반을 세웠다. 이미 알려진 내용들로 우리는 앞으로 발결할 수 있는 곳으로 새로운 힘과 열정을 움직일 수 있다.

## 감사의 글

이 글에서 논의된 프로젝트들은 HRSA, 이식기금분야의 보조금으로 이루어 졌다(H39 OT 00021-01, R39OT01148). Sara Pace Jones, Tim Brown, Stacy Underwood을 비롯한 애리조나주의 Donor Network 관계자 분들의 협조와 계속적인 지원에 진심으로 감사한다. 이 글에 표현된 견해들은 저자들의 견해로 기금을 지원한 기관의 견해와는 관계가 없다.

## 참고 문헌

1. Alvaro, E. M., Jones, S. P., Robles, A. S., & Siegel, J. T. (2005). Predictors of organ donation behavior among Hispanic Americans. Progress in Transplantation, 15, 149~156.
2. Alvaro, E. M., Jones, S. P., Robles, A. S., & Siegel, J. T. (2006). Hispanic organ donation: Impact of a Spanish-language organ donation campaign. Journal of the National Medical Association, 98, 1~8.
3. Alvaro, E. M., Siegel, J. T., Crano, W. D., & Pace Jones, S. (Under review). Replication and extension of a Spanish-language organ donation media campaign. Journal of Health Communication.
4. Aswad, S. (1991). The role of public education in cadaveric transplantation in Saudi Arabia. Transplantation Proceedings, 23, 2694~2696.
5. Bauer, R. A. (1964). The obstinate audience: The influence process from the point of view of social communication. American Psychologist, 19, 319~328.
6. Berelson, B., & Steiner, G. A. (1964). Human behavior: An inventory of scientific findings. New York: Harcourt, Brace & World.
7. Burgoon, M., Alvaro, E., Grandpre, J., & Voloudakis, M. (2003). Revisiting the theory of psychological reactance: Communicating threats to attitudinal freedom. In J. Dillard & M. Pfau (Eds.) The handbook of persuasion (pp. 213~232). Thousand Oaks, CA: Sage.
8. Callender, C. (1987). Organ donation in Blacks: A community approach. Transplantation Proceedings, 19, 1551~1554.
9. Callender, C. (2001). Obstacles to organ donation in ethnic minorities. Pediatric Transplantation, 5, 383~385.
10. Callender, C. Burston, B., Yeager, C., & Miles, P. (1997). A National Minority Transplant Program for Increasing Donation Rates. Transplantation Proceedings, 29, 1482~1483.
11. Cosse, T. J., & Weisenberger, T. M. (2000). Words versus actions about organ donation: A four-year tracking study of attitudes and self-reported behavior. Journal of Business Research, 50, 297~303.
12. Cosse, T. J., Weisenberger, T. M., & Taylor, G. J. (1997). Walking the walk: Behavior shifts to match attitude toward organ donation—Richmond, Virginia, 1994~1996. Transplantation Proceedings, 29, 3248.
13. Durkin, S., & Wakefield, M. (2006). Maximizing the impact of emotive antitobacco advertising: Effects of interpersonal discussion and program placement. Social Marketing Quarterly, 3, 3~14.
14. Frates, J., Bohrer, G. G., & Thomas, D. (2006). Promoting organ donation to Hispanics: The role of the media and medicine. Journal of Health Communication, 11, 683~698.
15. Gerbner, G. (1969). Toward "cultural indicators": The analysis of mass mediated public message systems. AV Communication Review, 17, 137~148.
16. Gerbner, G., Gross, L., Morgan, M., & Signorielli, N. (1980). The mainstreaming of America: Violence profile #11. Journal of Communication, 30, 10~29.
17. Gunther, A. C., Bolt, D., Borzekowski, D. L. G., Liebhart, J. L., & Dillard, J. P. (2006). Presumed influence on peer norms: How mass media indirectly affect adolescent smoking. Journal of Communication, 56, 52~68.
18. Hafstad, A., & Aaro, L. E. (1997). Activating interpersonal influence through provocative appeals: Evaluation of a mass media-based antismoking campaign targeting adolescents. Health

Communication, 9, 253~272.
19. Kappel, D. F., Whitlock, M. E., Parks-Thomas, T. D., Hong, B. A., & Freedman, B. K. (1993). Increasing African American organ donation: The St. Louis experience. Transplantation Proceedings, 25, 2489~2490.
20. Klapper, T. (1960). The effects of mass communication. Glencoe, IL: Free Press.
21. Lauri, M. A., & Lauri, J. (2005). Social representations of organ donors and non-donors. Journal of Community and Applied Social Psychology, 15, 108~119.
22. Lazarsfeld, P. F., Berelson, B. R., & Gaudet, H. (1948). The people's choice. New York: Columbia University Press.
23. Martinez, J. M., Lopez J. S., Martin, A., Martin, M., Scandroglio, B., & Martin J. (2001). Organ donation and family decision-making within the Spanish donation system. Social Science and Medicine, 53, 405~421.
24. Marwick, C. (1991). Key to organ donation may be cultural awareness. Journal of the American Medical Association, 265, 176.
25. McCombs, M., & Shaw, D. (1972). The agenda-setting function of mass media. Public Opinion Quarterly, 36, 176~187.
26. McLoughlin, M. P., Chapman, J. R., Gordon, S. V., Ledwich, M., Macdonald, G., & Mochacsi, P. (1991). "Go on—say yes": A publicity campaign to increase commitment to organ donation on the driver's license in New South Wales. Transplantation Proceedings, 23, 2693.
27. McQuail, D. (1971). Towards a sociology of mass communication. London: Collier-Macmillan.
28. Morton, T., & Duck, J. (2001). Communication and health beliefs: Mass and interpersonal influences on perceptions of risk to self and others. Communication Research, 28, 602~626.
29. Noar, S. M. (2006). A 10-year retrospective of research in health mass media campaigns: Where do we go from here? Journal of Health Communication, 11, 21~42.
30. Persijn, G. G., & van Netter, A. R. (1997). Public education and organ donation. Transplantation Proceedings, 29, 1614~1617.
31. Sanner, M. A., Hedman, H., & Tufveson, G. (1995). Evaluation of an organ-donor-card campaign in Sweden. Clinical Transplantation, 9, 326~333.
32. Schramm, W. (1982). Men, women, messages and media. New York: Harper & Row.
33. Siegel, J. T., & Alvaro, E. M. (2006). An evaluation of Arizona's Youth Tobacco Access prevention media campaign. American Journal of Preventive Medicine, 30, 284~291. Organ Donation Media Campaigns 63
34. Siegel, J. T., Alvaro, E., Pace-Jones, S., Crano, W. C., Lac, A., & Ting, S. (2008). A quasiexperimental investigation of message appeal variations on organ donor registration rates. Health Psychology, 27, 170~178.
35. Smith, S. W., Morrison, K., Kopfman, J. E., & Ford, L. A. (1994). The influence of prior thought and intent on the memorability and persuasiveness of organ donation message strategies. Health Communication, 6, 1~20.
36. Snyder, L. B. (2007). Meta-analyses of mediated health campaigns. In R. W. Preiss, B. M. Gayle, N. Burrell, M. Allen, & J. Bryant (Eds.), Mass media effects research: Advances through meta-analysis (pp. 327~344). Mahwah, NJ: Lawrence Erlbaum.
37. Wolf, J. S., Servino, E. M., & Nathan, H. N. (1997). National strategy to develop public acceptance of organ and tissue donation. Transplantation Proceedings, 29, 1477~1478.

## 4장

# Donate Life 캠페인 효과
## ―미네아폴리스-세인트폴의 아프리카계 미국인

*David M. Radosevich, Susan Mau Larson, Tiffany Scott, Clarence Jones, William Tendle, and Susan Gunderson*

아프리카계 미국인(이하 흑인)은 신장질환의 발생양상이 백인과 다르다. 신장대기자 명단의 35% 정도가 흑인이지만 흑인 인구의 33%만이 운전면허증에 장기기증의사를 밝히고 있다. 이는 백인의 장기기증희망카드 소지율 60%와 대조가 된다. 비록 흑인들의 장기기증률이 확인되지는 않았지만, 실제 흑인들 중 장기를 기증한 숫자는 전체 인구에 비교하여 볼 때 여전히 낮다(Sheehy et al., 2003).

실제로 제7구역인 The LifeSource Donation Service Area(이하 OSA)가 관장하고 있는 미네아폴리스, 북부 다코다, 남부 다코다, 서부 위스콘신의 3개 카운티에서 2003년 이식수술을 받은 흑인 수혜자는 30명이었으나 실제 기증자는 단지 6명이었고, OSA에 등록된 장기이식대기자 수는 165명이었다.

미네소타 주의 쌍둥이 도시 미네아폴리스와 세인트폴은 OSA내에서도 가장 넓은 지역을 관리하고 있다. 이곳의 흑인 인구는 전체의 약 8.5%에 달하고, 두 도시는 혈연중심의 폐쇄된 흑인사회였다. 그러나 새로운 종족과 인종들이 이주해오고, 도시화로 인해 이웃이 파괴됨으로써 폐쇄되었던 이 흑인사회도 변화가 시작되었다. 이로 인해 현재는 이곳 흑인사회가 더 이상 혈연적이지 않고 도시의 크기도 비교적 소규모로 변했다. 그래도 워싱턴DC나 아틀란타와 비슷한 정도의 크기여서 미네아폴리스와 세인트폴은 미디어 홍보가 빠른 시간 내에 효과적으로 침투될 수 있는 매력적인 도시라고 간주되고 있다. 이 연구에서는 쌍둥이 도시에서의 흑인사회의 다양한 홍보에 대한 효과를 측정하고, 흑인들의 장기기증 동의율을 다른 사회집단과 유사하게 유지할 수 있는 방법을 평가하고 있다. 이 연구는 OSA의 흑인사회를 포함하는 첫 설문조사 활동이었다.

## 미디어 홍보의 이론적 배경

장기기증 결정에 대한 사회적인 영향에 대한 조사연구는 광범위하게 실시돼 왔다. 이중 중요한 학설로는 '이유 있는 행동설(theory of reasoned action, 이하 TRA)'이 있다. Fishbein(Fishbein & Ajzen, 1975)이 처음 주장한 이 이론은 개인의 태도, 다른 사람들의 태도에 대한 지각, 행동욕구, 실제행동들 사이의 관계를 이해하기 위한 모델이다. TRA는 건강행동의 연구에 광범위하게 적용되어 왔다(Montano, Kasprzyk, & Taplin, 1997). 초기연구에서는 Fishbein's TRA(Fishbein & Ajzen)를 사용해서 장기기증자로서의 본인의 의지와 장기기증에 대해 평가했다. 몇몇 연구자들이 이 모델을 직접 그들의 연구에 적용하기도 했다(Horton & Horton, 1990a, 1990b; Morgan, 2006). TRA에 영향을 받고, 과거 연구에서 사용되었던 장기기증 모델(그림 4.1 참조)이 이 연구의 기초 골격으로 이용되었다. 이 모델에 따르면 각 개인의 장기기증과 기증희망등록에 대한 태도는 장기기증에 대한 각자의 지식과 각자가 가지는 개인적인 가치관에 의한다. 개인의 태도는 자신의 기증의지나 성향에 영향을 주어 기증카드에 서명하거나, 운전면허증에 기증희망자로 등록하기도 하며 가족들에게 장기기증에 관해 자연스럽게 이야기 하는 것과 같은 실제 행동을 하게한다.

이어진 연구에서 이 모델이 지적하는 한 측면을 확인할 수 있었다. 예를 들면, 연구자들은 흑인들에게 필요한 장기의 수요에 대한 지식과 이식에 대한 지식이 장기기증에 장애물들이라는 것을 발견했다(Morgan, 2006; Plawecki, Freiberg, & Plawecki, 1989; Rubens, 1996; Siminoff & Arnold, 1999). 이렇게

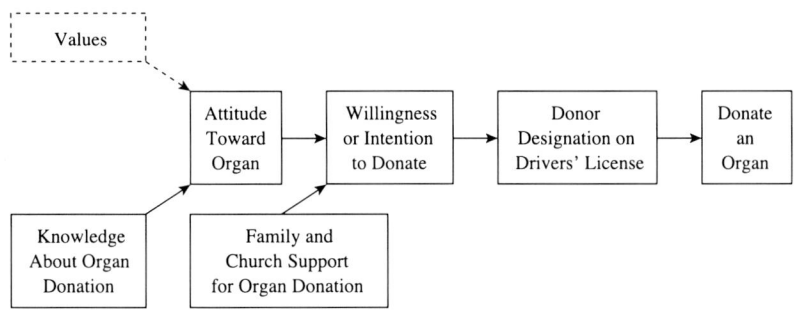

**그림 4.1** Donate Life 개념 모형. —아프리카계 미국인 캠페인

대중들에게 잘못 전달된 정보로 인해 장기기증에 대한 부정적 태도가 생겼다. 따라서 과거의 수많은 미디어 홍보는 장기기증을 실천하고 장기기증희망등록을 하자는데 초점을 두었다.

혹인들 사이에 나도는 장기분배에 대한 지배적인 태도나 신념은 선입견이다. Siminoff and Arnold(1999)는 이 선입견이 개인의 기증의사와 밀접한 관계가 있음을 알게 되었다. 즉 일반적인 의료제도에 대한 불신, 그리고 만일 자신이 장기기증에 동의를 하게 되면 의료진들이 더 이상 자신의 병을 치료하지 않고 방치할 것이라는 잘못된 믿음을 갖고 있었다(Siminoff & Arnold; Yuen et al., 1998). 지식과 태도 외에도 Morgan(2006)은 사회의 규범이 기증 결정에 일차적인 중요성을 가진다고 보고했다.

과거의 연구조사들은 하나님에 대한 믿음과 이것이 혹인사회에서 장기기증 결정에 어떤 영향을 미치는가에 초점을 두었다(Davidson, 1991; Plawecki et al., 1989; Rubens, 1996; Spigner, Weaver, Cardenas, & Allen, 2002). 교황 요한 바오로2세에 의해 2000년 8월 제18차 국제이식학회에서 공식적으로 장기이식을 장려한 로마 카톨릭교회와는 대조적으로, 혹인사회의 교회, 주로 개신교회들은 적극적으로 장기기증을 장려하지 못했다. 이런 차이가 혹인들을 신자로 하고 있는 교회들의 기증에 대한 서로 다른 태도에 부분적인 영향을 주었다.

그래서 연구자들은 그림 4.1에 있는 모델을 이용해서 쌍둥이 도시의 혹인들의 장기기증 신청을 향상시키기 위한 미디어 홍보의 개발과 평가에 이용했다. 예들 들어, 장기의 필요성이 이식관련지식의 향상을 목적으로 하는 현행 미디어 홍보내용에 명시적으로 전달되게 했다. 개념모델(conceptual model)도 이번 연구의 평가를 위해 사용되었다. 각각의 박스는 모든 평가에 포함된 요소들을 표시하고 있고, 그림 4.1에서 점선으로 표시된 것은 제외항목들이다. 이번 연구는 Donate Life-African American campaign으로 명했다.

## 방법

### 목표와 목적

이 연구는 미국 내 거주 혹인들의 생명살리기 캠페인(The Donate Life.

African American Campaign)의 효과를 판정하는 것이었다. 그리고 (a) 흑인사회에 장기기증의 불균형을 알리고, (b) 기증하는 분위기를 고취하고 기증카드 서명률을 높이기 위한 기본적인 노력들을 평가하기 위한 것이었다. 설문의 마지막에 다음의 문항들을 질문했다.

1. 미디어 캠페인이 있는 줄 알고 있었나(홍보의 신뢰도)?
2. 미디어 캠페인이 장기기증 및 이식에 관한 지식을 증가시키는 것이었나?
3. 미디어 캠페인이 장기기증에 대한 태도변화와 관련된 것이었나?
4. 미디어 캠페인이 장기기증 의지의 변화와 관련이 있었나?
5. 미디어 캠페인이 장기기증 행동에 있어서 변화를 가져왔나?

평가를 위한 질문들은 미디어 홍보에 접한 이후 참가자들이 장기기증의사, 기증카드 동의와 실제 고형장기기증 승인 등과 같은 장기기증 관련 행동의 변화(장기기증 모델의 구성요소)와 같은 중요 질문에 답하도록 되어 있다. 장기기증의 승인에 관한 연구는 별로 보고된 것이 없다. 다만 기증카드 서명은 장기기증에 대해 가족들과 의논할 시간을 갖게 함으로써 실제 기증승인이 증가하는 것으로 추정하고 있다. 그리고 이 승인과정은 사망직전에 기증으로 연결된다.

## 연구계획

자료를 수집하기 전에, 이 연구 평가 내역에 대해 미네소타 대학 Human subject protection과 instituuonal review에서 승인을 받았다. 이 평가는 연구개시 전과 후의 조사로 시행했다. 연구시행 전 조사는 미디어 캠페인 시작 6개월전에 실시했고, 이 기간을 이 논문에서는 precampaign으로 구분했다. 연구시행 후 조사는 캠페인 시작 후 1년째 실시했고, 대략 미디어 홍보 마지막 시기에 해당했고 향후 postcampaign으로 구분한다. 논리적 타당성을 위해 관심이 있는 변수들의 변화추이를 확인하기 위해 두 시기에 각각 독립적인 샘플링을 했다. 이번 연구조사에서는 대조군을 만들기 어려운 현실적인 문제 때문에 미디어 노출강도의 정도를 대조군 대신으로 사용했다. 대조군이 없다는 사실은 이번 평가연구의 타당성에 심각한 문제를 야기한다. 연구예산이나 자료의 제약에 영향을 받지 않기 위해 연구자들은 각각 별개의 그리고 대등한 미디어 시장을 대조군 상황으로 이용했다. 이 방법은 별개의 미디어 시장이 미디어 캠페인의 효과를 검증하는 데 가장 좋은 조건이 될 것이다. 대조군이 없는 지역사회에 대한 수용 가능한 대안으로서 연구자들은 미디어 노출강도를 시험했는데, 이 노출 정도의 측정을 용량반응 평가(dose-response assessment)에 이용했다. 이 전략에 따르면. 미디어 노출 강도는 이론적 모델에 이용된 중심 구조(central constructs)에 직접 관계한다고 추정했다. 미국 거주 흑인들을 위한 donate life 계획은 2000년 기증연합체(new Donate Life America)에 의해 개발되고 실시된 대중 매체 자료를 이용했다. 미디어 캠페인은 각 개인이 장기기증자가 되려는 동기를 광범위하게 조사하는데 기초를 두었다. 이 캠페인은 다섯 가지 요소로 구성되어 있다. (a) 미디어 캠페인, (b) 신앙을 기초로 한 프로그램, (c) 고등학교 파견교육 (d) 자원봉사자 프로그램 (e) 지역사회 구성원들에 대한 파견교육이 그것이다.

　미디어 캠페인은 이번 연구의 가장 큰 부분이었고 이번 평가의 핵심이었다. 캠페인에 이용된 라디오 스팟, 텔레비전 스팟, 브로슈어, 포스터 등은 장기기증의 중요성과 동시에 미국 내 흑인들의 장기이식대기 숫자를 강조하고 있다. 특히 지역의 지면광고와 신문매체에는 미국 내 흑인 기증자들의 증가가 흑인 이식 대기자들의 이식에 가장 적합한 장기임을 확신시켜주는 Donate life America campaign의 내용을 담고 있다. 그리고 미디어 홍보는 이런 내용을 지역주민들의 홍보봉사활동에 결부시키기 위한 전략적 노력도 필요했다. 예를 들어, 흑인들 거주지역의 신문인 Minnerota Spokesman-Recorder에 삽입되는 인쇄홍보물은 고등학교장학금을 수여한 내용을 보도한 주일이나 기타 독자들이 관심을 가지는 기사들이 보도되는 요일의 신문에 삽입되었다.

　홍보물의 구매효과를 높이기 위한 노력, 흑인 홍보 회사와의 계약, 쌍둥이 시의 영향력 있는 미디어와의 효과적인 관계구축 등의 노력을 했다. 미디어 계획은 목표로 하는 주민에게 전달되도록 전략적으로 선택했고, 주민 개개인에게 전달될 수 있는 노력과 행사 등을 보충했다. 대중과의 관계 증진을 위한 노력으로는 의료전문가들, 이식 수혜자, 기증자 가족들의 인터뷰를 두 개의 지역 라디오와 텔레비전 방송을 통해 실시했다.

## 미디어 노출

설문참가자들이 지난 6개월 동안에 장기기증 미디어 홍보에 대해 들어보았는지, 읽어 보았는지, 보았는지와 참여자들이 캠페인을 기억하고 떠올리는 데 어느 정도의 시간이 필요했는지, 그리고 정보전달 강도의 측정에 필요한 문항들을 만들었다. 분석을 위해 모든 미디어 노출은 미국거주 흑인들에 대한 Donate life 홍보에 노출된 빈도, 그리고 장기기증관련 정보를 제공해 준 미디어 출처의 수 등과 같은 개인의 미디어 홍보에 대한 노출 빈도를 이용하여 합산했다. 후자의 측정은 정보제공 출처에 대한 14개 항목의 true-false 질문을 통해 측정되었다.

## 결과

캠페인의 영향을 알아보기 위해 지역사회의 설문조사를 통해 다음 각 항목의 결과를 확인했다. (a) 장기기증에 대한 지식 정도 (b) 장기기증에 대한 태도와 믿음 (c) 장기기증자가 되려는 의지 (d) 스스로 자동차면허증에 기증희망등록 했는지 여부이다. 중서부 지역의 기증희망 등록률은 지역 장기구득기구인 LifeSource에 의해 제공되는 행동결과(behavioral outcome)에 이용되었다.

### ▶ 장기기증에 대한 지식

장기기증에 대한 지식을 알아보기 위해 15 문항의 진위(true-false question)로 답하는 설문이 개발됐다. 이중 5개 항목은 과거의 조사(Gallup Organization, 1993; Horton & Horton, 1990a, 1990b; Morgan & Miller, 2002)에서 사용된 항목에서 발췌했다. 나머지 10개 항목은 이번 조사연구를 위해 특별히 개발된 것으로 미국거주 흑인이나 이번 캠페인의 전달내용 등에 관한 것이었다. 결과 분석을 위해 진위를 묻는 질문에 바르게 답한 수를 기초로 해서 지식계수(장기기증 지식측정을 위한 스케일)가 만들어졌다. 이 스케일의 신뢰도와 유효성 검증을 통해 연구자들은 각 설문항목에 대한 반응의 정도가 여러 단계로 있음을 확인했고, 또 이번에 개발한 스케일의 유효성이 확실함도 알 수 있었다. 전체적으로 봤을 때 미국 내 거주 흑인들 중 장기기증에 대한 승낙여부를 자동차면허증에 등록한 자는 통계적으로 의미 있게 장기기증에 대한 지식 정도 수치가 높은 것으로 나타났다(t = 4.26, DF = 455, p value < 0.001) (with donor designation mean = 11.93, SD = 2.93; without donor designation mean = 10.95, SD = 2.97). 신뢰도를 간접적으로 측정하는 internal consistency coefficient는 0.719였다(Streiner & Norman, 2003).

▶ 장기기증에 대한 가족 내 또는 교회의 지지

과거의 연구조사에서 종교적이고 주관적인 규범이 미국 내 흑인들의 장기기증 결정에 중요한 역할을 한다고 보고되었다(Morgan, 2006; Morgan, Miller, & Arasaratnam, 2003). 주관적인 규범을 측정하기 위해 우리는 두 개의 단일 항목 설문을 실시했다. 가족의 지지에 대해서는 한 개의 진위로 답하는 질문으로 측정했다. 장기기증에 대한 교회의 지지측정을 위해서는 Likert type scale를 이용해서 매우 긍정에서부터 매우 부정에 이르는 단계를 선택하도록 했다. 이 조사의 분석을 위해서 Likert type 질문을 0.100-포인트 스케일로 환산해서 값이 높을수록 기증결정에 대한 지지도가 높은 것으로 작성되었다. 즉 지지도가 높다는 것은 '우리 교회가 장기기증을 적극 지지하고 있다'는 믿음을 가지게 했음을 의미한다.

▶ 장기기증에 대한 태도와 믿음에 관한 항목

장기기증에 대한 태도와 믿음은 네 개의 총괄적인 스케일 즉 attitudes and beliefs about organ donation scale을 이용해서 측정했다. 각 항목은 Horton and Horton(1990a, 1990b) 과 the Gallup Organization(1993)에서 개발한 것들이었다. 몇 개의 항목이 더 보충됐는데 그 중에는 (a) 장기기증에 대한 교회의 지지 (b) 죽음에 대한 다수의 태도 (c) 사망임박 시에 장기기증자로 판명이 되면 본인의 의학적 치료가 제대로 이루어지지 않을 것이라는 공포감 등이 있었다($\propto$ = 0.65). 자동차 면허증에 장기기증희망 등록여부와의 관계를 보았더니, 등록한 사람들이 Attitudes and Beliefs About Organ Donation Scale에서 높은 점수를 보였다(t = 2.64; DF = 458; p = 0.009) (with donor designation mean = 89.10, SD = 15.06; without donor designation mean = 77.97, SD = 18.60).

▶ 운전면허증에 기증을 등록한 사실과 실제 기증과의 관계

장기기증에 대한 의지는 (a) 얼마나 자주 장기기증에 대해 생각해보았는가?

(b) 당신은 가족이나 친구들에게 장기기증을 권할 생각인가? (c) 만일 당신이 죽게 되었을 때 당신은 정말로 장기기증자가 될 것인가? 등 세가지로 측정했다. 기증성향을 측정하는 스케일(The Propensity to Donate Scale)은 3가지 항목으로 되어 있었고, 각 항목은 0에서100까지의 점수로 표시하게 했다. 점수가 높을수록 실제 기증자가 될 성향이 높음을 의미한다. 이 스케일은 각 군간에 수용할 만한 신뢰도를 보였다(∝ = 0. 72). 또한 장기기증희망을 운전면허증에 한 사람(mean = 71.44; SD = 17.83) 과 하지 않은 사람(mean = 44.60; SD = 21.59) 간에는 기증성향을 측정스케일이 확실한 차이가 있음을 보여주었다(t statistic = 14.03; DF = 393; p < 0.001).

▶ 장기기증률

마지막 종료시점의 비교를 위해 LifeSource는 인종에 따른 거주지별 장기기증률을 연구자들에게 제공했다. 기증률은 2003년부터 2007년까지 각 분기마다 보고됐다. 비록 이 기증률이 전 지역(남, 북 다코다, 미네소타, 서부 위스콘신)을 포함한 것이지만, 흑인들의 주 거주지는 쌍둥이 시인 미네아폴리스와 세인트폴에 살고 있었기에 이들 흑인들의 기증률이 미디어 캠페인 대상인구들에 대한 지역 경험을 반영하는 것으로 추정하는데 무리가 없다고 생각했다.

### 연구대상과 자료수집방법

쌍둥이 시에 거주하는 참여 가능한 흑인들을 찾아내는 작업이 이번 평가의 주된 문제였다. Upper Midwest 지역은 흑인들의 거주지가 우편번호 지역별로 구별된다기 보다, 쌍둥이 시 전역에 걸쳐 혼재해서 거주하고 있다는 점에서 특징이 있다. 이것은 흑인 이주자들이 이 지역으로 이주해 올 때 메트로폴리탄 전 지역에 분산된 결과이다. 이런 이유로 연구자들은 연구대상을 흑인 거주자들이 포함되었을 가능성이 가장 높은 3개 지역에서 실시했다. 먼저 지역협력기관인 Southside Community Health Services 의 우편주소록을 이용해서 설문을 실시했다. 이 기관은 미네아폴리스 지역내의 대부분의 흑인들에게 건강과 공공의료 서비스를 제공하고 있다. 다음으로 우리는 메트로폴리탄 지역에서 주로 흑인을 대상으로 하는 신문의 구독자를 이용했다. 미네소타 주에서 첫 흑인을 대상으로 한 신문인 the Minnesota Spokesman-Recorder는 세인트

폴과 미네아폴리스 지역의 의견들을 대변하고 있다. 마지막으로 우리는 이번 캠페인에 명목상으로 참여한 4개의 교회의 교인들로부터 자료를 수집했다. 연구자들이 각 교회의 교인들의 주소나 이름을 알 수 없었기 때문에 이들에 대한 홍보와 자료수집은 각 교회 별로 실시됐다. 이 문제로 인해 신앙에 기초한 요소(faith-based component)에 대한 전략적 연구대상의 표준화나 일관성 면에서 약점이 됐다.

두 번의 우편설문조사가 1,000명의 주택지 가정에 무작위로 시행됐다. 한 번의 우편조사로 할 경우 조사 응답률이 낮을 경우를 예상해서 우리가 가진 대상자 명단 중 미리 두 배의 우편조사를 시행하여 조절했다. 응답자 중 흑인이 아닌 사람도 oversample로 처리했다. 설문조사는 12페이지의 각종질문으로 구성됐고, 각 설문은 대상자들이 미디어 홍보를 접한 적이 있는가, 각 개인의 반응과 성향에 대한 정보를 알아보기 위한 것이었다. 설문조사의 복사본은 교신저자로부터 제공받을 수 있다(D. Radosevich).

### 통계학적 분석

통계분석은 미디어 캠페인 전과 후 사이에 각 항목에 대한 응답결과의 차이를 확인하는데 초점을 맞추었다. 캠페인 전과 후의 단순한 기술통계 결과를 비교한 것이 여기에 제시됐다. 각 단순 변수들은 독립 Chi square 검사로 비교했고, 반면 지속변수들은 독립 양방향 t-test 검사로 비교했다. 모델의 각 구성요소들은 이원변량 계수(bivariate correlation coefficients)로써 비교했다. 모든 분석은 Version 9.1 SAS™ for Windows 를 이용해서 시행했다.

## 결과

### 인구학적 특징

두 개의 지역사회에 답한 흑인사회의 인구학적인 특징은 표 4.1에 정리되어 있다. 캠페인 전에는 287명이 응답했으나 캠페인 후에는 187명이 응답했다. 캠페인 후에 응답한 사람에 비해 홍보 전 응답자 군의 나이가 좀더 젊은 것을 알 수 있고(49.9 years of age versus 53.3 years of age; p = 0.017), Minneapolis Spokesman-Recorder 신문 구독자들의 응답자 중에는 탈락률이 낮았다

(56.1% versus 70.1%; p = 0.008). 이번 연구대상에는 몇몇 생체 기증자와 5개 장기동시이식을 받았던 사람이 포함되어 있다. 반면 두 샘플 군간에는 장기기증이나 이식에 관한 경험이 유사한 것으로 분석됐다.

## 미디어 캠페인 노출

캠페인 전 조사와 비교해 볼 때, 캠페인 후의 조사결과는 장기기증 정보와 Donate Life Campaign에 관한 소식을 훨씬 더 많이 보았거나 청취한 것으로 나타났다. 그리고 캠페인 후의 실험군에서는 캠페인이 여러 번 노출된 자들의 비율이 증가됐다(표 4.2). Donate Life Campaign에 대한 각 문항의 반응에 관한 해석은 애매하다. 왜냐하면 거의 반수(46.8%)에 해당하는 홍보 전 응답자가 이미 장기기증에 대한 메시지를 들었거나 본적이 있다고 답했기 때문이다. 캠페인이 진행될 수록 이 비율은 높아져서 82.3%가 됐다. 비록 홍보 노출에 대한 차이는 통계적으로 의미 있게 나왔으나(p < 0.001), 개인의 미디어 종류에 따른 노출 정도는 조심스럽게 해석해야 한다. 전반적으로 설문에 응답자들은 장기기증에 관한 미디어의 홍보 메시지에 노출이 많이 됐다(62.7% pre-campaign versus 75.4% postcampaign; p = 0.004).

캠페인 전 군과 후 군 사이에는 장기기증에 대한 미디어를 통한 홍보의 비율이 25.8%에서 35.3%로 증가됐다(p < 0.001). Donate Life Campaign에 노출됐던 영역에 따른 차이를 보면 빌보드, 포스터, 뉴스, 미네소타 교통안전과, 지역사회 활동 등의 영역에서 캠페인 전 후에 큰 차이를 보였다. 이들은 캠페인 전 군에 비해 통계적으로 의미있게 증가했거나 강력한 증가추세를 보였다.

## 장기기증에 대한 지식

앞에서 말했듯이 기증에 대한 지식 정도는 과거에 개발됐던 기증지식에 관한 문항과 이번 미디어 홍보와 흑인사회를 위해 특별히 만든 질문을 종합해서 측정했다. 표 4.3은 질문문항에 설명을 추가한 것으로 각 질문에 대해 캠페인 전과 후의 반응을 비교했다. 표를 보면 이식을 기다리고 있는 미국 내 거주 흑인 대기자 숫자나, 장기기증으로 생명을 살릴 수 있다는 내용, 살아있는 동안에도 기증할 수 있다는 사실에 대한 지식의 향상이 통계적으로 의미 있게 차이를 나타냈다(two-tailed t-test). 캠페인 후 군을 캠페인 전 군의 결과와 비교할 때

**표 4.1** 지역조사, 프리캠페인과 포스트캠페인에 응답한 아프리카계 미국인들의 특징

| Annotated Question | Precampaign (N = 278) | | Postcampaign (N = 187) | | P value |
|---|---|---|---|---|---|
| Age, mean ± standard error of mean | 49.9 ± 0.95 | | 53.3 ± 1.1 | | 0.017 |
| Gender | | | | | |
|   Male | 92 | 33.1% | 63 | 33.9% | 0.862 |
|   Female | 186 | 66.9% | 123 | 66.1% | |
| Marital status | | | | | |
|   Married | 111 | 39.9% | 74 | 40.2% | 0.809 |
|   Divorced | 59 | 21.2% | 38 | 20.7% | |
|   Never married | 65 | 23.4% | 37 | 20.1% | |
|   Other | 43 | 15.5% | 35 | 19.0% | |
| Education | | | | | |
|   Elementary—some high school | 8 | 2.9% | 9 | 4.9% | 0.118 |
|   High school graduate | 33 | 11.9% | 14 | 7.5% | |
|   Some college | 97 | 35.0% | 56 | 30.1% | |
|   College graduate | 139 | 50.2% | 107 | 57.5% | |
| Sample frame | | | | | |
|   Minneapolis Spokesman-Recorder | 150 | 56.1% | 131 | 70.1% | 0.008 |
|   Southside Community | 39 | 14.0% | 21 | 11.2% | |
| Health Services | | | | | |
|   Participating Churches | 83 | 29.9% | 35 | 18.7% | |
| Experience with organ donation and transplantation | | | | | |
|   Living donor | 2 | 4.4% | 4 | 2.2% | 0.213 |
|   Organ recipient | 2 | 0.7% | 3 | 3.6% | 0.359 |
|   Family member a deceased or living donor | 28 | 10.3% | 28 | 15.4% | 0.106 |
|   Discussed organ donation with family | 115 | 41.7% | 86 | 46.5% | 0.306 |
|   Family member received an organ | 33 | 12.1% | 25 | 13.7% | 0.621 |
|   Ever donated blood | 162 | 59.8% | 100 | 54.4% | 0.250 |
|   Family opposed to organ donation | 20 | 7.5% | 16 | 9.0% | 0.558 |

여러 가지 문항에 대한 올바른 반응을 보인 숫자가 뚜렷하게 증가했음을 알 수 있었다(t = 3.21; DF = 460; p = 0.001).

### 장기기증에 대한 가족과 교회의 지지

가족과 교회가 장기기증에 대해 상당히 긍정적인 그룹이 캠페인 이전 조사군에 있었다(표 4.4). 이렇게 이미 기증에 대해 호감을 가지고 있던 그룹은 캠페

표 4.2  장기기증, 프리캠페인과 포스트캠페인에 관해 미디어 메시지에 보고된 노출

| Annotated Question | Precampaign (N = 278) | | Postcampaign (N = 187) | | P value |
|---|---|---|---|---|---|
| Seen or heard information about donation | 168 | 62.7% | 141 | 75.4% | 0.004 |
| Message about Donate Life Campaign | | | | | |
|   Very often | 7 | 2.6% | 27 | 14.5% | < 0.001 |
|   Fairly often | 26 | 9.7% | 40 | 21.5% | |
|   A couple of times | 64 | 24.0% | 72 | 38.7% | |
|   Once | 28 | 10.5% | 14 | 7.5% | |
|   Never | 142 | 53.2% | 33 | 17.7% | |
| Source of information about donation | | | | | |
|   Family member | 82 | 32.4% | 56 | 30.6% | 0.688 |
|   Friend | 80 | 31.8% | 54 | 30.0% | 0.699 |
|   Medical professional | 49 | 19.8% | 36 | 20.0% | 0.967 |
|   Clergy or religious | 16 | 6.5% | 15 | 8.6% | 0.424 |
|   Personal experience | 47 | 19.0% | 31 | 17.5% | 0.692 |
|   Billboard or poster | 87 | 35.2% | 79 | 44.4% | 0.056 |
|   General news on TV | 140 | 55.1% | 123 | 68.0% | 0.007 |
|   Work or school | 44 | 17.9% | 31 | 17.9% | 0.993 |
|   Minnesota Department of Motor Vehicles | 74 | 29.7% | 78 | 43.1% | 0.004 |
|   Movie or TV show | 117 | 47.0% | 77 | 44.5% | 0.615 |
|   Community activity | 76 | 30.7% | 79 | 44.1% | 0.004 |
|   Internet or Web site | 31 | 12.6% | 23 | 13.0% | 0.893 |
|   LifeSource | 33 | 13.4% | 48 | 27.0% | < 0.001 |
|   Local news | 127 | 50.0% | 119 | 66.1% | < 0.001 |
| Media exposure | | 25.8% | | 32.5% | < 0.001 |

인에 별다른 영향을 받지 않았다. 이들 지역의 홍보 전 후의 결과 차이는 특이한 소견을 보이지 않았다.

## 장기기증에 대한 태도와 신앙

표 4.4를 보면 홍보 후 긍정적으로 반응한 사람들이 장기기증에 대해 더욱 호의적이었음을 알 수 있다(t = 2.57; DF = 458; p = 0.010). 가장 큰 변화를 보인 문항은 Donate Life Campaign에서 강조하고 있는 메시지인 '장기기증은 동정하는 마음이라고 생각하는가'에 대한 문항이었다. 이 문항에 대한 변화 정도는 캠페인 전(90.2)에서 후(96.3)로 증가됐다(p = 0.019).

**표 4.3** 장기기증과 이식에 관해 정확히 답변된 지식 항목 수치와 퍼센트, 그리고 프리캠페인과 포스트캠페인 후의 정확히 답변된 지식 항목의 총계

| Annotated Knowledge Questions | Precampaign (N = 278) | | Postcampaign (N = 187) | | P value |
|---|---|---|---|---|---|
| 35% of African American waiting for transplant | 211 | 75.9% | 161 | 86.1% | 0.007 |
| Most African Americans willing to donate | 240 | 86.3% | 167 | 89.3% | 0.341 |
| Many African Americans are awaiting organs | 236 | 84.9% | 175 | 93.6% | 0.004 |
| 10% of African Americans willing to donate | 195 | 70.1% | 143 | 76.5% | 0.133 |
| Being a donor saves lives | 258 | 92.8% | 185 | 98.9% | 0.002 |
| Being a donor costs money | 235 | 84.5% | 170 | 90.9% | 0.044 |
| Open casket not possible | 249 | 89.6% | 173 | 92.5% | 0.282 |
| Age, race, and medical conditions limit donation | 131 | 47.1% | 94 | 50.3% | 0.506 |
| Possible to be a living donor | 224 | 80.6% | 164 | 87.7% | 0.043 |
| Improve the lives of more than 50 people | 192 | 69.1% | 139 | 74.3% | 0.219 |
| Equal access for African Americans | 113 | 40.7% | 75 | 40.1% | 0.907 |
| Will receive best treatment if a donor | 120 | 43.2% | 88 | 47.1% | 0.408 |
| 87,000 awaiting transplants | 235 | 84.5% | 162 | 86.6% | 0.530 |
| Family can decide on recipient | 192 | 69.1% | 140 | 74.9% | 0.175 |
| LifeSource manages organ donation in Minnesota | 219 | 78.8% | 158 | 84.5% | 0.113 |
| Knowledge about Organ Donation Scale* | 10.9 ± 0.18 | | 11.7 ± 0.16 | | 0.001 |

**표 4.4** 캠페인 전과 후의 장기기증, 장기기증에 관한 태도에 대한 가족과 교회의 지지

| | Precampaign (N = 278) | | Postcampaign (N = 187) | | P value |
|---|---|---|---|---|---|
| Family and church support for organ donation | | | | | |
|   Family supports organ donation | 258 | 92.8% | 171 | 91.4% | 0.558 |
|   Church supports organ donation* | 80.1 ± 1.54 | | 81.4 ± 1.88 | | 0.605 |
| Attitudes and beliefs about organ donation | | | | | |
|   Strongly support the donation of organs* | 84.4 ± 1.30 | | 88.2 ± 1.55 | | 0.059 |
|   Organ donation is an act of compassion* | 90.2 ± 1.22 | | 96.3 ± 1.11 | | 0.019 |
|   Organ donors might receive inadequate care* | 77.7 ± 1.92 | | 83.9 ± 2.18 | | 0.055 |
|   Worried organs might be recovered before death* | 81.6 ± 1.77 | | 86.9 ± 2.11 | | 0.096 |
|   Attitude and beliefs about Organ Donation Scale* | 83.6 ± 0.99 | | 87.6 ± 1.17 | | 0.010 |

* Values are mean ± standard error of mean.

**표 4.5** 캠페인 전과 후의 기증과 운전면허증 지정 성향

|  | Precampaign (N = 278) | Postcampaign (N = 187) | P value |
|---|---|---|---|
| Propensity to donate |  |  |  |
|   Thought about donation | 31.9 ± 1.9 | 35.0 ± 2.3 | 0.291 |
|   Recommends donation to family and friends | 72.7 ± 1.5 | 70.9 ± 2.0 | 0.633 |
|   Likely to donate | 59.2 ± 2.0 | 59.9 ± 2.6 | 0.832 |
|   Propensity to Donate Scale | 53.9 ± 1.4 | 55.6 ± 1.8 | 0.446 |
| Donor designation on driver's license | 91 33.0% | 73 40.1% | 0.119 |

### 기증성향과 운전면허증에 기증자로 등록하는 일

전체적으로 기증 성향은 캠페인 전이나 후, 두 군에서 큰 차이를 보이지 않았다(표 4.5). 스스로 운전면허증에 기증희망 등록을 한 사람의 수는 홍보 전에 비해 홍보 후에 약간의 증가를 보였다. 7%의 차이는 통계적으로 의미가 없었다(p = 0.119).

### 미디어 캠페인 노출 정도와 결과 사이의 관계

표 4.6에서는 홍보를 시행한 군의 결과만 요약되어 있다. 왜냐하면 이 군만 전체 캠페인과 홍보내용 전달에 완전히 노출되었기 때문이다. Donate Life Campaign에 대한 노출 강도는 장기기증에 대한 지식(r = 0.099, p = 0.179), 그리고 가족의 지지(r = 0.129, p = 0.090) 또 장기기증에 대한 교회의 지지(r = 0.122; p = 0.101)에 대해 직접적이지만 미약한 관계를 보였다. 반면 캠페인은 장기기증에 대한 자세나 신념과는 의미 있는 관계를 보였다(r = 0.176; p = 0.017). 미디어 메시지의 노출 정도는 장기기증에 대한 지식과는 약한 관계(r = 0.124; p = 0.092)를 보였으나 가족의 지지 항목에는 의미 있는 관계를 보였다(r = 0.187; p = 0.013). 장기기증에 대한 성향은 우리 모델의 어느 항목과도 관계가 없었다. 그러나 운전면허증에 기증희망 등록하는 것과는 강한 관계가 있었다.

### 기증률

2003년부터 2007년 사이에 Lifesource donation service area의 흑인들의 장기기증률은 증가했다. 그림 4.2에서는 백인, 미국 내 흑인, 원주민, 기타 다른 종

**표 4.6** Donate Life-아프리카계 미국인 캠페인 개념 모형 요소들에 대한 이변수의 상관계수 (포스트캠페인 조사 단독에서 respondents [N = 187])

| Exposure to Donate Life Campaign | Exposure to Media Messages | Knowledge about Organ Donation | Family Supports Organ Donation | Church Supports Organ Donation | Attitudes and Beliefs Toward Organ Donation | Propensity to Donate | Donor Designation on Drivers' License |
|---|---|---|---|---|---|---|---|
| 1.000 | | | | | | | |
| 0.505<br><0.001 | 1.000 | | | | | | |
| 0.099<br>0.179 | 0.124<br>0.092 | 1.000 | | | | | |
| 0.129<br>0.090 | 0.187<br>0.013 | −0.029<br>0.705 | 1.000 | | | | |
| 0.122<br>0.101 | 0.074<br>0.320 | 0.096<br>0.194 | 0.209<br>0.005 | 1.000 | | | |
| 0.176<br>0.017 | 0.008<br>0.913 | 0.256<br><0.001 | 0.211<br>0.005 | 0.338<br><0.001 | 1.000 | | |
| 0.074<br>0.317 | 0.044<br>0.550 | 0.059<br>0.424 | 0.120<br>0.110 | −0.010<br>0.888 | 0.036<br>0.642 | 1.000 | |
| −0.006<br>0.940 | 0.001<br>0.993 | 0.137<br>0.065 | 0.020<br>0.794 | 0.038<br>0.611 | 0.285<br><0.001 | 0.205<br>0.006 | 1.000 |

Note: Values are correlation coefficients and p values.

족 등 4개 인종집단의 연간 장기기증률을 보여주고 있다. 이 기간 동안에 DSA에 보고된 미국 내 흑인들의 장기기증률은 증가한 반면, 백인들의 기증률은 기간 동안 비교적 정체된 양상을 보였다. 다른 종족들의 기증률 역시 증가했지만 미국 내 흑인들의 기증률의 증가가 1년 먼저 시작되었다.

이 그림에서 미디어 캠페인을 시행한 기간을 통해 기증률의 증가가 있었음을 알 수 있다.

## 고찰

이번 설문평가는 미디어 캠페인(Donate Life-African American Campaign)의 영향력을 확인하는데 있었다. 평가는 캠페인의 몇 가지 관점에서 진행되었다.

# 4장 _ Donate Life 캠페인 효과

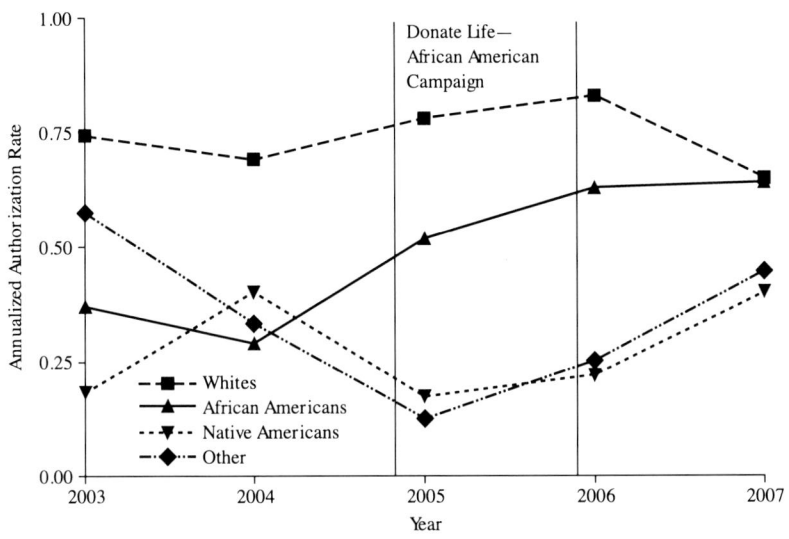

**그림 4.2** 다음의 인종 범주에 대한 연간 허가율: 백인, 아프리카계 미국인, 북미원주민과 기타, 2003~2007.

특히 이론적 배경과 기증률, 캠페인 적정성 자료를 포함한 측정된 결과의 수 등을 평가하는데 강점이 있다.

평가는 먼저 캠페인에 대한 관심을 확인했다. 캠페인 전, 후에 실시한 조사를 비교함으로써 미디어 캠페인 내용에 노출된 횟수가 증가함을 알 수 있었다. 이와 같은 노력들이 미디어 홍보내용을 전했다는 확증을 주기는 하지만, 대상 지역사회에 효과적으로 노출되었는지에 대한 것은 확증할 수 없다. 이번 연구의 결과는 미디어 홍보결과를 평가하는데 있어서는 캠페인이 시작되기 전에 인지된 미디어 홍보내용을 평가하는 것이 중요함을 말해주고 있다. 이번 시행된 연구에서 캠페인 전의 결과는 캠페인 없이도 장기기증에 대한 정보가 퍼져나가고 있음을 말해준다. 감별하기 곤란한 부분은 장기기증 메시지 노출에 대한 오해이다(see Alvaro & Siegel, this volume). 미디어 홍보내용이 수동적이고 분명하지 못할 경우 중재 전 검사내용을 평가에 포함하는 것이 좋다. 이와 같은 중재 전 검사는 측정이나 지역적 역사로 인해 발생하는 편견을 감안하는데 필수적이다.

그 다음 확인해야 할 평가내용은 미디어 캠페인이 장기기증이나 이식에 대한 지식의 향상과 관계가 있느냐는 것이다. 캠페인 전 후의 변화는 미국 내 흑인들 사이에 기증의 필요성을 알게 된 사람들이 의미 있게 증가했다는 것을 말한다. 또 이 변화는 장기기증이 기증자에게 돈을 주는 것이라고 생각하는 사람들이 감소함을 말하고, 장기기증이 생명을 구할 수 있는 재산이라는 자각을 하게 된 사람수를 증가시켰음을 의미한다. 그러나 이번 캠페인이 흑인들에게 기증된 장기가 동등하게 배분될 것이라는 사실과 기증결정시 기증자에 대한 치료의 질이 떨어질 것이라는 생각을 바꾸는 데는 성공적이지 못했다.

기증에 대한 자세의 변화는 다음 평가에 대한 관심을 나타낸다. TRA 관점에서 보면 지식에 대한 긍정적 변화는 긍정적 자세와 연관이 있다. TRA framework에서 제시되었듯이 기증 선호지식의 증가는 기증에 대한 우호적인 자세와 실제로 연관이 있다. 이번 연구 디자인으로는 causal directionality는 불가능하다. 그러나 기증에 대한 자세는 캠페인 이후 군이 이전 군보다 훨씬 우호적이다. 더더욱 태도와 지식은 통계적으로 의미 있게 관련이 있다.

장기기증자 모델에 관한 연구에 의하면 기증에 대한 긍정적 자세변화는 기증의지에 긍정적 변화를 일으킨다. 그러나 이번 연구에서 이런 변화는 일어나지 않았다. 자세가 변했는데도 기증의지에는 변화가 없었다. 또한 기증에 대한 성향과 태도나 여러 가지 삶의 방식을 포함한 여러 가지 측정 값 사이에도 관계가 없다는 사실이 놀랍다. 만일 평가가 행동측정(behavioral measure)들을 포함하지 않으면 기증의도에 변화가 없다는 사실은 캠페인이 기증에 관한 행동의 변화를 일으키지 못할 것이라고 결론지어질 수 있다. 이 연구에서 행동에 대한 캠페인 전 후의 차이가 실제로 관찰되지 않았다면 불행이 되었을 것이다.

마지막 평가 항목은 캠페인이 장기기증 행동에 대해 변화를 가져왔는가에 대한 것이다. 장기기증에 관한 연구의 최종 결과물은 기증률이다. 앞에서 언급한 바와 같이 TRA framework내에서 해석된 기증의지는 낙관적이지 않다. 왜냐하면 행동은 의지와 관계가 있는데, 의지는 실제로 변하지 않았다. 놀랍게도 2004년과 2006년 사이의 흑인들의 장기기증률은 많이 증가했다. 이 기간은 12개월동안 시행했던 Donate Life campaign 기간과 대략 일치한다. 대조군으로 이용할 적절한 지역사회가 없었음을 감안하면, 이 결과는 Organ Donation Breakthrough Collaborative 의 효과나 각 지역 병원에서 실시한 다른 홍보의 효과를 완전히 배제할 수는 없다. 그러나 이런 또 다른 홍보 노력들이 모든 인구들에게 균등하게 영향을 주었음을 감안하면 이번 결과는 다른 인종그룹에서는 일어나지 않았던 흑인사회의 기증증가를 의미한다.

장기기증률의 증가에 대해 생각해보면 이와 같은 증가가 전적으로 캠페인에 의한 것이 아니라는 사실은 불행이다. 이번 평가는 미디어 캠페인 효과에 대한 최종 결론의 타당성을 위협하는 몇 가지 문제점에 봉착했다. 향후 연구자들은 우리들이 이번 연구에 이용한 방법, 계획, 그리고 연구를 통해 얻은 교훈을 그들의 연구에 참고할 수 있을 것이다. 우리가 얻은 교훈은 (a) 설문조사 연구를 지역사회에 적용하는 어려움, (b) 캠페인의 효과라는 질문에 답을 줄 수 있는 결과들, 이 두 가지로 생각할 수 있다.

### 지역사회를 대상으로 하는 연구의 어려움

자연적인 조건들, 특히 지리적, 인종적 사회집단에 대한 연구를 진행할 때는 독특한 문제들에 부딪칠 수 있다(Alvaro, Jones, Robles, & Siegel, 2006). 앞에서 지적한 바와 같이 이와 같은 자연적인 사회집단에서는 홍보방법을 완벽하게 조절해서 균등하게 노출하는 것이 불가능하다. 이와 같은 실제 삶의 현장을 대상으로 연구하는 연구자들은 특별히 연구계획의 전달이나 공동 연구 참여자들과의 의사소통과 협력에 주의를 기울여야 한다. 이번 Donate Life campaign에서는 지역사회 자문위원회(Community Advisory Council, CAC)와의 정례적인 회합을 통해 수정 보충할 자료들을 제공받고, 주요 주민들과의 대화를 시도했다. CAC 위원들은 쌍둥이 시의 흑인사회에 기증 메시지를 전달하는데 미디어와 밀접한 작업을 했다.

Controlled study에서 지역적인 효과는 대상자의 무작위 추출을 통해 설명되고 이것이 대조군이 된다. 그러나 이 연구는 대상자원의 제약 때문에 대조군을 만들 수가 없었다. 이런 상황에서 추출된 결과는 지역적인 역사(local history)의 효과를 배제하기 어려웠다. 즉 이 연구의 마지막 과제 중 하나인 기증률은 여러 가지 지역사회의 사건들에 의해 편향 될 수 있었다. 쌍둥이 시의 일부 병원은 Organ Donation Breakthrough Collaborative 활동에 적극 참여하여 장기기증률과 기증자 당 구득장기 수(number of organs per donor)를 증가시켰다. 신앙적인 결단과 장기기증에 대한 지역사회의 봉사활동 등과 연결시켜 생각하면 이와 같은 미디어 이외의 인자들이 가장 강렬한 선행조건일 수도 있다. 그러나 모든 조건이 같다면 이런 활동들이 연구대상그룹에 다른 영향을 주지는 않는다.

자료수집 면에서도 타당성을 우려할 수 있는 문제에 봉착했다. 이 문제는 연구결과를 디자인하는데 고려되어야 한다. Don Dillman(2006)이 언급한 오류들은 sampling, coverage, measurement, and nonresponse errors 등이었다. Coverage error는 건강상 차이를 조사하는 연구에서 가장 심각한 제한점이다. 대상집단을 찾기가 어렵기 때문이다. 쌍둥이 시에서 실시한 과거의 조사를 보면 이 도시의 흑인사회는 지역적으로 밀집되어 있고, 다른 인종들 그룹보다 거주하는 집이나 이름으로 찾아내기 어렵다는 특징이 있다. 이 문제를 해결하기 위해 우리는 흑인주택소지자 명단을 작성했다. 이렇게 했는데도 완성된 설문지와 회수된 설문지의 거의 반이 흑인 이외의 집단이었다. 쌍둥이 시에서는 최근 몇 년간 동부 흑인들의 이주 때문에 결과가 더욱 혼돈스러웠다. 이 때문에 쌍둥이 도시에서 거주한 경력이 있는 최근 흑인이주자들을 제외시키는 일이 필요했다. 이를 위해 최근 이주의 여부와 처음 살던 지역의 이름에 관한 질문을 설문지에 보충했다.

또 다른 오류 중 중요한 것은 무응답자에 대한 것이었다. 우리들의 이번 평가는 일회 우편발송 방법이었기에 우리가 기대했던 것보다 훨씬 낮은 응답률을 보여 힘들었다. Dillman(2006)이나 다른 연구 방법론자들 Tailored Design Method를 사용하고 있었다. 간단히 설명하면 이 방법들은 반복적인 접촉과 인센티브제도의 사용을 포함하고 있다. 전화 인터뷰는 설문회수율을 높일 수 있다. 그러나 이 방법은 설문대상자들에게 물을 수 있는 질문의 형태와 수에 제한이 있다. Tailored Design Method를 우편조사에 적용했더니 높은 응답률을 보였고, 그 결과는 좀 더 대상인구의 대표값에 가까웠다. 이 접근방법은 이용 가능한 자료와 연구목적 사이에서 균형이 이루어져야 한다. 이번 연구에서는 작업의 신빙성과 중요성을 강조하기 위해 지역사회 후원을 이용했다.

### 마지막 제안

노출에 대한 캠페인 전에 대한 측정이 없다면 캠페인 후 결과가 70%의 노출률을 나타내는 것으로 잘못 생각할 수 있다. 기증률의 측정이 없이는 캠페인이 기증의지와 관련된 결과로 나타나는 기증행동의 변화를 일으킬 수 없다고 평가할 것이다. 미래의 평가 노력은 이론적으로 그리고 평가 가능한 중요한 변수들을 확인하기 위한 핵심질문을 적용함으로써 도움을 받을 수 있다.

각 변수들간의 관계는 TRA를 통해 예상했던 것들과 달랐다. 불행하게도 이 연구분야에서는 결과측정이 표준화 되어 있지 않았다. 따라서 기증 자세와 의지 사이의 관계에 대한 불충분한 결과는 이론을 장기기증에 적용, 측정도구와 방법의 어려움과 같은 문제점들 때문일 수 있다. 이 이론은 이번 평가에 이용된 항목들보다 오랜 역사를 가지고 있다. 따라서 후자, 즉, 측정도구와 방법의 어려움이 문제의 핵심일 가능성이 있다. 결과 측정 요소들에 대한 향후 조사가 필수적이고, 이 조사는 이 분야의 다음 연구를 시작하기 전에 시행되어야 한다. 증명된 측정방법들은 미디어 영향력과 장기기증희망 등록 분야를 발전시키는데 긍정적으로 작용할 것이다.

# 주(註)

이 연구는 grant number 1 D71SP04139-01-00 from the Health Resources and Services Administration's Division of Transplantation(HRSA / DoT), U.S. Department of Health and Human Services 의 일부 연구비로 이루어졌다. 이 연구결과의 내용은 순수하게 연구자들의 평가이고, HRSA / DoT의 견해가 아님을 밝힌다.

# 참고 문헌

1. Alvaro, E. M., Jones, S. P., Robles, A. S., & Siegel, J. T. (2006). Hispanic organ donation: Impact of a Spanish-language organ donation campaign. Journal of the National Medical Association, 98, 28~35.
2. Davidson, M. N. (1991). Attitudinal barriers to organ donation among Black Americans. Transplantation Proceedings, 23, 2531~2532.
3. Dillman, D. A. (2006). Mail and Internet surveys: The Tailored Design Method, 2007 update with new internet, visual, and mixed-mode guide (2nd ed.). New York: John Wiley.
4. Fishbein, M., & Ajzen, I. (1975). Belief, attitude, intention and behavior: An introduction to theory and research. Reading, MA: Addison-Wesley.
5. Gallup Organization. (1993). The U.S. public's attitudes toward organ transplants/donation:1996s. Princeton, NJ: Author.
6. Horton, R. L., & Horton, P. J. (1990a). Knowledge regarding organ donation: Identifying and

overcoming barriers to organ donation. Social Science and Medicine, 31, 791~800.
7. Horton, R. L., & Horton, P. J. (1990b). A model of willingness to become a potential organ donor. Social Science and Medicine, 33, 1037~1051.
8. Montano, D. E., Kasprzyk, D., & Taplin, S. H. (1997). The theory of reasoned action and the theory of planned behavior. In K. Glanz, F. M. Lewis, & B. K. Rimer (Eds.), Health behavior and health education: Theory, research, and practice (pp. 85~112). San Francisco: Jossey-Bass.
9. Morgan, S. E. (2006). Many facets of reluctance: African Americans and the decision (not)to donate organs. Journal of the National Medical Association, 98, 695~703.
10. Morgan, S. E., & Miller, J. K. (2002). Communicating about gifts of life: The effect of knowledge, attitudes, and altruism on behavior and behavioral intentions regarding organ donation. Journal of Applied Communication Research, 30, 163~176.
11. Morgan, S. E., Miller, J. K., & Arasaratnam, L. A. (2003). Similarities and differences between African Americans' and European Americans' attitudes, knowledge, and willingness to communicate about organ donation. Journal of Applied Social Psychology, 33, 693~692.
12. Plawecki, H. M., Freiberg, G., & Plawecki, J. A. (1989). Increasing organ donation in the Black community. ANNA Journal, 16, 321~324.
13. Rubens, A. J. (1996). Racial and ethnic differences in students' attitudes and behavior toward organ donation. Journal of the National Medical Association, 88, 417~422.
14. Sheehy, E., Conrad, S. L., Bringham, L. E., Luskin, R., Weber, P., Eaken, M., et al. (2003). Estimating the number of potential organ donors in the United States. New England Journal of Medicine, 349, 667~674.
15. Siminoff, L. A., & Arnold, R. (1999). Increasing organ donation in the African American community: Altruism in the face of an untrustworthy system. Annals of Internal Medicine, 130, 607~609.
16. Spigner, C., Weaver, M., Cardenas, V., & Allen, M. D. (2002). Organ donation and transplantation: Ethnic differences in knowledge and opinions among urban high school students. Ethnicity and Health, 7, 87~101.
17. Streiner, D. L., & Norman, G. R. (2003). Health measurement scales: A practical guide to their development and use (3rd ed.). Oxford: Oxford University Press.
18. Yuen, C. C., Burton, W., Chiraseveenuprapund, P., Elmore, E., Wong, S., Ozuah, P., et al.(1998). Attitudes and beliefs about organ donation among different racial groups. Journal of the National Medical Association, 90, 13~18.

# 5장

# 장기 기증과 이식

## 알래스카 원주민을 위한 공유의 새로운 전통

*Margaret D. Allen and Barbara Stillwater*

이 장에서는 알래스카 원주민들간의 장기 기증과 이식에 대한 경각심을 증가시키기 위해 작지만 열정적으로 활동한 한 단체의 3년간(2000~2003)의 노력에 대해 설명하고자 한다. 이 단체는 주로 개인적, 공급자적, 그리고 제도적인 측면들에서의 교육에 집중하여 접근하려 했고, 때문에 교육방법들이 알래스카 원주민들의 가치와 관련되어 문화적으로 공감될 수 있게 만들어졌다.

알래스카는 미국 영토의 17%를 차지하지만, 인구는 고작 전체의 0.2%밖에 되지 않는다. 비록 인구수에 있어서는 다른 46개의 주가 더 많겠지만, 알래스카는 18%에 이르는 가장 높은 알래스카 원주민/아메리칸 인디언 비율을 갖고 있는데, 이는 대략 125,000명에 달한다.

알래스카 원주민들 사이에서의 장기 기증은 장기 이식의 수요와 기증 장기들의 가용성에 있어서 몇 가지 문제들이 있다. 알래스카 원주민들과 아메리카 인디언들 사이에선 간질환과 당뇨가 불균형한 분포로 발생한다. 2002년에 발생한 알래스카 원주민과 아메리카 인디언의 사망 중 4.4%가 만성간질환(CLD)으로 인한 것이었으며, 이것은 히스패닉계가 아닌 백인과 아프리카계 미국인들이 CLD로 사망하는 비율보다 네 배 높은 값이었다. 비 히스패닉 백인들 사이에서 표준화된(나이에 맞춰 조정된) CLD의 비율은 1990년부터 1998년까지 꾸준했고, 아프리카계 미국인들 사이에서는 감소하는 모습까지 보였지만 알래스카 원주민들과 아메리카 인디언들 사이에서는 계속 증가해왔다. 또한, 알래스카 원주민들 사이에 자가면역성 간염(autoimmune hepatitis)과 원발성 담즙성 간경변(primary biliary cirrhosis)의 출현율은 세계적으로 보고된 바에서도 가장 높았다. 알래스카 원주민들도 전에는 상대적으로 낮은 비율로 당뇨에 걸렸는데, 현재는 매우 중요한 문제로 떠오르고 있다. 여기서 주목할만한 점은, 1995년부터 2000년까지 알래스카 원주민들의 표준화된 당뇨 출현율 증가는 33.5%였는데, 그에 반해 일반 알래스카 인구에서의 증가는 6.8%밖에 되지 않았다. 그러므로 알래스카 원주민들의 간질환과 당뇨에 대한 질병적 부담은 말기장기부전의 발생 정도 증가와 그 결과로 일어나는 장기 이식에 대한 필요성 증가로 이어진다. 현재 전국적으로 800명 이상의 원주민들이 신장이식 대기자 명단에 올라있는데, 불과 10년도 되지 않아 그 수가 두 배로 증가한 것이다(U.S. Renal Data System, 2008).

알래스카 원주민들도 장기 기증에 참여할 수 있는 가능성은 있다. 외상은 알래스카 원주민들의 사망에 가장 선두적인 요인인데, 1999년에서 2004년 사이에 일어난 죽음의 32%가 이로 인한 것이었다. 의도치 않은 상해들은 알래스카에서 원주민의 사망 요인 중 세 번째로 큰데, 그 위론 암과 심장질환뿐이다. 이렇게 상해로 인한 사망률이 크다 보니 기증될 수 있는 장기의 잠재적인 가용성 또한 두드러진다.

이 프로그램은 알래스카 주 전역에, 문화적으로 적합한 교육적 자료들을 만들고, 배포하여 알래스카 원주민 사회에서 장기 이식과 장기 기증, 둘 모두에 관한 경각심을 일깨우기 위해 개발되었다.

## 장애물들과 어려움들

알래스카에서 장기 기증과 이식을 위한 의료서비스를 제공하는 데에는 중대한 어려움들이 있다. 알래스카에는 장기이식 프로그램이 전무하고, 그래서 환자들은 다른 주에서 제공하는 프로그램의 대기자 명단에 이름을 올려야 한다. 게다가 혈액형과 조직 항원의 다른 빈도 때문에 알래스카 원주민들은 보통 일치하는 적합한 장기들, 특히 신장을 이식받기 위해서는 더 오래 기다려야 한다(U.S. Renal Data System, 2008). 전국적으로, 알래스카 원주민들과 아메리카 인디언들은 신장 이식을 위한 대기 시간의 중간값이 긴 것으로 나타났고, 백인들보다 이식될 가능성이 더 적었다(Narva, 2003; Organ Procurement and Transplantation Network, 2008a, 2008b; U.S. Renal Data System).

알래스카 원주민 사회의 지리 또한 다른 문제를 야기한다. 알래스카 원주민들의 절반과 모든 알래스카 인들의 25%는 1,000명 미만의 사람들로 구성되어 있는 사회에 속해 있으며, 넓은 시골 지역에 흩어져 있다. 75퍼센트의 알래스카 마을들은 병원이 있는 다른 마을과 도로로 연결되어있지 않으며, 대부분의 마을들은 알래스카 원주민들을 위한 유일한 3차 의료기관인 Alaska Native Medical Center(ANMC)가 있는 앵커리지에서 상당히 먼 거리에 위치해 있다. 험악한 날씨로 항공 또는 해양 교통에 종종 제한을 주기 때문에, 연안 경비대의 접근이 차단되고 또 의료 서비스의 지연이 생긴다. 계속 진행중인 건강교육 또한 제한적이다. 시골 마을들의 건강교육은 대체적으로 그 지역의 보건시설들에 의존한다. 총체적으로 이러한 문제들은 알래스카 원주민들을 위한 장기이식과 기증에 대한 최선의 정보를 얻는 데에 있어서 만만치 않은 물류적 어려움을 나타낸다.

원주민들을 위한 알래스카의 의료서비스는 몇 가지 방면에서 특이점을 가진다. 원주민들을 위한 주요한 의학병원들과 의료원들은 지역화 되어있는데, 12개의 Alaska Native Corporations 하에 감독된다. 각 지역의 원주민 병원은 주로 알래스카 원주민으로 이루어진 건강보조원 및 치료사(CHA/Ps)들의 네트워크를 작은 비행기로만 갈 수 있는 지역에 지원한다. 비록 정식 의사는 아니지만, CHA/P들은 먼 지역의 의료센터 의사와의 원격 의료 연락책과 무전을 이용하여 알래스카 시골지역에 주요한 의료 서비스를 제공한다. 3차 의료는 앵커리지에 있는 ANMC에 집중되어 있는데, 이 곳은 2등급 외상 전문 센터로 지정되어있으며 모든 지역병원들을 돕는다. 잠재적인 장기 기증자들의 대부분을 구성하는 모든 중증 외상 환자들은 Anchorage로 이송된다. 장기 이식 수혜자로서 검사가 필요한 환자들도 비슷하게 제3차 진료 센터로서의 앵커리지에 있는 전문가들에게 회부되고, 간헐적으로 페어뱅크스나 주노로 이송되기도 한다.

이러한 비교적 최신의 서양의학체계와는 별개로, 알래스카 내 다수의 토속문화에 깊이 베어있는 전통방식의 치료행위 또한 긴 역사를 가지고 있다. 전통 의학은 아직도 꽤 건재해서, 대부분의 알래스카 원주민 병원에서는 전통치료사에게 진찰과 치료를 받을 수 있다. 이러한 문화 행위들은 서양사회의 시각과는 조금 다른 세계관을 반영한다. 각기 다른 16개의 알래스카 원주민 문화와 언어체계에 따라서 다양한 가치관들이 있지만, 공통점 또한 존재한다. 공통점에는 전통과 승계된 지혜의 믿음, 윗사람과 선생님들에 대한 공경, 가족에 대한 존중, 나눔과 협조, 남의 말을 공손하게 듣기, 자연을 섬기고, 이야기를 통해 구전 역사를 전수하는 것이 있다(Alaska Initiative for Community Engagement, 2005; Barnhardt & Kawagley, 2005; Stephens, 2000). 장기 이식이라는 새로운 의학 기술이 알래스카 원주민들의 전통의 맥락을 통해 간주되고 가치평가 될 수 있는 틀을 제공하는 것이 이 프로젝트만의 독특한 어려운 점이었다.

마지막으로 어려웠던 점은 개인과 가족들이 의사 결정을 하는데 있어서 생기는 스트레스를 낮추는 것이었다. 중앙집권화 된 의료서비스는 효율적이긴 하지만 환자나 동반된 가족들이 장기 기증이나 이식에 의사결정을 할 때 대가족 식구들이나 친구들과의 상의가 불가능한데, 이는 지역사회 지원 네트워크의 부재를 뜻한다. 게다가 장기 기증 혹은 이식에 대한 동의는 비 원주민 의료인에 의해 이루어 진다. 이 프로젝트 이전에는, 지역병원과 3차 의료기관에서 환자에 대해 연구할 수 있는 교육자료가 전무했다. 치료가 집중되어있는 곳에 필요한 교육자료들을 제공하는 것뿐 아니라 알래스카 원주민들이 이 주제에 관하여 친숙해질 수 있고 또 비 위험상황에서도 가족적인 토론을 할 수 있도록 공공교육을 제공하는 등 교육적인 노력을 해야 한다.

## 프로젝트 목표와 전략

이러한 어려움들이 있기에 우리는 두 가지 목표를 정했다.

1. 현존하는 CHA/P 네트워크를 통해 알래스카 원주민 사회에 정보를 나눠주는 동시에 운전면허관리부서를 통해 모든 알래스카 주민들을 대상으로 일반적인 공공의식을 일깨우기
2. 개인과 가족들이 장기 기증과 이식에 대해 결정을 내리는 장소인 지역병원과 3차 의료기관에서 구체적인 정보를 제공하기

이 프로젝트 팀은 알래스카 주 전체를 포괄하기 위해 앵커리지의 프로젝트 관리자와 시애틀의 이식전문 의사로 구성했다. 운영계획은 (a) 장기 기증과 이식에 관한 영상물 제작, (b) 주 전체에 영향을 미칠 수 있는 중앙의 장소 선

택, (c) 마을과 지역적인 수준에서 '선생님들 가르치기' 모델을 실행하기 등을 통해 그들의 노력을 강화시키는 것이었다.

자료의 한계로 인해 프로그램의 모든 양상들이 평가되지는 못했다. 각각의 개입방식 안에서 평가되지 못한 부분들이 먼저 보여주고, 그 후에 평가된 부분들을 보여줄 것이다.

## 지역사회 교육

프로그램의 일부는 대중들에게 직접적으로 다가가는 다양한 방법들을 사용하게 되는데, 건강박람회의 게시판, 포스터들, 유인물들과 자료표들, 그리고 차량국(DMV)에 배치할 정보책자들 뿐만 아니라 장기 기증에 대한 영상과 그에 맞는 책들을 포함한다. 위의 것들이 평가되었고, 결과는 다음과 같다.

### 건강 박람회의 게시판

'주어야 할 우리의 것' 이라는 이름의 상호 소통 게시판이 알래스카 시골지역들의 알래스카 원주민들에게 장기와 조직 기증에 대한 일반적인 정보를 알려주기 위한 수단으로써 알래스카 건강박람회에 설치되었다. 건강박람회는 알래스카 시골지역에 건강검진과 건강 교육을 제공하는 일반적인 방법이다. 통상적으로 CHA/P나 지역사회 복지 변호사(community wellness advocate, CWA)가 알래스카 건강 박람회 측에 연락해서 그들이 사는 마을에 건강박람회를 개최하는데 도움을 요청했다. 주식회사 알래스카 건강 박람회는 20년이 넘도록 알래스카 시골지역에 건강박람회를 개최해왔다. 작은 마을들에서 열리는 큰 행사이기 때문에 모든 사람들은 아니더라도 대부분의 마을 거주민들이 참여한다. 미국 심장 협회나 미국 당뇨 협회 같은 협회에서 온 사람들이 주로 부스를 후원하는데 모든 지방 박람회마다 참여하고 일할 수 없으므로, 질문에 답할 수 있고 또 전시품들을 설치할 수 있는 훈련된 보조원들을 이용하여 주식회사 알래스카 건강 박람회가 주 전역에 걸쳐서 부스들을 모은다. 준비된 부스와 전시는 10년간 사용되며, 그 동안 알래스카의 거의 모든 시골마을들에 닿을 수 있다. 장기와 조직 기증 게시판은 2004년 봄에 처음 선보였고 3분짜리 영상과 함께 전시 되었다. 2008년 10월부로, 이 게시판은 알래스카 전역에 걸처 270여 개의 지방 건강 박람회에 쓰여졌다.

## 포스터
알래스카 장기 조달 기구(OPO)/조직 은행 그리고 알래스카 원주민 부족 건강 협력단의 협조를 받아 이 프로젝트는 특별히 알래스카 원주민들을 위한 포스터를 개발하고 또 분배했다. "나눔—그것은 새로운 삶의 방식입니다"는 여섯 명의 알래스카 원주민 장기수혜자와 기증자들의 얼굴을 보여준다. 지금까지 5,000장 이상의 포스터가 알래스카 원주민 병원과 의료원 그리고 DMV 사무소로 분배되었다.

## 유인물과 자료 표
알래스카 원주민 지역 병원들뿐 아니라 알래스카 시골지역의 178개 의료원 각각에게 알래스카 원주민 가족들을 위해 만들어진 종이와 CD로 된 장기기증 관련 유인물들과 자료 표들을 나눠 주었다.

## *DMV 면허사무소와 DMV 면허 갱신 우편 위한 정보 책자들*
알래스카에는 장기이식 프로그램이 없기 때문에 알래스카 환자들과 장기 기증과의 관련성은 종종 인식되지 못한다. 우리는 알래스카의 장기 기증자들과 수혜자들(알래스카 원주민 그리고 비 원주민 모두 포함)의 사진을 특별히 실은 책자를 발행하여 DMV사무소에 배치했다. 또한, 시골지역에서는 대부분의 운전 면허가 우편으로 갱신되기 때문에, 우리 프로젝트는 DMV와 OPO의 협조를 받아 우편에 책자가 들어갈 수 있도록 했다. 첫 해에 알래스카 OPO(Life Alaska는 시애틀에 본사가 있는 LifeCenter Northwest와 연계되어 있다)는 DMV사무소를 통해 10,000부의 책자를 주 전역에 분배했다.

## *알래스카 원주민들을 위한 장기 기증과 이식에 관한 영상*
가장 먼저 한 일은 알래스카 원주민 부족들의 건강교육가들을 만나서, 이 주제에 관한 공공 교육의 필요성을 알려주고, 그것을 성취하기 위한 최선의 방법을 위해 노력할 것을 요청했다. 합치된 의견은 비디오를 만들자는 것이었다. 장기이식 전문가가 알래스카에는 부족했기 때문에, 마을 학교들과 의료원들의

## 5장 _ 장기 기증과 이식

발표자와 토론자들은 의료인이 아닌 학교 선생님들이나 지역사회 건강 보조원일 수밖에 없었다. 이처럼 비교적 친숙하지 못한 건강 주제에 대해 이야기를 하는 것보다 영상을 보여주는 것이 그들에게 더 편할 것 같았다. 건강교육가들은 의료적 사실들을 프레젠테이션 하는 것보다 실제 환자들의 이야기들이 청중들에게서 토론을 쉽게 이끌어 낼 것 같다고 생각했다. 원주민 사회에서 이야기는 정보 의사소통의 전통적인 수단이기 때문에, 개인의 이야기들을 들려주는 사람들이 영상에 나오면, 친숙하지 않은 이식 기술들을 편한 방식으로 풀어갈 수 있다.

한 알래스카 원주민 공공 건강 교육가가 영상의 공동제작자로 선택되었다. 알래스카 원주민들의 다양한 문화 그룹들 전체를 감동시키고 또 그들의 삶과 연관되어 있다는 생각이 들 수 있도록 주제가 정해졌다. "나눔"이 주제로 정해졌는데, 이 이식이라는 새롭고 다소 낯선 의학 기술을 모든 부족들이 공통적으로 가지고 있는 나눔이라는 강한 알래스카 원주민들의 전통의 문맥 속에 맞췄다. 사실들 그리고 오해들이 개인적인 이야기들을 통해 영상에서 다루어 졌기 때문에 모든 필요한 정보들이 전달 되었다. 집에서 가족들끼리 보거나 혹은 의료원이나 학교에서 지식이 있는 해설자의 부재 속에서 보여질 경우도 계산되었다. 새로운 나눔의 전통이라 명명된 이 영상의 목적은 영상을 보는 사람이 장기 기증자 그리고 수혜자 가족들 둘 다의 편에 서서 어떻게 이 가족들이 기증과 이식을 결정했는지를 느낄 수 있게 하는 것이다—대신 장기 기증에 동의하라고 직접 홍보하지는 않았다. 이 방법은 더 공손할 뿐 아니라, 특정 행동을 취하라고 한 사람을 직접 설득하는 방법보다 정보를 전달하기에 문화적으로 더 적합하다.

문화적으로 연관된 교육의 동등모델(Barnhardt & Kawagley, 2005; Stephens, 2000)을 뒷받침 하기 위해 영상에 출연한 장기 기증자와 수혜자들은 모두 알래스카 원주민이었고, 의사와 병원 관계자들 또한 알래스카 원주민들이며, 내레이션을 담당한 사람은 유명한 목소리의 알래스카 원주민 토크쇼 진행자였다. 내레이터가 직접 영상에 출연한 것은 아니어서 개개인들이 마치 친구들 사이에 토론을 하는 것처럼 그들의 이야기를 중재자 없이 직접 청중에게 전달했다. 모두를 포함할 수 있게끔 알래스카 전역에서 다른 부족, 지리적 위치, 그리고 병원에서 온 사람들이 묘사되었고, 지역의 음악이 흘러나왔다.

이 비디오는 배로(Barrow)의 한 병원에서 미리 공개되었고, 청중들의 피드백을 받아 개선되었다. 15분짜리 무편집 비디오와 더불어, 건강 박람회나 의료원에서 보여질 수 있게 3분짜리 짧은 형태로도 만들어졌다. 네 편의 30초 분량 공익광고들(PSAs) 또한 DMV 면허사무소와 텔레비전 방송용으로 만들어졌다. 영어를 쓰지 않는 사람들도 필요한 정보를 얻을 수 있게 무편집 영상과 네 편의 공익광고들은 네 개의 알래스카 지역방언과 영어로 주요 내용을 표현했다. 영어를 쓰지 않는 사람들은 주로 나이가 있는 사람일 확률이 높지만 그들이 가족 토론과 의사결정에 있어서 중요한 역할을 한다는 것을 간주했다.

### 영상과 공익광고 분배

새로운 나눔의 전통: 장기 기증과 이식에 대한 알래스카 원주민의 이야기의 무편집 비디오 451부가 알래스카에 뿌려졌다. 영상의 복사본들은 시청자들이 가질 수 있는 흔한 질문들에 대한 답변을 적은 자료 편람(아래 참조)과 함께 CHA/P들에 의해 운영되는 178개의 시골마을 의료원에 각각 배달되었다. 지역사회 구성원들은 의료원에서 이루어지는 프레젠테이션에서 영상을 볼 수 있고 또는 집에서 보기 위해 대여도 가능하다. CHA/P들, 건강 교육가들, 간호사들, 신장 투석 센터, 신장학자들, 그리고 환자들 또한 비디오를 받았다. ANMC의 중대한 긴급상황 처리반의 부서장들도 비디오를 받았는데, ANMC는 알래스카 원주민들을 위한 3차 의료기관으로써 중대한 외상 환자들이 이송되는 곳이기 때문에 잠재적인 장기 기증자들이 확인된다. 우리의 비디오가 만들어지기 전에는 가족 중 한 명이 사망해서 병원으로부터 장기 기증을 권유 받았을 때 가족들이 읽거나 볼 수 있는 자료들이 없었다. 비디오와 자료들은 주 전역에 걸친 지역병원으로 보내져서 그 지역에서 사망한 사람이 생겼을 때 그 가족이 조직기증을 고려할 수 있게끔 했고, 뿐만 아니라 세 개의 주요 도시지역에 있는 비 원주민 병원들과 앵커리지, 패어뱅크스 그리고 주노에도 전달했다. 무편집 영상은 앵커리지의 텔레비전에서 여러 번 틀어졌고, 아주 작은 마을에까지 닿는 알래스카 시골 지역방송(ARCS)을 통해 위성방송도 나갔다. ANMC의 내부환자 교육프로그램에도 포함되어 병실에 있는 폐쇄회로 TV에도 방송되었다. 짧은 3분짜리 영상은 ANMC 1차 진료소로 보내져서 다달이 열리는 환자 건강 박람회에 쓰였고, 또 주식회사 알래스카 건강 박람회로도 보내져

## 5장 _ 장기 기증과 이식

서 알래스카 시골지역에 열리는 건강 박람회의 부스에서 상영되었다.

네 편의 30초 분량 공익광고들과 함께 무편집 비디오를 알래스카에 있는 6개의 DMV 면허사무소에 나눠주었다. 알래스카 시골지역에서 광범위하게 지역라디오를 들을 수 있는데, 알래스카 원주민들과 토인들을 위한 프로그램을 지원하며 듣기도 편한 라디오방송국 KNBA와 KHAR에서 각각 홍보영상의 언어적 요소를 이용한 공익광고들을 만들어냈다.

### 영상에 수반될 자료 편람

장기와 조직의 기증과 장기이식에 관련된 51쪽 분량의 자료 편람이 CHA/P들과 건강 교육가들을 위해 만들어져 주에 있는 178개의 CHA/P의료원으로 보내졌다. CHA/P들은 시골환경에 고립된 채 일을 하기 때문에 환자들이나 가족들이 가질 수 있는 질문에 대한 답에 대한 정보가 꼭 필요했다. 편람은 다음과 같은 주제들: 독자들의 흥미를 불러일으킬 수 있는 알래스카 원주민 장기 기증자와 수혜자들의 이야기들; 장기와 조직 기증에 대해 자주 받는 질문들에 대한 대답; 알래스카에서 장기와 조직 기증에 참여하는 대행사들의 연락처들과 정보; 장기 이식의 위탁과정에 대한 정보와 북서부지역의 모든 지역 이식 프로그램들의 연락처; 신장투석에 관한 정보; 그리고 장기 기증과 이식에 참여하는 지방, 지역, 국가 전체의 대행사들의 홈페이지와 연락처들을 다룬다. 이 자료 책의 첫 부분은 완전히 원주민 수혜자들과 기증자들의 개인적인 이야기들로 구성되어서 장기 기증과 이식에 대한 토론과 흥미를 유발한다. 이 이야기들은 의료 서비스 종사자들뿐 아니라 궁금증을 갖고 의료원에 방문하는 환자들, 가족들, 그리고 학생들이 읽기에도 적합하다.

편람에는 두 개의 파워포인트 슬라이드 쇼가 포함되어서, CHA/P들, 건강 교육가들, 학교 선생님들이 장기 기증과 이식에 대한 프레젠테이션에 쓸 수 있게 했다. 두 프레젠테이션 모두 시골 알래스카 원주민들을 위해 만들어졌는데 한 슬라이드 쇼는 지역사회에 일반 대중들의 교육을 위해 만들어졌고, 다른 하나는 중학교와 고등학교의 교육용으로 만들어졌다. 이 프레젠테이션들을 CD로 만든 이유는 알래스카 원주민 의료원과 마을의 학교들은 컴퓨터를 갖추고 있고, 이미 시골지역 알래스카에서도 컴퓨터 기반의 프레젠테이션은 매우 흔하기 때문이다.

몇 달마다 지역병원의 건강교육가들은 마을로 나와 CHA/P들이 건강 교육하는 것과 학교의 건강 수업들을 돕는다. 학교 활동, 자료 편람, 유인물 그리고 자료 표들을 포함한 영상이나 CD 프레젠테이션 같은 공통된 자료들을 갖고 있기 때문에, 지역 CHA/P들과 건강 교육가들이 장기 기증에 대해 프레젠테이션하고 토론하기가 매우 용이해졌다.

### 영상 프로그램의 효과
알래스카 원주민 인구의 60퍼센트가 영상을 접했다고 추정된다. 이 추정치는 주 전체의 지방 TV 네트워크에 의해 만들어진 시청자료에 근거한 것이다. 또한 앵커리지에 사는 알래스카 원주민들의 25%가 앵커리지에 있는 알래스카 원주민 라디오방송국에서 방송된 공익광고에 노출되었다고 추정된다. 게다가 앵커리지에 있는 DMV 사무소와 알래스카에서 그 다음으로 큰 6개의 DMV 사무소에서는 하루에 대략 650명의 사람들이 영상의 일부 혹은 전체를 보았다.

## 이 주제에 관한 지방 의료인들과 건강 교육가들 훈련하기

단순히 교육자료들을 나눠주는 것과는 별개로, 사용자들 본인들이 이 주제에 대해 이해하고 편하게 느끼는 것이 중요한데, 그래야 문제에 답하고, 토론을 이끌고 그리고, 무엇보다 그들이 답변할 수 없었던 질문들에 대한 해답을 찾을 수 있다. 지역사회의 지방 의료인들과 트레이너들이 세 개의 구분된 그룹(알래스카 원주민 병원의 건강 교육가들, 주식회사 알래스카 건강 박람회의 건강 관리사들, 그리고 CHA/P들)으로 나뉘어 이 트레이닝을 받았다.

### 알래스카 지역병원의 건강 교육가들의 트레이닝 세션
트레이닝 세션은 ANMC의 앵커리지 원주민 1차 진료 센터의 환자 교육 부서에서 일하는 8명의 건강 교육가들과 함께 했다. 이 부서는 가장 큰 도시인 앵커리지를 둘러싸고 있는 남쪽 지역에 거주하는 대략 47,000여 명의 알래스카 원주민들에게 건강 교육을 제공 할 책임이 있다. ANMC는 알래스카 전역의 원주민 환자들을 위해 3차 의료 기관을 소개해주는 곳이기도 하다. 프레젠테이션은 비디오, 원주민 관련 장기 기증과 이식에 관한 파워포인트 슬라이드 쇼,

질의 응답 시간, 전후의 시험 평가들을 활용했다. 트레이닝 세션에서는, 1차 진료센터 로비에 전시할 기증에 관한 게시판을 만들고, 환자들이 직접 해볼 수 있는 건강 교육용 컴퓨터에 기증에 관한 정보를 실을 계획을 짰다.

### 알래스카 건강 박람회 건강관리사들의 트레이닝 세션

주식회사 알래스카 건강 박람회는 알래스카 전역의 지역사회 건강 변호사(CWA)들이 참여하는 정기 트레이닝 세션을 앵커리지에서 연다. 시골지역에 사는 알래스카 원주민들을 위해 건강 박람회 같은 지역사회의 교육 이벤트들을 개발하고 이용하는 것은 CWA의 역할이다. 격식 없는 건강 박람회 스태프들을 위한 트레이닝세션에서 편안한 분위기의 프레젠테이션이 28명의 CWA들이 참석한 가운데 이루어 졌는데 이는 박람회에서 보여질 게시판들에 대해 CWA들이 숙지할 수 있도록 하기 위해서였다.

### 지방 건강 보조원들과 의사들(CHA/P)을 위한 트레이닝 세션

2003년에 열린 CHA/P 포럼을 위해 3시간 분량의 장기 기증 & 이식 관련 프레젠테이션이 만들어 졌다. 이 포럼은 Anchorage에서 해마다 열리는데, 알래스카 곳곳에서 온 CHA/P들이 교육받고, 기술을 쌓고, 면허를 갱신해야 하는 집중기간 동안 필수적인 교육을 받을 수 있는 주된 방법이다. 이 안건에 좌석 한 자리 차지하기도 매우 어렵다. 그렇지만, 1/3에서 절반 정도의 CHA/P들은 해마다 교대로 참가하기 때문에, 이 포럼은 시골 지역의 의사들에게 닿을 수 있는 가장 효율적인 방법이다.

프레젠테이션은 54명의 CHA/P들(이들 중 85%가 원주민)과 CHA/P 사무소의 임원 및 트레이닝 요원들이 참여했다. 발표자와 주제로는 자신들의 이야기를 공유해준 7명의 알래스카 원주민 장기 기증자 가족과 수혜자들로 이루어진 패널; 장기 기증과 이식에 대해 이야기해줄 워싱턴 주의 이식 프로그램의 전문 의사; 조직 기증에 대해 이야기 할 LifeAlaska 조직은행의 임원; 그리고 신장 투석에 대해 토론할 신장학 전공 사회복지사 등이 있었다. 전후 시험도 평가에 사용 되었다. 포럼에 참가한 모든 CHA/P들과 CHA/P 트레이닝 프로그램 감독들은 자료 편람을 받았다. 기증과 이식에 대한 배움이 이제는 정말로 일반적인 예방 건강 교육에 기본적으로 포함되어야 한다는 메시지를 강조한 다양한 주제의 건강 책자들(심장병 예방, 당뇨, 영양 그리고 금연에 관한) 또한 CHA/P들이 귀가 시 지역 의료원에 가져다 둘 수 있도록 했다. CHA/P 트레이닝 사무소에서는 OPO와 조직은행에서 다음 포럼을 위해 강연자와 전시 테이블을 준비해 달라고 요청했다. 2~3년 마다 모든 CHA/P들이 트레이닝 코스의 한 부분으로써 이 주제를 배우고 또 다시 배우는 셈이다.

### *CHA/P 트레이닝세션의 효과*

CHA/P 트레이닝의 효과가 측정 되었는데 (a) 장기 기증과 이식에 대한 지식의 변화, (b) 장기 기증자가 되려는 의지의 변화, (c) 장기 기증과 이식에 관한 자료에 접근하는 방법을 얼마나 아는지에 대한 변화, 그리고 (d) 참여자 평가를 중점적으로 측정했다. 54명의 참가자들 중에서, 예비테스트와 사후테스트에서 평균 지식점수가 두 배 이상 증가했을 정도로 사실적 지식의 평균점수가 상당히 증가($p < 0.001$)했다. 게다가, 참가자들이 트레이닝 이후에 장기기증 희망 카드에 서명하겠다는 의도를 표명할 확률이 크게 증가($p = 0.003$)했다. 사후테스트를 치른 그룹 중에서 장기를 기증하겠다고 할 확률이 매우 높은 사람들과 그렇지 않은 사람들(대조그룹)의 오즈비(odds ratio)는 10.25였다. 확률이 다소 높은 사람들과 그렇지 않은 사람들의 오즈비는 3.55였다. 강연(개입) 후 장기와 조직 기증에 대한 정보를 어떻게 그리고 어디에서 얻어야 하는지 훨씬 더 잘 알게 되었으며(전과 후를 비교하는 오즈비는 10.41이었다, $p < 0.001$), 시골지역의 교육가들에게는 가장 필요한 부분이기도 하다. 참가자들이 효율성, 전달력, 그리고 강의의 연관성에 대해 평가한 후 제출한 자료를 보면, 참가자들은 이 트레이닝에 1,105점 만점에 1,019점, 혹은 92%의 아주 높고 후한 점수를 주었다. 점수를 떠나서 몇몇이 남긴 평가를 보면, "완벽하다," "매우 감동받았다," "매우 도움되었다," "내 눈을 뜨게 해줘서 고맙다," 그리고 "여러 마을들로 이 정보를 전파시켜야 한다" 등이 있었다.

## 학교를 위한 교육과정 개발

알래스카 학생들을 위한 교육과정이 만들어졌다. 큰 프로그램은 알래스카 원주민 학생 그룹을 위해 만들어졌고 다문화 학생들이나 시골 학교들 같은 특별한 하위 그룹들을 위한 요소들이 추가되었다.

## 알래스카 원주민 학생 그룹을 위한 교육과정

우리 팀은 알래스카 싯카시에 있는 Mt. Edgecombe 고등학교(MEHS)의 학생들을 위한 장기 기증과 이식에 관한 수업을 개발했다. 각자의 지역으로 가져갈 수 있게끔 학생들에게 맞게 수정된 자료편람도 나누어 주었다. 학생들의 자료편람은 수업을 보충해줄 기본적인 자료들뿐 아니라 알래스카 환자들의 흥미로운 이야기들, 그리고 그와 관련된 신문 기사들을 포함해서 토론을 이끌어 내고 이 분야에서의 새로운 개발들(예를 들어 당뇨를 위한 췌도 이식과 생체 간 이식)을 강조했다. MEHS는 마을이 너무 작거나 멀어서 지역 고등학교에 다닐 수 없는 학생들을 위한 공립고등학교인데, 50년 이상 알래스카 원주민들을 위한 기숙학교로써 현재 200명의 학생들이 다니고 있다. 이 특별한 학교를 위해 학생들은 신중히 선발되고, 또 90%의 졸업생이 대학에 진학하기 때문에, 이 학생들은 알래스카 원주민 사회의 미래 지도자가 될 예정이다. 따라서, 이 학교를 교육장소로 선택한 것은 지렛대 효과를 보기 위한 것인데, 학생들을 교실에서 가르치는 것뿐만 아니라, 교육자료들(이야기처럼 읽히는)을 나눠주어서 주 전역에 있는 본인들의 마을로 가져갈 수 있게 한 것이다. 학생들은 이제 잘못된 정보로부터 제대로 된 사실을 잘 알 기 때문에 집으로 돌아가면 가족들, 친구들 그리고 사회에서도 이 주제에 대해 이야기할 수 있는 위치에 있다. 이 프로그램은 굉장히 성공적이어서 MEHS 학교신문과 심지어 싯카시의 지역신문까지 뉴스기사를 위해 강연자와 이 주제에 대해 인터뷰했다.

## 다문화 학생 그룹을 위한 교육과정

지역 장기 조달 대행사는 최근 몇 년 동안 앵커리지 학교 구역(Anchorage School District, ASD)의 학생들에게 장기 기증에 대한 프레젠테이션을 제공해 왔다. 프로젝트 매니저들은 이런 교실 수업들을 몇 번 참관한 후, 프레젠테이션을 더 상호적일 수 있게 하기 위해 OPO와 함께 일했다. 새로 강조하게 된 부분 중 하나는 장기 기증에 대한 다른 가족들과의 대화이다. 시애틀과 같은 다른 주에서는 유색인종들이 장기 기증을 하길 원해도 장기기증카드에 서명하는 것을 종종 꺼려하는 경우가 있었는데, 이는 의료서비스 체계에 대한 일반적인 불신에서 나오는 것이다. 그들은 대신 그들이 사망했을 때 가족들이 그들의 소망을 대신 실행해주길 바라기 때문에 가족들간의 대화가 매우 중요하다. 개정된 학교 프레젠테이션은 역할놀이와 능력 키우기 연습과정이 파워포인트에 포함되어서 학생들이 가족들에게 장기 기증에 관하여 이야기를 꺼낼 상황을 연습하게 했다.

### 시골학교를 위한 교육과정

시골 학교들의 CHA/P들을 위해 자료편람과 더불어 파워포인트 프레젠테이션이 담긴 CD를 보냈다. 도로가 없는 알래스카 시골지역에서는 사람들이 운전면허를 딸 확률이 적기 때문에 장기기증희망 카드를 접할 기회도 더 적고, 또 가족들과 의논할 시간도 적어지는 것이다.

### 학교 프레젠테이션의 효과

Mt. Edgecombe 고등학교에서의 교육 프로그램이 순수하게 알래스카 원주민 학생 그룹(다른 학교의 프레젠테이션은 보통 다문화 학생 그룹 대상)을 상대로 얼마나 효과적인지 알아보기 위해 예비테스트와 사후테스트를 비교 분석했다. 시애틀의 공립학교들에서 본 전후 시험 문제들(Weaver, Spigner, Pineda, Rabun, & Allen, 2000)이 알래스카 학생들에 맞게 수정되어 알래스카 지역 기관 감사 위원회(Alaska Area Institutional Review Board)에 승인을 받았다. 9학년과 10학년을 대표하는 63명의 학생들이 참여했다.

### 기준치 연구의 중요성 찾기(예비테스트)

1. 비록 21%의 학생들만이 집에서 가족들과 장기 이식에 관한 대화를 나누었다고 밝혔지만 대화를 나눈 학생들은 기준적으로 장기 기증자가 될 확률이 매우 높았다(p = 0.0002).
2. 비록 초기 표본조사에서 16%의 학생들만이 사망 후 장기를 기증하겠다고 했지만, 만약 가족들이 장기 이식을 필요로 할 때 신장과 같은 장기를 기증할 생체 기증자가 될 의향을 가진 학생들은 77%나 되었다. 이것은 현재 생체 기증은 드물지만(Northwest Renal Network, 2007), 알래스카

원주민들에겐 살아있는 동안 기증하는 것이 더 적합한 선택이라는 것을 보여준다.
3. 초기 표본조사에서 장기 기증자가 되겠다고 결정한 학생 수의 비율이 낮은데 비해(16%), 68%의 학생들은 그들이 필요할 때 장기이식을 받길 원했다.
4. 이 표본에서 기증에 대한 의견은 성별에 따라서 특별한 차이를 보이지 않았는데 다른 사회의 성인들과 젊은이들 모두에게 실행되었던 여타 조사들과는 다른 양상이다.

### 사실적 지식의 변화

기증과 이식에 대한 지식점수는 교육중재(intervention) 이후에 굉장히 증가했는데($p < 0.001$), 예비조사에서 정답률이 58%였던 것에 반해 중재후 테스트에서는 95%의 정답률을 보였다. 교육후 테스트의 정답률 향상은 장기 기증에 대한 "도시 괴담" 같은 잘못된 정보들이 정정되었다는 것을 의미한다.

### 사후 장기 기증에 대한 의견들의 변화

교육중재 이후에 훨씬 더 많은 수의 학생들이($p < 0.021$) 장기 기증자가 될 가능성을 보였는데 기증을 선택한 학생들의 비율이 두 배로(38%) 증가했다. 교육중재를 하기 전이든 후든 장기 기증을 꺼리게 만드는 주된 요인들, 예를 들어 수술 절차에 대한 두려움, 가족들에게 얘기하지 않은 점, 한 사람의 사망에 대해 생각하고 싶지 않다는 점은 변하지 않는 상황에서도 기증하겠다는 의지가 증가했다는 것이 흥미롭다. 이런 연령층에게 예상했던 대로, 대부분의 학생들(50%)은 여전히 기증 결정을 하지 못한 그룹에 속했다. 하지만 주목할만한 점은, 오직 13%만이 기증자가 되지 않겠다고 결정했다는 점이다. 장기 기증을 받겠다고(필요할 경우) 했던 학생들의 수는 교육중재 전후에서 변함이 없었다.

## 요약

대중을 대상으로 하는 이와 같은 건강 상식 교육중재 프로그램들은 원래 장기

기증과 이식에 참여하지 않았던 사람들에게 접근하고 또 가르치는데 있어서 성공적이었다. 성공의 요인들로는 여러 전략들을 꼽을 수 있는데 주는 것과 나누는 것이 문화적 가치로서 사회 깊이 베어 있고, 또 문화적으로 관련된 정보들이 적절한 방법으로 전달 되었기 때문이라고 생각한다. 지역사회와 소통하기 위해서는 여러 가지 방법들이 동원되었는데, 역할 모델, 스토리텔링, 지방 의료인들, 그리고 시각적 전자 미디어 등이 있다. 모든 목표가 된 청중들로부터 단계별로 피드백도 받았다. 단 한 명의 프로그램 관리자가 넓은 지역 모두를 총괄할 수 있었던 것은, 주 전체에 나눠줄 수 있는 부연설명이 필요 없는 영상과 자료 책을 만듦으로써 노력을 극대화시켰고, 즉 주 전체에 영향을 줄 수 있게 강의와 프레젠테이션 장소로 중심적인 장소를 선택했고 마을과 지역에서는 "선생님들 가르치기" 모델을 실행했기 때문이다.

## 부록 5.1 다양한 사회에서의 장기 기증과 이식에 대한 정보 전달 방법 제안

많은 지역사회 참여자들과 지역 건강 교육가들이 우리 프로그램을 교육을 하는데 필요하다고 조언해준 몇가지를 아래에 나열하였다. 이 요점들은 주의 깊게 검토되었고, 공공 교육 프로그램에 포함하거나, 그 후 워싱턴 주의 다양한 소수 인종 사회에서 깨우침과 교육 캠페인을 실행하고 계획하는데 사용하였다(Wong, Cárdenas, Shiu-Thornton, Spigner, & Allen, 2009). 하지만 장기 기증과 이식에 관한 정보들을 만들어 내고 제시하고 전달하는 데 있어서 다른 방법들은 직접 조사하지 않았기 때문에 다른 전략들이 동등한 효과를 낼 수 있다고 단정짓기는 불가능하다. 따라서 이 요점들은 단순히 다양한 사회의 민감한 건강 사안들에 대한 것이며 훗날의 교육 캠페인을 위해 고려할만한 사안들이기도 하다.

1. 사회 구성원들과 연관성을 가지기 위해선 건강 메시지들이 적합한 문화적, 사회적인 문맥 속에서 전달되어야 한다. 장기 기증에 대한 결정은 사실에 바탕을 둔 지적인 결정이기도 하지만, 가족, 사회, 문화 그리고 종교적 바탕을 고려한 결정이기도 하다. 프로그램을 계획하고 실행할 때는 청

중들에 대해 이해하고 그들의 입장에서 생각해보는 시간을 가져야 한다.
2. 가장 강력한 메시지는 개인의 이야기이고, 가장 강력한 전달자는 환자나 그의 가족 구성원이다. 전문 의료인이 무얼 해야 하는지 사람들에게 말해주는 것보다 훨씬 효과적인 것은 실제 사람들에게 그들의 이야기를 말하는 것이다. 이것은 환자들과 의료인들이 다른 문화적 배경 출신일 때 훨씬 더 중요하게 작용한다.
3. 개개인들은 장기 기증과 같은 민감한 사안들에 대해 의사결정 할 때 모든 것을 통제하에 두고 싶어 한다. 사람들이 어떠한 행동을 취해야 한다고 설득하려 하기보다는 조금 더 절제된 접근을 통해 정보를 제공하며 사람들이 그들만의 결정을 내릴 수 있게 해야 한다. 이것은 의료서비스에 대한 불신이 문제가 될 때 더욱 그렇다.
4. 기증을 하겠다는 결정이든 하지 않겠다는 결정이든 장기 기증자가 될 서명의 선택은 반드시 정보가 주어진 상태에서 이루어져야 한다. 사회에서 이런 교육은 정확한 결정을 하는데 반드시 필요한 수단이라는 것이다.
5. 청중들은 장기 기증에 대해 알고 싶어하지 않는다고 단정짓지 말아라. 사실, 대부분의 사람들은 이러한 주제가 낯설더라도, 듣는 것에 관심을 가지고 있다.
6. 장기 기증에 대한 결정은 시간이 걸린다. 즉각적인 결과를 기대하지 마라.
7. 사망 후 기증에 대한 결정은 단지 기증자 가족뿐 아니라 사회 전체에 영향을 미친다. 기증의 경험을 긍정적일 수 있게 만들어주고, 가족들에게 후속조치의 도움을 줌으로써 많은 사람들에게 상상 이상으로 큰 영향을 줄 수 있다.
8. 쳇바퀴 돌지 말라. 연구하고, 몰두하고, 현존하는 보급망과 의사소통 망을 이용하며, "선생님들 가르치기" 전략을 이용하면, 작은 노력이라도 결과를 극대화 시킬 수 있다.

## 감사의 글

이 논문은 국립 알레르기 면역 질병 연구소로부터 R18AI40674와 R01AI37747의 허가를 지원 받았고, HRSA로부터 5 H39OT00099-02-00과 CFDA 93.134 를 지원받았으며, Paul Allen 재단으로부터 승인 받았다.

## 참고 문헌

1. Alaska Initiative for Community Engagement. (2005). Traditional values of Alaska poster.
2. Retrieved October 20, 2008, from http://alaskaice.org/material.php?matID = 310 Barnhardt, R., & Kawagley, A. O. (2005). Indigenous knowledge systems and Alaska native ways of knowing. Anthropology & Education Quarterly, 36, 8~23.
3. Narva, A. S. (2003). The spectrum of kidney disease in American Indians. Kidney International, 83(Suppl.), S3~S7.
4. Northwest Renal Network. (2007). ESRD region 16: Annual report 2007. Retrieved November 19, 2008, from http://www.nwrenalnetwork.org/AR/AR2007/AR2007Full.pdf Organ Procurement and Transplantation Network. (2008a). Data/view data: Results/regional data/region 6, Pacific Northwest. Retrieved November 15, 2008, from http://www.optn.org
5. Organ Procurement and Transplantation Network. (2008b). Data/view data results/national data. Retrieved November 15, 2008, from http://www.optn.org
6. Stephens, S. (2000). Handbook for culturally responsive science curriculum. Fairbanks, AL: Native Knowledge Network.
7. U.S. Renal Data System. (2008). USRDS annual data report 2008. Retrieved November 19, 2008, from http://www.usrds.org/2008/ref /E_Transplantation_Process_08.pdf
8. Weaver, M., Spigner, C., Pineda, M., Rabun, K. G., & Allen, M. D. (2000). Knowledge and opinions about organ donation among urban high school students: Pilot test of a health education program. Clinical Transplants, 14, 292~303.
9. Wong, K. A., C?rdenas, V., Shiu-Thornton, S., Spigner, C., & Allen, M. D. (2009). How do communities want their information? Designing educational outreach on organ donation for Asian Americans. Progress in Transplantation, 19(1), 44~52.

# 6장
# 오하이오 주의 본인 기증동의 의견존중법

## 본인 기증동의 의견존중법이 장기기증률에 주는 영향

Kimberly Downing and Linda Jones

주 전체의 장기기증 희망등록소의 증가는 공공교육 프로그램과 주정부 정책 변화가 장기기증희망 등록 관련행동에 미치는 영향을 연구하는데 도움을 준다. 개인식별 정보를 제외한 등록기록을 이용하여 지방자치군, 시, 또는 우편 번호를 기준으로 한 실질적 지역 등록율을 제공할 수 있다. 특별하게 등록율이 높거나 낮은 지역들을 다른 주 또는 지역과 비교 할 수도 있다. 이런 자료들을 모아 U.S. 인구조사 자료와 같은 정보들과 비교할 때 연구원들은 높은 등록율을 가진 지역과 낮은 등록율을 가진 지역의 인구통계학적인 차이점들을 알 수 있다. 더 나아가 이렇게 얻어진 자료들은 지역적 특성에 따른 맞춤형 교육에 사용될 수 있다. 비록 나이에 따른 등록율이나 성별에 따른 등록율 같은 기증희망 등록자료들로 한계가 있지만 이 자료들은 연구자와 의사들에게 어떤 사람들이 기증자로 등록을 하며 어떤 이들이 등록을 하지 않는가를 이해할 수 있게 해준다. 그리고 장기간 종합적으로 자료를 분석하면 주 정부법의 변화 또는 교육 캠페인이 가져오는 장·단기 영향력을 알 수 있다.

## 오하이오의 본인 기증동의 의견존중법

2002년 오하이오 주는 주법을 개정하여 기존의 오하이오 장기기증희망 등록소를 새로이 제정 실시된 '본인 기증동의 의견존중법(이하 본인 의견존중법)'에 의한 '본인 동의 장기기증희망 등록소(a donor-designated registry, 또는 a first-person consent registry)'로 새로이 개설하였다. 본인 기증동의 의견존중법이라고 알려진 오하이오 주의 상원 법안 188호는 2002년 7월 1일부로 시행되었다. 이로써 오하이오 주는 미국에서 6번째로 본인 의견존중법을 시행한 주가 되었다. 의견존중법은 오직 기증자 본인의 사전 장기기증 희망 등록만으로도 사망 시 본인의 장기기증이 이루어질 수 있게 한 법이다. 기증자의 동의 의사는 오하이오 주 자동차 운전면허증 또는 신분증에 기재되어 있다. 2002년 7월 이전에는 가족이 기증자의 기증의사를 번복할 수 있었다. 이 결과로 의학적으로 이식이 가능한 많은 장기들을 잃었다. 의견존중법은 개인의 기증의사를 법으로 집행 할 수 있도록 보호해 주었다. 오하이오 주에서 2001년 주민들을 대상으로 시행된 설문조사를 보면 기증동의자 의견존중법이 시행되기 전의 오하이오 주민들은 자신이 평소 밝힌 기증의사가 가족들에 의해 존중되어 자신의 사후에 장기가 기증되는 것으로 알고 있었다. 그러나 실제로는 그들의 기증 유언이 가족들에 의해 번복되어 폐기될 수 있음을 알게 되었다 (Downing, 2001). 2002년 개정된 오하이오 주 정부법은 오하이오에 거주하는 성인들에게 합법적으로 자신의 기증의사를 보장하게 해주었다.

## 기증동의자 의사존중과 기증자 지정제도 실행의 역사적 관점

장기기증자의 수적 증가 필요성, 기증자 의사 존중에 대한 명문화된 조항을 주법에 삽입할 필요성, 그리고 그 유언을 어떻게 기록으로 남길 것인가에 대한 필요성이 이번 오하이오 주법 개정에 탄력을 주었고, 이로 인해 다른 주 정부에서도 개정이 이루어졌다. 주 정부법 변화의 중요성을 완벽하게 이해하기 위해서는 이 문제의 역사적인 관점을 돌아보는 것이 필요하다.

The Uniform Anatomical Gift Act(UAGA)는 1968년에 입법되었고, 이후 10년 사이에 미국 모든 주 정부법에 통과되었다. UAGA는 장기기증에 합법성을 부여하고 기증자와 수혜자의 권리 및 책임을 정의하고 있다. UAGA는 나이가 18세 이상인 사람이면 그들이 사망한 후 해부학적 선물, 즉 기증을 할 수 있는 권한을 부여하였다. 더 나아가 이 뜻 깊은 선물이 기증자의 동의 없이 제 삼자에 의해서 철회될 수 없도록 규정하고 있다(U.S. Department of Health and Human Services [DHHS], 2003). 여러 번의 UAGA 조항 변경을 통해 필요한 동의서류(예: 운전면허증)를 포함하고 또 가장 가까운 가족(즉 장기기증 동의에 사인을 하는 가족)에 대한 정의가 포함되었다.

## 6장 _ 오하이오 주의 본인 기증동의 의견존중법

연구자료에 의하면 UAGA가 통과했음에도 불구하고 잠재적인 기증자가 여전히 기증을 하지 않는 것을 확인할 수 있었다. 잠재적인 장기기증자의 후향적 의무기록지 검토에서 Gortmaker와 그 연구진은(1996) 전체 기록의 1/3에서 잠재적인 기증자들이 확인이 되지도 않았고, 가족이 기증요청을 하지도 않았음을 확인했다. 이 때문에 지속적인 장기기증과 집중적인 교육의 필요성이 제기되었다.

법 제정, 수정 및 개정에도 불구하고, 가족들은 자신의 사랑하는 이들의 장기기증을 거부하고 있었다(Lewin Group, 2002). 가족들이 거부하는 이유로는 남은 가족들이 사망자의 기증희망 의사를 알지 못한 경우, 생전에 기증에 대해 서로 전혀 이야기 듣지 못했다는 경우, 죽음에 대해 이야기 하는 것이 서로 불편하다고 한 경우, 그리고 기증에 대한 결정은 기증자의 유언에 따르지 않고 남아있는 사람들의 신념으로 결정을 했다는 경우 등이 있었다. 더 나아가 UAGA가 전국의 주정부에서 채택되고 있음에도 불구하고 장기구득기관(Organ Recovery Organization)에서는 가족이 반대하는 경우 장기기증을 거절하고 있었다(DHHS, 2003; Wendler & Dickert, 2001).

미국에서 기증 동의 과정은 1984년 입법된 Federal National Organ Transplant Act에 준하여 각 주의 자율적 관리에 맡기고 있다(Organ Procurement and Transplantation Network, 1984). 각 주의 UAGA는 원활한 절차와 표준화된 규정을 찾고 있지만 아직까지도 기증자의 기증 동의 서명이 필요하다.

최근에는 주 정부들이 장기기증자를 늘리기 위해 새로운 법을 통과시키고 있다. 이 법은 기증 지정(donor designation)에 필요한 서류를 요구하고 있는데, 그 내용은 기증자의 결정은 최고 우선권이 있으며 어떠한 대가를 치르더라도 존중되어 져야 한다는 것을 명확이 하고 있다(Sokohl, 2002, p.1). Pennsylvania주는 1994년도에 The Pennsylvania Act 102를 통과함으로(Pennsylvania General Assembly, 1994), 미국 주 정부 최초로 기증자의 의사에 최고 우선권이 있음을 명시하였다. Sokohl에 의하면 Pennsylvania 법에는 장기기증율의 향상에 극적인 영향을 준 4가지의 요소들이 있다고 한다. 이 요소들은 1) 병원은 모든 사망사건을 장기구득기관(ORO)에 보고하는 것을 의무화, 2) 자동차 면허국(DMV)을 기증희망 등록소로 지정, 3) 면허가 있는 운전자들이 운전면허에 기증의사를 기재하는 것을 허가, 4) 기증자의 의사가 최우선임을 법에 명시하고 직계 존비속의 동의 없이도 기증자의 의사를 이행할 수 있게 한 데에 있다(Sokohl; Pennsylvania General Assembly).

2000년에서 2004년 사이, 오하이오 주를 포함한 6개 주에서 기증동의자 의견존중법과 기증자 지정제도를 반영한 법이 통과되었다(DHHS HRSA, National Conference of State Legislatures and Council of State Governments, 2001). 오하이오 장기기증희망 등록소는 본인 기증동의 의견존중법에 의거하여 개인의 장기와 조직 기증이 기증자의 죽음과 동시에 기증유언으로서 지켜질 수 있도록 보장하고 있다. 등록소는 장기구득기관(ORO)에 개인의 기증희망 등록 정보를 제공하고, 기증자가 사전에 선언한 내용을 이행할 권한을 부여하며, 이식이 가능한 장기를 늘림으로써 환자들의 생명을 보호하는데 목적이 있다. 오하이오 주 정부법 2108.04(F)에는(Ohio General Assembly, 2001) 법적으로 유효한 사망 전 기증선언은 가족의 어떤 기증반대 의사보다 우선함을 보장하고 있다.

## 장기기증자들을 위한 주 전체에 분포한 등록소

주 전체에 기증희망 등록소가 분포하고 있지만 이들 모두가 본인 의견존중법이나 기증 지정제도법(Designation legislation)에 의해 기증희망 등록을 받는 것은 아니다. 주 전체에 퍼져있는 기증희망 등록소는 개인의 기증의사를 기록, 보관하고 색출해 내는 기구이며, 이 자료들은 보통 전자자료로 보관된다. United Network of Organ Sharing(2008)의 기록에 의하면 2008년에는 대부분의 미국 주 정부들이 기증희망 등록소를 만들었으며 이중 많은 등록소들이 그 주의 자동차 면허국 산하에 있다고 한다. 자동차 면허국과 함께함으로써 시민들이 그들의 운전면허증을 발급 또는 재발급 받을 때 장기기증 전산망에 들어갈 수 있는 편리한 기회를 제공한다(Siegel, Alvaro, & Jones, 2005).

장기기증자의 등록 기능은 각 주 정부의 재량으로 남겨졌으며, 그로 인해 많은 차이가 주 마다 생겼다. 주 전체에 등록소가 분포한 주의 등록소 위치는 자동차 면허국 내, 장기구득기관(ORO), 또는 다른 단체 안에 위치하고 있다.

## 오하이오 주 대상 본인 기증 의견존중법 연구사례

몇 가지 이유로 오하이오 주는 본인 의견존중법에 기준한 등록이 장기기증에 주는 영향을 연구하는데 중요한 지역이다. 그 이유로는 1) 오하이오 주가 비교적 일찍 의견존중법에 의해 등록을 시행한 주이고 2) 또 인구가 미국에서 7번째로 가장 많은 주이며(U.S. Bureau of the Census, 2007), 3) 약 870만명이 운전면허와 개인 신분증을 소지하고 있으며(Ohio Bureau of Motor Vehicles, 2007), 4) 4개의 장기구득단체(OOROs)들이 서로의 협조 하에 오하이오의 의견존중법의 시행과 주 전체 교육 캠페인을 시행하고 있기 때문이다.

오하이오 주의 의견존중법 시행에 맞추어 장기기증희망 등록을 장려하기 위해 TV 광고, 라디오 프로모션, 그리고 공익광고를 통해 주 전체 교육 홍보가 실시되고 있다. 이번 장은 기증동의자 의견존중법과 교육 홍보캠페인의 영향을 평가하는 연구에 대해 요약하였다. 이 연구는 2002년 Health Resources and Services Administration, Division of Transplantation(HRSA/DoT) 및 U.S. Department of Health and Human Services의 공동연구비로 이루어졌다.

## 본인 의견존중법의 이행에 따른 현실적 문제

비록 오하이오 주는 의견존중법에 의거한 기증희망 등록제로 2002년 바꾸었지만, 완벽한 제도시행에 몇 가지의 문제가 제기되었다.

첫째, 대중들에게 규정의 변화로 장기기증희망 등록제도가 이제는 본인 의견존중법으로 바뀐 것을 통지하고 이해시킬 홍보가 필요했다. 이와 함께 장기기증과 관련된 전문가 단체들(장기구득기관의 직원, 병원직원 등)에게도 제도 변경에 대한 설명이 필요했다. 의견존중법의 법적 관리자는 오하이오 자동차 면허국(OBMV)이 된다. 그러므로 오하이오 자동차 면허국 행정직원들에게 규정의 변경과 새로운 정보를 통지하는 것이 중요했다. 본인 의견존중법 홍보와 교육, 법 시행이 힘들었던 몇 가지 이유가 있었다. 가장 먼저, 이 문제와 연관된 단체들이 많다는데 있었다. 오하이오 주 전체에는 4개의 장기구득단체들이 활동하고 있고 3개의 주요 방송시장과(Cleveland, Columbus와, Cincinnati)

소규모 방송시장으로(Toledo와 Dayton) 나뉘어져 있다. 결과적으로 이 규정변화에 대한 홍보활동은 소요 경비가 많이들뿐 아니라 여러 단체들의 공동노력이 필수적이었다.

둘째 문제는 규정변경과 교육홍보가 주는 영향에 대한 자료를 모으고 그 경과를 추적하는데 있었다. 따라서 여러 관련 장기구득단체들과 오하이오 자동차 면허국과 협력이 무엇보다 중요했다.

셋째, 오하이오 주민들에게 의견존중법을 알리기 위한 교육홍보의 영향과 규정변화에 따른 결과를 측정하는 일이었다. 왜냐하면 이러한 노력들이 사람들의 기증태도와 새로운 제도인지에 변화를 주는지에 대해 알 수 있을 뿐 아니라, 장기기증 희망등록과 실제 장기기증에 어떠한 영향을 주었는지 알기 위해서 필요했다.

넷째 과제는 장기기증에 관련된 여러 단체들과의 협력이었다. 이것은 주 전체에 하나의 목소리로 교육홍보를 진행하고 등록된 기증자 자료를 모으며, 주 전체의 실제 사망 시 기증자(deceased donor) 자료를 모으는데 필요하기 때문이었다. 다행히도 2002년 오하이오에는 긍정적인 협조환경이 조성되어 있었다(Jones, Downing, & Holloway, 2006). 4개의 오하이오주 장기구득단체들은 이미 의견존중법의 필요성을 절감하여 이 법의 제정에 앞장섰다. 다른 3개의 단체들도 오하이오 장기구득단체와 공조하여 주 전체를 대상으로 한 연구를 위해 협력단체를 구성하였다. 이 세 단체들은 Ohio Department of Health, Second Chance Trust Fund(ODH/SCTF), 오하이오 자동차 면허국, 그리고 University of Cincinnati 였다. 단순히 생각하면 너무 많은 단체들이 관여한 것 같지만, 주 전체의 교육홍보, 자료수집, 그리고 결과에 대한 평가를 위해서 꼭 필요한 기관들이었다.

1. 오하이오 주에 있는 네 개의 장기구득단체: Lifeline of Ohio(Columbus, Ohio), LifeBanc(Cleveland, Ohio), LifeCenter(Cincinnati, Ohio)와, Life Connection(Dayton and Toledo, Ohio)이다.

다섯째 문제는 기금과 교육홍보의 조직화였다. 이 부분은 ODH/SCTF와 오하이오주 장기구득단체들이 맡았다. 교육 캠페인을 위한 방송용 디자인과 이의 실행은 SCTF와 오하이오장기구득단체가 담당했다. 이것은 프로젝트의 협력단 사이의 신중한 공조체계와 명백한 소통이 필요하다는 것을 의미한다.

## 연구의 근본이론

이 프로젝트에 현실적인 목표는 오하이오 주민들에게 본인 의견존중법의 시행을 알리는 일과 주민들이 장기기증자로 등록하려는 마음을 장려하는데 있었다. 장기기증에 대한 긍정적인 마음을 이해하기 위해 개발된 Horton의(1991) 모델이 이번 연구의 이론적 배경으로 사용되었다. Horton의 모델은 5개의 주요 변수들로 구성되어 있는데 이는 가치, 기증에 관련된 진실된 지식과 태도, 기증에 대한 의지, 그리고 각 개인의 장기기증희망 카드 소지여부(Horton & Horton, 1991, p. 1039) 등이다. 이번 연구에서는 참가자들이 장기기증희망자로 등록되었는지를 마지막 단계로 하였다. 그 이유는 오하이오 주민들의 기증의지를 의견존중법에 의해 등록했는지 여부로 측정하였기 때문이다.

 Horton과 그의 연구팀은 사람들의 장기기증에 관한 지식 부족이 장기기증에 대한 태도와 실제 기증인이 되려는 의지에 영향을 준다고 보고했다(Horton & Horton, 1990, 1991; McIntyre et al., 1987, p. 331). 또 다른 보고서에서 Horton은(1991) 잘못된 장기기증 인식이 장기기증의사가 있는 사람들의 기증 결정에 큰 장애물이 되었다고 보고했다. 그는 또 장기기증 과정과 그 결과에 대해서 매우 잘못되게 대중들에게 알려져 있다고(1991, p. 38) 주장했다. Horton과 그의 연구팀은(1991) 결론적으로 장기기증에 대한 인식을 긍정적으로 만들고, 기증의지를 고양시켜 기증자로 등록하게 하기 위해서는 좀더 구체적인 장기기증 마케팅이 필요하다고 결론 내렸다. 이것을 이루어내기 위해서 그들은 다음과 같은 해결책을 제시했는데 이는 대중에게 사실적인 정보들을 전달하고, 장기기증자가 되는 데에 필요한 교육적이고 설득력 있는 메시지를 만드는 것이었다(Horton & Horton, 1991, p. 1050).

 그러나 우리의 연구는 Horton의 모델을 시험하거나 정정하는데 있는 게 아니었다. 오히려 적극적 기증의지 모델을 사용하여 교육적 중재의 개발과 실행에 응용하고, 또 본인 기증동의 의견존중법과 교육적 캠페인의 영향을 평가하는데 활용하였다. 연구에 이용된 모델과 이에 사용된 변수들은 연구질문들에 대한 해답을 찾고, 교육적 중재의 개발, 연구기구 설계, 데이터 분석계획, 그리고 프로젝트 평가에 기초이론을 제공하였다.

과거의 기증의지 연구결과에 따라 프로젝트에서 시행한 교육내용은 장기기증과 첫 기증동의자 등록제도에 대한 지식을 증가시키고, 기증에 대한 호의적 자세를 갖게 하여 기증희망 등록을 할 마음이 생기게 함은 물론 의견존중법에 따른 기증희망 등록을 활성화하기 위해 개발되었다. 이번 연구에 사용된 질문들과 설문조사 구성은 기증의지 모델의 구조에 따라 시행되었다. 즉 가치, 기증에 대한 진실한 지식 정도, 태도, 기증의사(Horton & Horton, 1991, p. 1039), 정보에 대한 노출 정도, 그리고 일반적인 사회통념들이었다.

## 연구계획

HRSA/DoT의 연구비를 사용해서 우리는 본인 의견존중법의 영향과 교육캠페인이 장기기증희망 등록에 주는 영향 그리고 이런 등록 및 캠페인이 실제 사망기증자 비율에 미치는 영향을 연구할 수 있었다. 두 개의 연구과제는 다음과 같다.

1. 오하이오의 본인 의견존중법의 시행이 장기기증희망 등록율과 사후 기증자의 실제 비율에 긍정적인 영향을 주었는가?
2. 오하이오 주민들의 장기기증희망 등록에 대한 태도와 행동결정이 본인 의견존중법 시행과 교육캠페인 후 긍정적으로 변하였는가?

## 교육적인 홍보방법

오하이오의 네 개의 장기구득단체들과 ODH/SCTF는 장기기증과 본인 의견존중법에 관한 두 개의 교육캠페인을 위해 서로 협력하고 자금을 지원했다. 3년의 연구기간 동안 시행된 교육캠페인들 중에는 오하이오 자동차 면허국이 있는 지역에 대한 주 전체의 마케팅 캠페인과 미디어 캠페인이 포함되었다. 먼저 자동차 면허국 지역에서 시행된 주 전체의 교육캠페인은 2003년 7월에 시행되었다. 모든 자동차 면허국 등록소에는 오하이오 주민들에게 장기기증과 오하이오 기증희망 등록에 동참하자는 내용의 포스터와 소책자 등 홍보자료들이 제공되었다. 이 캠페인은 오하이오 자동차 면허국을 방문하는 오하이오 주민들 만을 위한 것으로서 오하이오 주민 전체를 대상으로 하는 대중홍보는 아니었다.

2005년에는 주 전체의 교육캠페인이 TV 방송, 라디오 프로모션, 공익광고, 광고게시판, 포스터, 책자, 그리고 주정부 웹페이지 www.donatelifeohio.org 를 통해 이루어 졌다. 이 캠페인의 초점은 오하이오 주민들에게 장기기증에 대해 알리고 그들이 장기기증희망 등록자가 될 수 있도록 장려하는 것이었다. 이 캠페인은 2005년 1월에서 4월 그리고 10월에서 12월까지 오하이오 방송사에 의해 반복적으로 방송되었다.

다른 프로모션(라디오, 전단지, 광고게시판, 버스의자 등)은 좀 더 장기간 동안 진행되었다. 미디어 캠페인은 연구기간이 지난 2006년과 2007년도에도 다시 한 번 캠페인을 벌였다. 영웅 캠페인으로 불려진 주 전체의 미디어 협력 캠페인은 모든 나이, 인종, 종족에 관계없이 장기기증희망 등록자를 소개해주는 내용이었다. 이 캠페인의 주제는 영웅이 되십시오. 장기와 조직 기증자가 되십시오, 오하이오 장기기증희망 등록 운동에 동참하십시오. www.donatelifeohio.org. 이었다.

## 다양한 설문과 자료의 출처들

연구목표를 달성하기 위해서 우리는 연구 전, 후의 설문을 통해 오하이오의 본인 의견존중법과 교육캠페인 같은 중재기획을 실행하는 것이 장기기증에 대한 태도나 지식, 기증을 하려는 행동의 변화여부 그리고 실제적인 등록에 영향을 주는지, 그리고 최종적으로 사망 기증자의 실제 기증율을 높였는지를 확인하였다. 우리는 여러 개의 자료원과 많은 종류의 측정으로 계획한 목표를 달성하려 했다. 우리가 이용했던 자료들은 5년 동안의 오하이오 성인들에게 시행했던 세 가지의 설문조사들, 7년 동안 자동차 면허국에서 모은 장기기증희망 등록 정보, 그리고 7년간의 사망 후 기증자의 실제 자료들이었다. 그 외에도 단순히 기증희망카드에 사인을 했다거나 장기기증의사를 가족들에게 밝힌 정도가 아니라 실제로 오하이오의 본인 기증동의 의견존중법에 의한 기증희망 등록을 실시한 실제 숫자를 확인했다. 이 숫자가 이번 연구에서 변화된 주민들의 행동을 측정하는 변수가 되었다. 그리고 장기기증의지 모델(willingness-to-donate model)은 기증과 관련한 지식, 의식, 그리고 호의적인 태도의 향상이 장기기증의지와 기증희망 등록을 실행하는 행동에 영향을 미친다는 우리의 연구가설에 도움을 주었다.

오하이오의 본인 의견존중법 이행 이전의 자료는 이행 이후의 자료만큼이나 캠페인의 영향을 가늠하는데 중요했다. 다음의 자료들이 연구를 위해서 사용되었다: 오하이오의 본인 의견존중법 시행 이전 3년간 자동차면허국(1999년 7월 ~ 2002년 6월)에 등록된 장기기증희망 등록자료와 이후 4년간의(2002년 7월~2006년 6월) 자료 사이의 비교,[2] 오하이오의 본인 의견존중법 시행이전 3년과 이후 4년간 4개의 장기구득기관이 제출한 사망 시 장기기증자 정보; 그리고 본인 의견존중법 시행 이전인 2001년 실시한 오하이오 주 전체 성인들의 장기기증에 대한 태도, 지식, 실천의지 그리고 장기기증 의지에 대한 조사자료였다. 추가적으로 2003년과 2005년에 설문조사를 통해 기증에 대한 태도, 지식, 행동, 본인 의견존중법에 대한 이해, 법 시행 이후 교육홍보의 결과 등을 조사하였다.

[2] 대부분의 오하이오 주민들은 장기기증희망 등록을 운전면허증 재발급 시에 신청한다. 운전면허증 재발급은 4년마다 이루어 진다. HRSA 제안서에는 3년간의 자료만을 모으게 되어 있지만 오하이오의 본인 기증동의 의견존중법의 영향을 보다 완벽하게 이해하기 위해 협력단의 의견 일치로 자료수집을 1년 더 연장함으로써 오하이오 주민 전체가 운전면허를 재발급 받을 때 이 법을 고지 받고 이해할 기회를 갖게 하였다. 이 때문에 4년째 마지막 결과 정리는 2006년 6월 30일까지 장기구득기관과 자동차면허국에 등록된 자료로 집계되었다.

## 연구방법과 결과

이번 연구는 연구 목적과 연구 과제들을 설명하기 위해 제출된 다양한 자료들에 의해 진행되었다. 자료들의 공통점이나 이번 연구와 같은 내용을 조사한 자료를 조합해서 분석함으로써 '본인 의견존중법'과 '교육캠페인'이 장기기증에 대한 태도, 행동, 그리고 기증결과에 주는 영향을 평가하는데 좋은 기회를 주었다. 여기에 기재된 결과는 각 자료들의 성적을 변수마다 하나씩 설명한 것이다.

## 장기기증희망 등록률

우리의 목표는 2002년 오하이오의 본인 의견존중법이 시행된 이후 운전면허증에 장기기증을 등록한 이들의 숫자와 백분율의 증가 여부를 확인하는데 있었다. 이 목적을 위해 1999년 7월부터 2006년 6월 사이의 자동차운전면허국 등록자료를 모았다. 이 자료들은 본인 의견존중법 시행 이전 3년의 자료와 시행 이후 4년간의 등록자료였다. 이 자료들을 이용해서 7년간 각 시기별로 기증희망 등록의 추이를 비교했다. 결과 측정은 행동의 변화 특히 실제 장기기증희망 등록에 변화가 있었는지를 기반으로 하였다. 자동차면허국 자료에는 다음과 같은 변수들이 포함되어 있다: 나이, 성별, 장기기증희망 등록 유무, 그리고 우편번호와 거주지역 정보 등이다. 그러나 인종 또는 교육 정도와 같은 정보는 없었다. 자동차 면허국의 등록정보에 의하면 주 전체의 기증희망 등록율이 2002년 7월 오하이오의 본인 기증동의 의견존중법이 시행된 이후 매년 증가하였다(그림 6.1). 2002년 시행 이전의 등록율도 증가하는 추세이지만 법 시행 이후 증가율이 더욱 큰 것을 볼 수 있다. 주 전체의 장기기증 증가율은 2002년 법 시행 이후 약 4.3%가 증가한 것을 알 수 있다. 이것은 법 시행 이전에 3년간(1999년부터 2002년 사이)의 증가율 2.4%와 대비가 된다.3 법 시행 4년 후인 2006년 7월에는 오하이오 주민들의 51%가 운전면허 재발급 또는 신규 발급된 운전면허증에 '본인 기증동의 의견존중법'에 의해 장기기증자가 되길 원한다고 표시했다. 이것은 법 시행 이전 3년간에 전체 주 등록율 44%~46%와 대조적이다.

3. 추세선은 등록정보에서 계절별 변화를 보인다. 주기적으로 3분기(겨울)에 기증희망 등록이 떨어지는 것을 보여주고 있다.

우리가 자동차면허국의 등록정보에서 찾은 다른 결과 중에는 여성이 지속적으로 남성보다 높은 등록율을 보인다는 것이다(약 7%가 높았다). 이것은 법 시행 이전과 이후에 같은 결과를 나타내었다. 비록 법 시행 이후 남성과 여성 모두에서 기증추세선의 증가를 볼 수 있지만 법 시행이전의 두 성별의 백분율 차이는 없었고 여전히 시행 후에도 유지되고 있다.

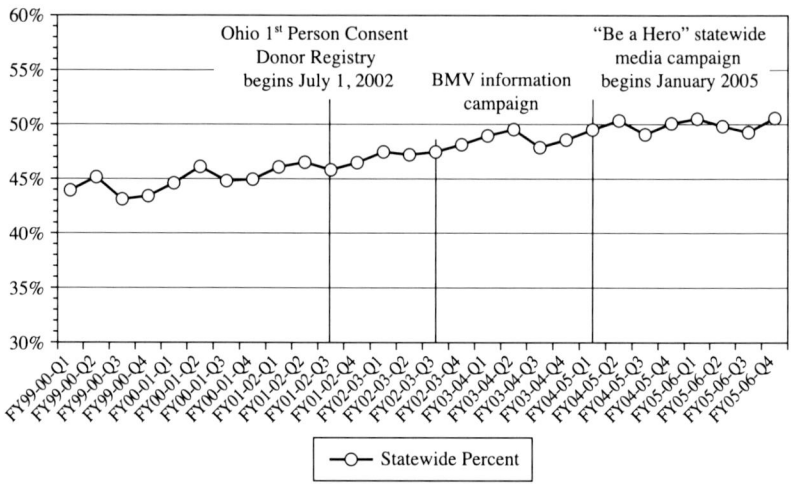

**그림 6.1** First-Person Consent Ohio Donor Registry, statewide donor registration data (presented quarterly).
Source: OBMV registration data, FY99 - 00 to FY05 - 06.

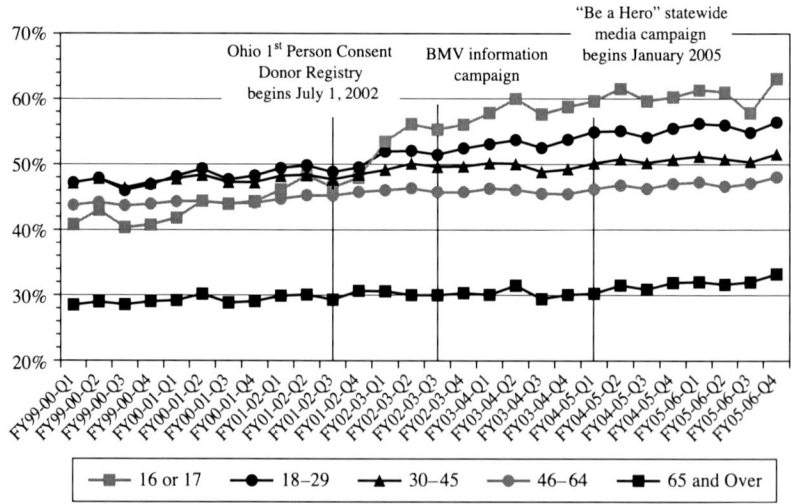

**그림 6.2** First-Person Consent Ohio Donor Registry, donor percentage by age (data presented quarterly).
Source: OBMV registration data, FY99 - 00 to FY05 - 06.

나이는 장기기증희망 등록 변수에 매우 중요한 부분이다. 본인 의견존중법을 시행했을 때 젊은 주민의 등록율이 장년 노년의 주민들보다 비교적 높은 등록율을 보였다(그림 6.2). 특히 청소년층(16~17세)이 다른 나이 그룹보다 장기기증희망 등록율이 더 높아서 법 시행 이후 장기기증희망 등록율이 12퍼센트가 증가하였다. 18세에서 29세의 청년 그룹도 7퍼센트의 등록증가율을 보였다. 65세 이상의 노년층의 등록율은 연구기간 7년동안 특별한 변화를 보이지 않았다. 홍보에 이용된 캠페인 메시지는 오하이오 주의 성인들을 대상으로 만들어졌지만, 이 결과들은 본인 의견존중법의 시행과 교육홍보캠페인 메시지는 오히려 젊은 사람들에게 더 많은 영향을 주었다.

## 사망 후 실제 장기기증률

이번 연구에서는 본인 의견존중법에 의해 장기기증희망 등록한 사람의 숫자와 등록율의 증가가 실제로 사망한 후 장기를 기증하는 숫자로 연결되는지 여부가 중요했다. 이 사실을 확인하기 위해서 장기구득기관으로부터 잠재적인 장기기증자와 실제 장기기증자의 자료를 제출 받았다. 그리고 이 자료를 1999년에서 2006년사이의 자동차면허국 등록자료들과 비교하여 실제 장기기증자들이 기증자로 등록되어 있었는지를 확인했다. 연구자들은 법 시행 이후의 자료에서 실제 장기기증율의 증가를 기대하고 있었다.

장기구득기관의 자료에 의하면 의견존중법시행 이후 4년동안에 실제 발생한 사망시 기증자의 수나 백분율이 법시행 이전 3년간보다 모두 증가한 것으로 나타났다. 2006년 7월, 의견존중법이 시행된지 4년말 무렵, 모든 오하이오 주민들은 개정된 의견존중법에 기준하여 장기기증자로 등록할 기회가 주어졌다.

4. 자동차면허국과 장기구득기관의 자료는 회계년도(7월~다음해 6월)에 기준해서 제출되었다는 점을 감안해야 한다. 이 자료들이 회계연도에 기준해서 보고된 이유는 오하이오 주의 본인 의견존중법이 2002년 7월에 시행되었고, 연구는 법 시행 이전과 이후의 자료를 모아야 하기 때문에 회계연도를 따르는 것이 불가피했다.

장기구득기관들의 자료에 의하면 본인 의견존중법 시행 4년째 되던 해에는 57%의 잠재적인 사망 기증희망 등록자(potential deceased donor)가 실제 기증자가 되었다. 이 수치는 법 시행 첫해인 48%, 시행 3년전의 44%와 비교가 된다. 또한 의견존중법 시행 4년후, 즉 오하이오 주민 전체가 이 법에 의해 운전면허 재발급 기회와 등록기회를 부여 받았을 때 오하이오 주의 실제 사망 후 기증자가 44%였다는 사실은 법 시행 첫해 13%와 대조가 된다.

## 오하이오 주민들의 장기기증과 본인 의견존중법에 대한 태도와 행동의지

이번 연구는 오하이오 주민들의 장기기증에 관한 태도, 지식, 그리고 행동의도들을 관찰하였다. 연구는 오하이오 주 성인을 대상으로 3번에 걸쳐 설문조사로 진행되었다. 각각의 설문조사는 무작위 추첨전화기로 2,000명의 오하이오 거주 성인들에게 시행되었다. 전화인터뷰는 약 25분 소요되었다(see Appendix 6.1, Survey Methodology). 각각의 설문조사는 의견존중법이 시행되기 1년 전인 2001년과 1년후인 2003년, 그리고 3년후인 2005년에 시행되었다. 결과분석은 오하이오 주민들의 장기기증 및 의견존중법에 대한 태도, 지식, 그리고 행동의 변화에 대하여 각 시기별로 조사하였다.

### *First-Person Consent*

본인 의견존중에 대한 대중적인 지지는 2001년 설문조사 이후 눈에 띄게 증가하였다. 2001년과 2005년 설문조사를 비교하면, 2005년 조사에서는 장기기증자로 등록한 이들의 희망이 직계존비속의 희망보다 우선권을 가져야 한다고 강하게 동의를 하였으며($Z = 5.106$, $p < .05$), 표 6.1은 이 결과를 보여주고 있다.

또 장기기증희망 등록자의 기증희망은 가족들의 감정과 상관없이 집행되어야 한다는 항목에 대한 오하이오 주민들의 생각 역시 2001년의 설문조사 시 81%에서 2005년에는 87%로 현저한 차이를 보여주었다($Z = 5.223$, $p = .05$, 표 6.2).

### *장기기증에 대한 태도*

대부분의 오하이오 주 성인들은 이식을 위한 장기기증에 대해 긍정적(매우 긍정적이거나 다소 긍정적인 태도를 포함)인 태도를 보였다. 즉 2001년 설문조사에서는 91%였으나 2005년에는 95%로 큰 차이를 보였다(Z = 4.969, p <.05).

### 기증의사
장기기증자가 되려는 의지를 보는 것은 개인의 장기기증에 대한 의견을 측정하는 방법 중 하나이다. 설문은 자신의 장기 중 한 개 혹은 더 많은 장기를 이식이 필요한 환자에게 기증할 의사가 있는지에 대해 단순하게 예, 아니오로 대답하게 하였다. 서로 다른 해의 시행된 세 번의 설문조사 결과는 장기기증을 희망하는 사람들이 증가하는 추세임을 보여주었다(75% in 2001, 77% in 2003, and 81% in 2005). 2001년 설문조사와 2005년 설문조사 사이에는 현저한 차이가 있음을 보여준다( Z = 4.633, p < .05).

### 장기기증자로 등록
오하이오 성인의 대다수가 장기기증의사가 있다고 말하였지만, 운전면허에 실제로 장기기증의사를 표현하는 경우는 매우 적다. 설문조사 결과 이번 프로젝트 시행기간 동안 오하이오 성인 중 장기기증자로 실제 등록된 인원의 증가는 미미한 것을 확인할 수 있었다(2003년에는 57% 그리고 2005년에는 59%).5,6(Z = 1.274, p < .05). 표 6.3에서는 성별, 나이, 인종 그리고 교육 정도에 따른 설문 결과를 보여주고 있다.

## 본인 의견존중법 그리고 교육캠페인 방법

이번 연구의 목적은 교육캠페인이 장기기증희망 등록에 주는 영향, 그리고 교육캠페인, 본인 의견존중법과 장기기증에 대한 인지도와 태도를 측정하는데 있다. 이를 위해 자동차 면허국의 등록자료를 이용하여 교육캠페인 전 후의 장기기증희망 등록을 추적해 보았다. 2003년과 2005년도에 시행한 주 전체의 설문조사도 본인 의견존중법과 장기기증의 인식과 태도를 평가하기 위한 질문들이 포함되었다. 결과는 교육 홍보 후의 기증희망 등록율을 비롯해서 의견존중법과 장기기증에 대한 인지도와 호감도 등이 포함되었다.

교육 홍보의 영향을 평가하는데 설문조사 결과와 자동차 면허국의 등록자

**표 6.1**  Individuals' Wishes Should Take Precedence Over Next of Kin: Comparisons of Three Cross-Sectional Surveys

|  | Percent of agreement | | |
|---|---|---|---|
|  | 2001 | 2003 | 2005 |
| Strongly Agree | 47.6 | 52.4 | 55.8 |
| Agree Somewhat | 27.3 | 27.2 | 26.4 |
| Disagree Somewhat | 13.7 | 10.4 | 10.1 |
| Strongly Disagree | 7.9 | 7.1 | 6.2 |
| Don't Know (Volunteered response) | 3.5 | 2.9 | 1.5 |
| (N) | 2,114 | 2,062 | 2,006 |

*Note:* Z-test for difference in proportions, 2001 survey to 2005 survey: Z = 5.106, p < .05.
*Note:* Question wording, "Do you agree or disagree with this statement: The wishes of those listed in the registry should take precedence over the wishes of the individual's next-of-kin."

**표 6.2**  Wishes Carried Out Regardless of Family's Feelings: Comparisons of Three Cross-Sectional Surveys

|  | Percent | | |
|---|---|---|---|
|  | 2001 | 2003 | 2005 |
| Yes | 81.1 | 80.7 | 87.4 |
| No | 12.4 | 14.1 | 9.9 |
| Don't Know (Volunteered response) | 6.5 | 5.2 | 2.7 |
| (N) | 2,118 | 2,067 | 2,033 |

*Note:* Z-test for Difference in proportions, 2001 survey to 2005 survey: Z = 5.223, p < .05.
*Note:* Question wording, "In your opinion, should the wishes of an individual who has indicated they want to donate their organs be carried out regardless of their family's feelings?"

료를 이용하였다. 자동차면허국의 등록된 자료의 추이는 일단 시간이 지날수록 기증희망 등록율은 증가추세를 보이지만 주 전체의 교육캠페인의 영향을 평가하는 데는 효과적이지 못했다. 하지만 자동차면허국의 등록추세는 연령별 차이를 보는데 특히 교육 홍보 이후에는 젊은 그룹의 장기기증희망 등록율이 나이가 많은 그룹보다 더 큰 증가율을 보여주었다.

5. 2001년 본인 의견존중법 시행 1년전에 실시한 설문조사에서는 56.8%의 오하이오 주 성인들이 장기기증자로 운전면허증에 표시되어 있었다.

6. 설문조사 자료에 나타난 등록율은 오하이오 주민들의 의견존중법에 의한 실제 등록율보다 부풀려졌다. 현재 약 51%의 오하이오 주민들이 장기기증자로 운전면허증과 주 신분증에 기재되어 있다.

**표 6.3** Register as an Organ Donor: Comparisons of Three Cross-Sectional Surveys

| Registered as an organ donor: Driver's License | 2001 | 2003 | 2005 | Combined Files 2001~2005 | |
|---|---|---|---|---|---|
| Yes, Driver's License | 56.8 | 56.4 | 58.8 | 57.3 | |
| No, have not granted permission | 39.4 | 39.9 | 37.1 | 38.8 | |
| Sex (% Yes) | | | | | $x^2 = 18.51, p < .000$ |
| Male | 61.3 | 57.1 | 62.5 | 60.3 | |
| Female | 52.7 | 55.8 | 55.4 | 54.6 | |
| Age (% Yes) | | | | | $x^2 = 178.12, p < .000$ |
| 18~29 | 65.6 | 62.6 | 66.6 | 65.1 | |
| 30~45 | 63.0 | 62.2 | 65.3 | 63.5 | |
| 46~64 | 50.9 | 58.5 | 57.9 | 55.7 | |
| 65+ | 45.7 | 38.8 | 39.4 | 41.5 | |
| Race (% Yes) | | | | | $x^2 = 179.01, p < .000$ |
| Black | 35.7 | 27.2 | 39.9 | 34.1 | |
| White | 59.2 | 60.2 | 61.3 | 60.2 | |
| Education (% Yes) | | | | | $x^2 = 340.85, p < .000$ |
| Less than High School | 44.2 | 39.1 | 39.5 | 41.4 | |
| High School Grad | 53.4 | 51.0 | 52.5 | 52.3 | |
| Some College | 64.2 | 62.0 | 66.6 | 64.4 | |
| College Grad | 72.5 | 74.0 | 78.8 | 75.3 | |
| Post College Grad | 71.2 | 77.7 | 73.8 | 74.5 | |
| (N) | 2,117 | 2,066 | 2,039 | 6,230 | |

Note: Z-test for Difference in Proportions, 2001 survey to 2005 survey: Z value = 1.274, not significantly different at p < .05.

Note: Question wording, "Have you granted permission for organ donation on your driver's license, signed a donor card, or in some other way have you granted permission for organ donation?" (include those who say "yes, driver's license" and "yes, to both driver's license and donor card").

이는 설문조사에 참여한 대상자 중 일부(약 8~10%)가 본인이 기증자로 등록되어있지 않았음에도 등록되어있다고 착각을 했을 가능성이 있다. 흥미로운 소견이지만 이번 연구 프로젝트에서 다루기 힘든 주제이다.

설문조사는 2003년 교육 홍보 이전에(17%) 비해 2005년 교육 홍보 이후에 (38%) 본인 의견존중법을 듣거나 읽어보았다는 주민들이 확연히 다른 것을 보여주었다(Z = 15.036, p < .05).

자동차면허국의 등록자료에는 교육 캠페인이 영향을 미쳤다고 할 만큼 눈에 띄는 기증증가율을 보여주지는 않았지만, 본인 의견존중법과 장기기증에 관련된 주 전체의 교육에 대한 노력이 전체 주민들에게 이와 같은 제도의 변화를 알리는데 중요한 역할을 했다. 교육 캠페인이 진행되는 동안 장기기증희망 등록율은 지속적으로 증가하였으며 특히 젊은 층에서 더 뚜렷하게 나타났다. 더 나아가 본인 의견존중법 시행 이후 주 전체의 기증희망자 등록 증가수는 시행 이전보다 매우 컸다. 주 전체의 교육캠페인과 새로운 등록제도에 대한 긍정적인 방송보도가 장기기증 희망등록의 지속적인 증가에 기여했다고 생각된다. 설문조사 결과를 보면 주 전체에서 시행된 교육캠페인 이후 본인 기증동의 의견존중법에 대한 인지도가 상승한 것을 보여준다.

## 평가와 교훈

이번 연구는 오하이오 주에서 시행한 본인 의견존중법과 장기기증을 촉진하기 위해 실시한 교육캠페인의 영향을 조사하기 위한 것이었다. 여러 기관에서 제출된 자료를 분석해 보면 본인 의견존중법 시행 이후 장기기증희망 등록자와 사망 시 실제 장기기증율의 증가가 있었음을 보여준다. 이것은 본인 의견존중법의 시행과 교육중재 캠페인의 영향이 유익하다는 것을 말해 준다. 모아진 자료를 상호 검정하는 data triangulation 방법을 사용함으로 우리는 3개의 설문조사에서 비슷한 추세들을 공통적으로 관찰할 수 있었다. 즉 태도, 인지도, 그리고 장기기증 관련 행동에서 긍정적인 변화를 나타냈다. 자동차면허국의 등록자료는 장기기증희망 등록자 수가 지속적인 증가를 보였다. 이중 특히 젊은 층의 장기기증희망 등록수가 눈에 띄게 증가하였다. 본인 의견존중법 시행 이전에도 주 전체의 기증희망 등록수는 증가하는 추세를 보였지만 시행 이후의 등록자수가 확연히 증가하였다. 또한 장기구득단체의 사망 후 기증자 자료에 의해 측정된 실제 장기기증자 수는 본인 기증동의 의견존중법 시행 이후 증가하였다. 이 다양한 자료들은 주 정책의 변화와 이에 대한 홍보를 평가하는데 있어서 매우 중요했다.

그렇지만 각각의 자료들과 우리의 연구설계에 한계가 있었다. 자동차면허국의 등록자료는 분석에 이용하기에는 사용 가능한 변수들의 숫자에 한계가 있었다. 장기구득단체들의 사망 후 장기기증자 자료는 매년 발생하는 사례가

한정되어 있고, 분석에 필요한 변수의 숫자가 역시 문제되었다. 설문조사의 경우 분석자료로 사용할 수 있는 변수가 많았지만 이 자료들은 세 번의 설문조사 시기의 정보만을 제공한다는 한계가 있다. 또 장기기증에 대한 국가적인 대중매체 또는 연예방송 매체와 같은 외부의 영향에 통제권한이 거의 없었다는 한계도 있다.

장기기증희망 등록에 교육캠페인이 주는 정확한 영향은 확인되지 않았지만, 이 활동은 캠페인 기간 내내 증가하였다. 주 전체적인 대중매체의 긍정적인 보도와 교육캠페인이 특히 젊은 층의 지속적인 장기기증희망 등록에 기여하였을 것이다.

이번 연구에서 장벽으로 작용했던 몇 가지를 아래에 기재하였다.

## 현실

이번 프로젝트는 현실을 배경으로 하였다. 오하이오 주는 매우 큰 주로서 여러 개의 장기구득단체들과 대중매체들이 존재한다. 더 나아가 이번 프로젝트는 4개의 장기구득단체, ODH/SCTF, 자동차면허국 그리고 Cincinnati 대학이 포함된 대규모 협력단으로 구성되어 있어서 지속적인 대화와 협력이 필요하였다. 이 현실적 문제들은 정기적인 이메일, 전화 그리고 대면 회의를 통해 해결해야 했다.

이뿐만 아니라 이번 프로젝트는 자료와 기술정보, 공교육, 그리고 대중매체 협력에 관여하는 각 장기구득단체의 여러 직원들과 함께 하는 것이 필요했다. 이 일을 성공적으로 이끌어 내기 위해서 각 장기구득단체의 대표들이 관련되어 프로젝트 초기단계부터 그들의 직원으로부터 관련내용들을 보고받았다. 뿐만 아니라 오하이오 주의 협력단원들 사이에는 본인 의견존중법에 대한 에너지와 기대감이 있었다. 그리고 이번 프로젝트는 이런 협력 분위기를 잘 활용할 수 있었다.

## 희망등록자료와 사망 후 장기기증자 자료

본인 의견존중법 시행 3년 전의 자동차면허국의 희망등록자료와 장기구득단체의 사망 후 장기기증자 자료는 정책의 변화와 교육캠페인의 효과를 평가하는데 중요했다. 하지만 이 일은 이번 연구에서 가장 힘들고 시간이 많이 드는 부분이었다. 일부 단체들은 후향적 의무기록 검토를 해야만 했다. 자동차면허국은 여러 곳에 산재한 정보자료로부터 역사적 자료를 추출하는 체계를 만들어야 했다.

각 단체들은 이 체계에 따라 연구에 필요한 자료들을 성공적으로 수집했다. 각 단체들의 정보기술 담당 직원들 사이의 협력과 정기적인 의사소통은 장기구득단체와 자동차면허국으로부터 성공적인 협조와 우수한 질의 자료수집을 할 수 있게 했다.

### 이론의 한계

우리의 연구설계가 학술적 이론을 기초로 작성되었지만 이전에 지적되었듯이 이론은 한계가 있었다. 기증의지 모델(willingness to donate model)은 개인의 장기기증 의사 결정시 영향을 주는 변수들을 가늠할 수 있는 통찰력을 우리에게 주었다. 이번 연구결과는 특히 설문조사를 통해 이전의 연구자들이 주목했던 것과 유사한 패턴을 보여주었다(Horton & Horton, 1991; Morgan, Miller, & Arasaratnam, 2002). 우리의 설문조사를 분석한 이전의 보고 자료에 의하면 장기기증에 관한 지식과 이에 대한 긍정적인 태도가 장기기증 희망자로 등록하는데 밀접한 관계가 있다는 것을 알 수 있었다(Downing, Carrozza, & Jones, 2006).

그러나 왜 많은 사람들이 기증자로 등록하지만 다른 이들은 그렇지 않은지에 대한 의문점들이 남는다. 예를 들어 본인 의견존중법 시행 후 왜 연령별 등록율에 차이가 있는지는 쉽게 설명이 되지 않는다. 모든 연령층의 성인들에게 새로운 정책이 노출되었으며, 최초 기증동의자 의견존중법에 등록할 기회가 똑 같이 주어졌다. 뿐만 아니라, 교육캠페인은 주 전체를 통해 시행되었고 대중을 상대로 이루어졌다. 이 메시지들 중에 젊은층에게 특별히 더 효과적인 것이 있었나? 여기에는 분명 연령별로 더 효율적인 필요정보, 장기기증에 관한 메시지, 그리고 공중 매체의 대중공략을 위한 전략이 있을 것이다(Downing & Jones, 2008). 지식과 정보에 대한 노출 이외에 다른 어떤 영향이 등록율 증가에 요인이 되었을까? 어떤 외부적인 요인들이 일부 성인들에게 장기기증자가 되게 한 것일까? 장기기증 희망등록에 대해 좀 더 이해하기 위해서는 이 문제들을 더 검토해 볼 필요가 있다(see Alvaro & Siegel, this volume;

Siegel et al., 2008).

## 결론

이식에 필요한 장기의 지속적인 증가의 필요성이 주 정부의 법 변화를 이끌어 냈다. 본인 의견존중법과 주 전체의 전자등록제도의 개발은 지난 10년간 장기기증자 수를 증가시켰고, 여기에는 기증자의 기증희망 의사를 주 정부법으로 확실히 제정한 일과 기증자의 의사를 쉽게 등록할 수 있게 함으로서 가능하였다.

본인 의견존중법의 조기시행과 당시 장기구득단체들 및 주 정부의 협조분위기는 오하이오 주의 본인 의견존중법으로의 제도변환과 이의 정착을 위한 교육캠페인의 효과를 연구하는데 도움을 주었다.

그 결과 다양한 자료들을 기반으로 장기기증희망 등록 행위에 관한 통찰력을 주었다. 이 연구결과는 오하이오 주의 본인 의견존중법 시행 이후 장기기증희망 등록자 수와 사망후 실제 장기기증율의 증가를 보여주고 있다. 이번 연구를 통해 본인 의견존중법이 장기기증희망 등록에 주는 영향과 사망 후 실제 기증율에 대한 영향을 연구시행 이전보다 더 잘 알게 되었다. 하지만 각 개인을 장기기증희망자로 등록하게 하는 인자에 대한 이해와 연구가 더 필요하다. 우리는 이미 우리가 종합한 자료들과 본인 의견존중법 시행 이후 변경되는 장기기증 정보를 이용하여 이 주제를 계속해서 연구를 할 것이다.

## Appendix 6.1 설문조사 방법

### 설문조사 1: 2001년

무작위로 추첨된 2118명의 오하이오 주 성인들을 상대로 인터뷰가 시행되었다. 인터뷰는 전화를 통해 2001년 1월 11일부터 2월 12일 사이에 University of Cincinnati의 Institute for Policy Research의 면접관들에 의해 이루어졌다. 설문조사 모집단의 편차는 +/- 2.1% 이다. 설문조사는 RDD sample을 사용했으며 이는 Survey Sampling, Inc.가 제공했다.

## 설문조사 2: 2003년

무작위로 추첨된 2066명의 오하이오 주 성인들이 인터뷰되었다. 인터뷰는 전화로 이루어졌으며 2003년 7월 15일에서 8월 28일 사이에 University of Cincinnati의 Institute for Policy Research의 면접관들에 의해 이루어졌다. 설문조사 집단의 편차는 ±2.2% 이다. 설문조사는 RDD sample을 사용했으며 이는 Survey Sampling, Inc.가 제공했다.

## 설문조사 3: 2005년

무작위로 추첨된 2039명의 오하이오 주 성인들이 인터뷰되었다. 인터뷰는 전화로 이루어졌으며 2005년 6월 15일에서 7월 21일 사이에 University of Cincinnati의 Institute for Policy Research의 면접관들에 의해 이루어졌다. 설문조사 sampling 편차는 +/- 2.2% 이다. 설문조사는 RDD sample을 사용했으며 이는 Survey Sampling, Inc.가 제공했다.

# 감사의 글

이 연구는 Health Resources and Services Administration의 Division of Transplantation(HRSA/DoT)와 미국 Department of Health and Human Services의 연구비 지원으로 이루어 졌다(grant no. 6-H39-OT0009601-01). 출판내용들은 전적으로 저자들에게 책임이 있으며 HRSA/DoT의 견해라고 볼 수는 없다.

## 참고 문헌

1. Downing, K. (2001). Anatomical gift family survey, 2001 (Technical Report). Columbus: Ohio Department of Health/Second Chance Trust Fund.
2. Downing, K., Carrozza, M., & Jones, L. (2006, May). Understanding the influence of facts, beliefs and myths on organ donation decisions. Paper presented at the 61st Annual Conference, American Association for Public Opinion Research, Montreal, Quebec, Canada.
3. Downing, K., & Jones, L. (2008). Designing an educational strategy for increasing organ donor registration among older adults. Progress in Transplantation, 18, 290~296.
4. Gortmaker, S. L., Beasley, C. L., Brigham, L. E., Franz, H. G., Garrison, R. N., Lucas, B. A., et al. (1996). Organ donor potential and performance: Size and nature of the organ donor shortfall. Critical Care Medicine, 24, 432~439.

5. Horton, R. L. (1991). Marketing the concept of becoming a potential organ donor. Journal of Health Care Marketing, 11, 36~45.
6. Horton, R. L., & Horton, P. J. (1990). Knowledge regarding organ donation: Identifying and overcoming barriers to organ donation. Social Science and Medicine, 31, 791~800.
7. Horton, R. L., & Horton, P. J. (1991). A model of willingness to become a potential organ donor. Social Science and Medicine, 33, 1037~1051.
8. Jones, L., Downing, K., & Holloway, G. K. (2006, August). Increasing organ and tissue donation through a state-wide collaboration. Poster session presented at the 2006 NATCO Meeting, Chicago.
9. Lewin Group. (2002). Proceedings from U.S. Department of Health and Human Services, Health Resources and Services Administration, Office of Special Programs, Division of Transplantation: Guidelines for donor registry development conference final report. Retrieved October 11, 2008, from http://www.organdonor.gov/pdf/execsum.pdf
10. McIntyre, P., Barnett, M. A., Harris, R. J., Shanteau, J., Skowronski, J., & Klassen, M. (1987). Psychological factors influencing decisions to donate organs. In M. Wallendorf & P. Anderson (Eds.), Advances in consumer research (pp. 331~334), Provo, UT: Association for Consumer Research.
11. Morgan, S., Miller, J., & Arasaratnam, L. A. (2002). Signing cards, saving lives: An evaluation of the Worksite Organ Donation Promotion Project. Communication Monographs, 69, 253~273.
12. Ohio Bureau of Motor Vehicles. (2007). 2007 BMV facts & figures. Retrieved October 14, 2008, from http://www.bmv.ohio.gov/media/2007_bmv_facts.htm
13. Ohio General Assembly. (2000). An act to promote first person consent for the Ohio Donor Registry by amending Ohio Revised Code: Amended Substitute Senate Bill Number 188 (123rd General Assembly). Retrieved November 19, 2008, from http://www.legislature.state.oh.us/bills.cfm?ID = 123_SB_188_
14. Ohio General Assembly. (2001). First Person Consent Donor Registry of 21 § Ohio Revised Code 2108.04(F). Retrieved May 25, 2009, from http://codes.ohio.gov/orc/2108
15. Organ Procurement and Transplantation Network. (N.d.). National Organ Transplant Act of 1984. Retrieved October 20, 2008, from http://www.optn.org/policiesandbylaws/ nota.asp
16. Pennsylvania General Assembly. (1994). The Pennsylvania Act 102 1994, Amending Title 20 (Decedents, Estates, and Fiduciaries) of the Pennsylvania Consolidated Statues, (20 Pa. C.S.) 1994, Senate Bill 1662. Retrieved October 10, 2008, from http://www.legis.state.pa.us/CFDOCS/Legis/PN/Public/btCheck.cfm?txtType = PDF&sessYr = 1993&sessInd = 0&billBody = S&billTyp = B&billNbr = 1662&pn = 2566
17. Siegel, J. T., Alvaro, E., Crano, W. C., Lac, A., Ting, S., & Jones, S. P. (2008). A quasiexperimental investigation of message appeal variations on organ donor registration rates. Health Psychology, 27, 170~178.
18. Siegel, J. T., Alvaro, E. M., & Jones, S. P. (2005). Organ donor registration preferences among a Hispanic American population: Which modes of registration have the greatest promise? Health Education and Behavior, 32, 242~252.
19. Sokohl, K. (2002, September~October). First person consent: OPOs across the country are adapting to the change. UNOS Update, 1~3.
20. United Network of Organ Sharing. (N.d.). UNOS online. Retrieved October 14, 2008, from http://www.unos.org/inTheNews/factsheets.asp?fs = 6
21. U.S. Bureau of the Census. (2007). Annual estimates of the population for the United States, regions, states, and Puerto Rico: April 1, 2000 to July 1, 2007 (NST-EST2007-01). Retrieved October 14, 2008, from http://www.census.gov/popest/states/NST-ann-est.html
22. U.S. Department of Health and Human Services (DHHS), Health Resources and Services

Administration, National Conference of State Legislatures, and Council of State Governments. (2001). State strategies for organ and tissue donation: A resource guide for public officials. Authors: L. Gilmore, T. Matthews, & V. A. McBride. Rockville, MD: DHHS.
23. U.S. Department of Health and Human Services (DHHS), Advisory Committee on Organ Transplantation. (2003). Recommendations 19~28. Retrieved October 14, 2008, from http://www.organdonor.gov/research/acotrecs19-28.htm
24. Wendler, D., & Dickert, N. (2001). The consent process for cadaveric organ procurement: How does it work? How can it be improved? Journal of the American Medical Association, 285, 329~333.

7장
# New York 내 중국인 사회의 장기기증 향상
## 협력단체들의 관점에서

*Paul L. Hebert, Julia Rivera, Kelly Eng, Regina Lee,
and Susan Seto-Yee*

중국계 미국인은 미국 인구의 4.2%를 차지하며(Barnes & Bennett, 2002) 뉴욕에서 그 인구가 지속적으로 증가하고 있다. 그들은 장기기증 연구에 많은 관심을 가지고 있다. 동양인 신장이식 대기자는 6.7%를(남성 = 6.4%, 여성 = 7.2%) 차지하며 지금까지 2,916명의 동양인이 이식을 기다리다 사망한 것으로 집계되었다. 지역적으로 2004년 뉴욕시내 병원들의 기증동의율에 의하면 동양인은 20%로 전체 49%의 기증동의율에 비해 저조했다. 이 결과는 이들 아시아계 사람들의 기증동의율을 향상시킬 필요가 있음을 말하고 있다. 뉴욕 장기기증자 연합과 Mount Sinai 의과대학 그리고 Charles B. Wang 보건소는 협력하여 중국계 미국인의 장기기증율을 향상시키고 이에 대한 통합적인 캠페인의 영향을 시험하기 위해 3년간의 연구를 시행했다.

이 연구는 언어적인 또는 문화적인 장애로 고립되었던 중국계 미국인들의 장기기증에 대한 집중 교육을 통해 뉴욕시 내에 거주하는 동양들의 장기기증 희망자 수를 늘리기 위한 목적으로 시행되었다. 그리고 궁극적 목표는 뉴욕 주 장기기증희망 등록소의 활동이 미치지 못하는 Manhattan, Brooklyn, 그리고 Queens의 중국사회로 등록소의 영향력을 확장하는데 있었다.

이 프로젝트는 두 가지의 서로 다르지만 관련이 있는 연구 과제를 보유하고 있다. 첫째는 뉴욕시에 살고 있는 중국계 미국인들이 뉴욕 주 장기 및 조직기증에 등록된 숫자의 변화를 조사하는 것이고, 또 사망 시 장기기증 의사를 가족에게 표명한 숫자의 변화를 확인하는 것이었다. 그리고 두 번째는 quasi-experimental research design에서 실시하는 시간과 장소를 조절함으로써 두 가지의 대중교육을 통한 전통적인 의사소통방법(사람들과 직접 소통하는 지역활동과 유료의 대중매체 광고; grossroots community activities와 paid media advertising)의 효과를 서로 비교를 하는 것이었다.

프로젝트의 목표달성을 위해 우리는 3개의 단계로 나누어진 계획을 세웠다. 먼저 중국인 사회에서 특정 초점그룹과 기본적 조사를 통해 장기기증에 영향을 주는 조절 가능한 장애요인들을 확인하였다. 두 번째로 이 문제들을 시정하기 위해 직접 소통하는 방법과 대중매체로 하는 두 가지 중재방법을 설계하였다. 셋째로 이 중재 방법대로 이행하고 이 결과를 quasi-experimental study design에 의거하여 평가를 하였다. 중요한 것은 각 단계에 지역주민들을 영입하여 장기기증 메시지가 지역주민들에 의해서 실제로 설계되고 이행되며 평가되게 하였다. 이번 장에서는 초점그룹의 조사결과를 제시하고 프로젝트로부터 얻은 경험과 의미에 대한 자세한 개요를 제공하고자 한다.

## 형성적 연구: 초점그룹

우리의 첫 번째 과제는 중국인 사회에서 우리가 경험하게 될 중요한 문제점들을 초점그룹을 통해 찾아내는 것이었다. 즉 미국 내 거주하는 중국인들의 장기기증에 대한 태도를 좀더 잘 이해해서, 장기기증을 방해하는 주요 장애요인을 찾아내며, 중국인사회에서 장기기증에 관한 이야기를 전달하려 할 때 가장 좋은 방법을 찾는데 있다. 특히 중국인 사회에 초점을 둔 연구가 한정되어있고 가능한 많은 장벽들을 확인하기 위해 우리는 연구에 미국거주 동양인들을 모두 포함하기로 했다. 문헌자료를 검토해 보면 동양인 사회에서 장기기증율을 높이려는 중재 노력들은 여러 가지 도전에 직면했던 것으로 드러났다. 첫 번째 문제는 종교적 신념이었다. 미국의 동양인들은 백인들보다 사후 시신보존에 강한 관심을 가지고 있다는 것이었다(Cheung, Alden, & Wheeler, 1998). Lam과 McCullough에(2000) 의해 시행된 설문조사 결과에는 동양인들의 신앙심, 특히 유교에서는 시신을 온전히 보존하는 것이 조상을 경외하는 것과 관련이 있다고 한다. 이 생각이 장기기증을 주저하게 하는 것이라고 제시했다. Wheeler, O' Friel과 Cheung(1994)에 의해 시행된 초점그룹 연구에서 일본인들은 사망 후 화장 때까지 시신이 잘 보존되어야 한다고 믿었고, 필리핀인들은 시신이 장기기증으로 훼손되면 신의 일에 간섭하는 것으로 느꼈으며, 중국인들은 신체 모든 것이 함께 매장되어야만 한다고 생각하고 있었다. 또한 이들 가운데에는 가족일원의 장기를 분명한 설명, 동의 없이 기증하는 것에 대한 우려가 있었고 몸은 소유자의 것이며 소유자 자신만이 장기를 기증할 권리가 있다고 생각했다(Wheeler et al., 1994; see also Yeung, Kong, & Lee, 2000). 우리는 이 결과들을 증명해 줄 내용들을 형성적 연구에서 찾을 수 있었다.

초점그룹 연구는 2003년 12월 20일과 2004년 1월 4일 사이에 이행되었다. 연구기간의 결정은 2003년 2월 1일에 시작되는 중국의 신년 축제 때 죽음을 주제로 설문조사를 하는 것이 부적절하다고 여겨졌기 때문이었다. 이번 연구가 세 개의 초점그룹들로 나누어 진행된 이유는 뉴욕의 중국인 사회의 민족적 사회경제적 다양성을 고려한 것이다. 첫 번째 그룹 조사는 Flushing과 Queens에서 Charles B. Wang 보건소가 Mandarin을 사용하여 시행되었다. 둘째와 셋째 그룹 조사는 Flushing 그룹보다 오래되고 경제적으로 뒤처진 Chinatown과 Manhattan에서 Charles B. Wang 보건소가 영어와 Cantonese를(남부, 홍콩에서 많이 사용되는 중국어) 사용하여 실시하였다.

우리는 초점그룹 참여자들을 지역신문광고를 통해 모집했다. 초점그룹은 9명에서 12명의 참여자들로 구성되었으며, 초점그룹을 운영해본 경험이 있는 중재자를 중국인 사회에서 선발하여 연구를 진행하였다. 중재자는 초점그룹의 리더들에게 장기기증에 대한 지식과 태도를 이끌어내도록 교육하고, 이후 장기기증에 장애가 되는 요인들, 즉 종교적인 문제, 영적인 신념, 중국사회의 미신, 그리고 가족문제 등에 초점을 맞추었으며, 마지막으로 장기기증에 대한 화두를 어떻게 시작하는 것이 중국인들에게 동의를 이끌어 낼 수 있는 방법인가를 토론하였다. 초점그룹의 토의내용은 두 번째 중재자에 의해 수합되고 분석을 위해 영어로 번역되었다. 참가자에게는 $25씩이 지불되었다.

## 초점그룹에서 발견된 것들

### 전통적인 믿음

몇 가지의 중요한 주제가 초점그룹 토론을 통해 드러났다. 첫째는 참가자들은 대체적으로 장기이식에 대해 긍정적인 태도를 가지고 있었다는 점이다. 그들은 기증으로 인한 위험이 전혀 없는 것은 아니지만 선한 일로 여기고 있었고,

타인의 생명을 보존 시키고 연장시키는데 도움을 준다고 믿었다. 하지만 장기기증은 중국인들의 사망 시 시신보존이라는 관습으로 인한 문제 때문에 기증결정에 상당히 복잡한 양상을 나타내고 있었다(Chan, Ng, Tse, & Cheung, 1990; Molzahn, Starzomski, McDonald, & O' Loughlin, 2005). 시신보존을 해야 한다고 생각하는 이유는 두가지 였다. 첫째, 참가자들은 사람의 신체는 조상들이 준 선물이기 때문에 살아있을 때나 죽은 이후에도 훼손해서는 안 된다는 생각이다. 이 때문에 한 참가자는 자손들은 문신을 하거나 피어싱 등 바보같은 일들을 몸에 해서는 안 된다고 말했다. 온전히 몸에 칼을 대어 수술하거나 상처를 만들지 않고 온전히 매장되는 것이 조상에 대한 존경심의 표현이라고 여겼다. 더더욱 환생을 믿는 이들에게는 몸의 보존은 매우 중요한 것이었다. 단적으로 한 참가자는 그의 어머니의 걱정을 말해주었다. 만약 눈이나 심장을 기증할 경우 사후에 장님이 되고 심장박동이 불가능 해서 다음 생에 돌아오는 일이 불가능하다고 믿는다는 것이었다.

참가자들은 이와 같은 자신들의 신념이 종교적 규범 때문이 아니고 전통적인 믿음 또는 조상숭배사상에서 유래된다는 것을 알게 되었다. 한 참가자는 대부분의 중국인들은 불교와 개신교 중 하나를 믿고 있는데 이 두 종교 중 어느 쪽도 장기기증을 금하지는 않는다고 말했다. 그리고 각 종교의 지도자들은 서로를 사랑하고 서로를 위해 희생하라고 가르치기 때문에 장기기증을 지지할 것으로 믿는다고 말했다. 그럼에도 불구하고 전통적인 사상, 진부한 생각과 조상숭배사상은 사망 시 완전하지 못한 몸에 대해서 금기시 하고 있다는 것이다.

중국인 사회의 전통적인 생각에서 유래된 또 다른 문제는 죽음을 이야기 하는 것 즉 사망 후 장기기증에 대해 이야기하는 것이 운에 좋지 않다고 믿는데 있다(Braun & Nichols, 1997). 초점그룹 참가자들이 보편적으로 가지는 생각은 '죽음에 대해 이야기 하는 것' 이 그 사람에게 실제 죽음을 가져온다고 믿는 것이었다. 참가자중 한 명은 죽음을 생각하는 것 자체가 금기시되어 일부 중국인들은 유언장을 아예 쓰지 않는다고 말했다. 다른 한 참가자는 그녀의 친구가 암에 걸렸을지 모른다고 추측되어 암에 대한 의학적 자료를 보여줬다가 그 친구의 화를 돋우었다는 말을 했다. 그녀는 또 Cantonese 언어 사용자들은 겨울철 멜론을 사지도 표현을 하지도 않는다고 하는데 그 이유는 이 멜론의 발음이 Cantonese에서는 죽음과 비슷하다는 것이다. 이 참가자는 덧붙여 그녀의 친구는 초점그룹에 참가하게 되면 자기 스스로 건강에 좋지 않은 저주에 걸릴 것이라고 말했다는 것이다. 분명한 것은 초점그룹 멤버들은 일반 중국사회의 사람들에 비해 전통적인 신념을 강하게 믿는 편은 아니었다. 따라서 이 사실을 초점그룹에서 분석된 내용을 해석할 때 꼭 감안해야 할 것이다.

## 가족

초첨그룹에서 시신의 기증에 자주 거론된 장애물에는 가족이 연관되어 있었다. 전통적인 신념 때문에 가족들은 장기기증에 대해 말하기를 꺼려했으며(Braun & Nichols, 1997; Sze Wu, 2008), 일부 참가자들은 좋지 않은 경험이 있었다고 말했다. 한 참가자는 본인이 친구들과 장기기증에 대해 이야기 하는 것은 힘든 일이 아니라고 말했지만 그녀의 가족과 이에 대해 이야기하는 것은 아주 불편하다고 말했다. 그래서 장기기증에 대한 대화는 중국의 신년축제 기간을 피하는 것이 중요했다.

가족에 대한 토론은 주로 장기기증과 동의과정에 대한 가족원들의 반대가 주는 영향에 집중되었다. 이들 사이의 의견충돌로 야기되는 불화는 매우 걱정스러울 정도였다. 한 참가자는 가족의 반대가 없을 경우에만 사망 시 그의 장기를 기증할 것이라고 말했다. 우리는 장기기증시 가족 중 누구의 의견이 가장 존중되어야 할지 그리고 가족이 개인의 기증의사를 번복할 권리가 있는지에 대해서 집중적인 토론을 했다. Cantonese언어 그룹과 Mandarin언어 그룹의 참가자들은 각각 사망자의 장기기증의사가 존중되어야 하는지에 대해 분쟁을 벌이는 가족에 대한 뉴스에 대해 언급했다. 한 참가자는 이 분쟁 때문에 그들은 장기기증의 기회를 상실했다고 언급했다.

이 가족간의 분쟁은 서로 다른 세대간의 분쟁에 한정된 것이 아니었다. 세명의 참가자들은 자신들과 나이가 비슷한 형제자매 또는 나이가 비슷한 다른 가족원과의 분쟁경험을 이야기 했다. 한 사람은 자신의 사촌이 그녀의 운전면허증에 장기기증의사를 기재하는 것을 막았다고 했으며, 다른 한 참가자는 그녀의 남편이 그녀가 장기기증희망 등록하는 것을 거절했다고 말했다.

### *장기들의 분배*

공평성은 모든 초점그룹들에서 특히 영어권 그룹에서 자주 거론된 중요한 내용이었다. 참가자들은 기증된 장기들이 부유하거나 유명한 사람이 아닌 꼭 필요한 사람들에게 배분되기를 원했다. 이들은 반복해서 장기들이 꼭 필요한 사람들에게로 공평하게 분배되는 과정이 존재해야 한다고 주장했다. 그렇지만 이들 가운데에는 장기들이 불공평하게 힘있는 자들에게로 가는 경우가 있음을 의심하는 이들이 많았다. 예를 들어 Cantonese를 사용하는 그룹 참가자중 한 명은 돈이 많거나 높은 지위층에 있는 이들이 장기이식을 받을 확률이 높다는 것이 99% 사실이라고 말했다.

또 참가자 중에는 기증된 장기들이 누구에게 배분되었는지를 알기를 원하는 이들도 있었다. 장기기증 가능성이 있는 사람들이 만약 자신의 장기가 가족 또는 이식받을 가치가 있는 사람들에게 배분되는 것을 안다면 기증에 대해 전혀 다른 느낌을 가질 것이라고 했다. 두 명의 참가자들은 장기들이 반사회적 인사나 범법자, 이기적인 자 또는 자신의 재력으로 장기를 사려는 사람들이 아닌, 좋은 사람들, 젊은 사람들에게 분배되어 이식되어 지기를 원한다고 말했다.

공평성과 관련해서 참가자들은 장기매매가 이루어지는 암시장의 존재를 믿고 있었다. 그들은 암시장이 미국 내에 존재하는 것에 대해서는 확신하지 못하지만 아시아나 인도, 아프리카 같은 제 삼 세계국가에는 암시장이 존재할 것이라는 생각을 떨쳐버리지 못했다. 이 같은 암시장의 존재에 대한 확신은 기증된 대부분의 장기가 부유하고 권력이 있는 이들에게 배분될 것이라는 걱정을 부추겼고, 이 사실이 기증에 매우 큰 장애물이었다.

아시아 내의 암시장을 주제로 한 토론에서는 중국의 정보와 뉴스가 Cantonese 또는 Mandarin 언어로 된 신문으로 얼마나 많이 전달되었는지를 짐작할 수 있었다. 열 번의 서로 다른 토론에서 참가자들은 대만과 홍콩 발 뉴스들을 언급하였다. 대부분이 장기기증으로 인한 불행한 이야기였지만, 참가자들 중 일부는 암으로 사투하다 죽으면서 장기기증 의사를 밝힌 홍콩의 유명한 가수 Anita Mui를 언급하기도 했다. 그녀가 택한 장기기증 선택으로 사회의 존경과 칭송을 받았다.

## 중국사회에 접근

참가자들은 Anita Mui와 같은 감동적인 사연들을 인용해서 중국인 청중들에게 장기기증메시지를 전할 필요가 있다고 지적했다. 한 참가자는 장기기증의 중요성을 사회에 알리는 방법으로 간단하게는 인터넷을 통해 또는 입소문을 통해 전달되는 것이 효과적일 것이라고 제안했다. 다른 이들은 이식 수혜자의 경험담을 모아 홍보활동에 이용할 것을 제안했다.

많은 참가자들은 정보의 필요성을 계속 강조했다. 그들은 만약 사람들이 장기기증에 대해 지식이 없다면 그들은 기증을 하려 하지 않을 것이라고 했다. 그들은 장기기증자가 되기까지 절차와 기증된 장기가 어떻게 공평하게 나눠지는가에 대해 더 많은 정보가 필요하다고 말했다. 장기기증에 대한 지식이 적으면 다른 사람들과 토론할 때 상황을 더 힘들게 만든다고 한다. 또 다른 참가자는 장기기증의사를 밝힐 때 웃음거리가 되지 않기 위해, 장기기증에 대한 광고와 홍보가 필요하다고 말했다.

메시지 전달 매체에 대해서는 해당 정보를 전달할 가장 적당한 방법으로 사회단체가 가장 많이 거론되었으며, 중국계 라디오에 광고를 내는 것 또한 거론되었다. 한 참가자는 뉴욕의 많은 시민들이 차를 소유하지 않기 때문에 뉴욕에서는 자동차 운전면허국(DMV) 보다 더 나은 체계가 필요하다고 말했다. 참가자들은 운전면허국 이외에도 뉴욕장기기증 연합 또는 등록소가 존재한다는 것을 모르고 있는 듯 했다.

## 형성적 연구: 기초 설문조사

초점그룹들에서 모아진 자료들은 우리의 연구대상 집단들의 장기기증에 관한 주요 관심사들을 알 수 있게 했고, 이 자료들은 formative data와 기본자료로서 인종적 차이에 따른 홍보방법의 영향 평가를 조사하는데 사용되었다. 설문조사 내용들은 초점그룹 참가자들에 의해서 거론된 주요 내용들을 측정할 수 있게 만들었다. 그러나 가능하다면 설문조사 항목들을 과거에 출간된 장기기증 설문조사 항목 중에서 선택하였다. 설문조사서는 중국어로 번역되어 한 장의 종이에 앞 뒤 면으로 인쇄되었다.

시험조사를 거쳐 종이와 연필을 사용한 설문조사가 2004년 늦여름에 실시되었다. 모든 캠페인의 단계에서 그랬듯이 지역사회가 설문조사 과정에 관여했다. 유급 자원봉사자들이 설문내용을 수집하기 위해 지역사회에서 선발되었다. 이들은 3개의 중국인 집단 거주지역내의 공원이나 대중이 모이는 장소를 찾아 설문조사를 실시했다. 세 명의 대학생들이 지역사회에서 선발되어 수거된 자료를 입력했다. Mount Sinai 의 건강 경제학자인 중국계 미국인 Jason Wang 박사는 설문조사를 기안하고 자료입력을 관리하는데 봉사해주었다. 후에 그는 그가 관여하고 있던 중국어 판 정기간행물에 이 일에 참여했던 경험을 자랑스럽게 기고했다. 이 기고는 캠페인과 관계 없는 것이었고, 팀원 누구도 그의 이런 노력을 모르고 있었다. 그러나 우연히 그의 글은 기초 캠페인을 주도했던 Kelly Eng와의 인터뷰와 함께 발행되었다(아래 참조).

우리는 이번 프로젝트를 시작할 때 몇 가지의 가정을 세웠다. 첫째, 대상자들의 문화적 신념 때문에 설문조사를 끝까지 마칠 수 있는 참여자가 많지 않을 것이다(Boey, 2001; Lam & McCullough, 2000). 그래서 설문조사 응답률이 낮을 것이라고 예상했다. 하지만 지역사회의 전문봉사자들과 자원 봉사자들이 많은 양의 설문조사를 모음으로서 우리의 예상은 다행이 빗나갔다. 그 결과 기본 설문조사에 400명을 참가시킬 수 있었다(그리고 캠페인 후 1년 및 2년 설문조사에도 이 정도의 숫자를 참여하도록 하였다).

두 번째 추정은 장기기증에 대한 지역사회의 태도가 매우 부정적일 것이라고 예상했다(Molzahn et al., 2005). 그러나 설문조사 결과 다수의 응답자들이 장기기증으로 인한 혜택을 인지하고 있었고, 일부 응답자들은 자신의 장기기증 의사를 밝힐 정도여서 매우 놀랐다. 장기기증에 대한 긍정적인 태도는 확실히 좋은 징조이지만, 확연히 부족한 지식을 감안할 때 우리는 여전히 갈 길이 멀다고 생각했다.

기초 설문조사 결과들은 기증에 대한 태도를 보다 정확히 추측하고, 우리가 경험하게 될 주요 장애물들을 예상하는데 사용되었다. 이 기초 캠페인과 대중매체 캠페인은 다음에 설명되어 있다.

# Interventions

## 기초 캠페인

협력 파트너를 선정하는 일 외에 중요했던 결정은 캠페인을 활성화 하기에 가장 적합한 사람을 전문사회봉사자로 영입하는 일이었다. 그래서 우리는 일 세대 중국인 여성인 Kelly Eng를 고용했다. 그녀는 영어, Cantonese, 그리고 Mandarin 3개 언어에 능통했으며 차이나타운 사회에 매우 익숙했다. 특히 중국계 미국인 Planning Council과 다른 뉴욕시의 지역사회 단체에서의 경력을 통해 지역사회 홍보대사로서 많은 경력을 보유하고 있었다. 더 나아가 그녀는 중국계 미국인들에게 장기기증을 지지해 주고 기증에 대한 인지도를 높이려는 캠페인 목적에 대해 강한 열정을 보였다.

이 프로젝트에서 Kelly는 지속적으로 자원봉사자들을 채용했고 홍보 봉사활동을 펼쳤다. 그리고 지역사회에서 눈에 띄게 Manhattan과 Queens에서의 많은 홍보 봉사활동을 통해 이번 캠페인의 메시지를 전달했다. 그녀와 자원봉사자들은 지역사회의 많은 주말 이벤트에 참가하여 장기기증에 대한 근거 없는 이야기들과 확실한 사실들을 주제로 많은 워크숍을 열었다. 또한 뉴욕 시와 종교 지도자들을 만나 지역사회의 긍정적인 의견을 형성하는데 동참하도록 노력했다. 이 일들을 하는 동안 그녀는 이식받은 환자를 효과적으로 자원봉사자로 이용했다. 그들은 어떻게 다른 사람들의 결정으로 장기를 생명의 선물로 기증받을 수 있었는지에 대해 말하게 했다. 이들이 주는 메시지는 강렬했으며 사람들의 마음을 움직였고, 그 내용들은 중국어 매체를 통해 많이 보도되었다. 협력멤버들은 고용인들의 개인적인 영향을 Kelly Eng 요소라고 불렀으며 이번 프로젝트의 성공요인은 함께 일할 적절한 멤버의 채용에 있었다고 인정했다.

## 대중매체 캠페인

이번 대중매체 캠페인은 최근 들어 차이나타운에서 시행된 가장 복잡한 사회 홍보캠페인이었다. L3는 중국문화권과 동양문화권 마켓을 상대로 문화적으로 그리고 언어적으로 효과 있는 메시지를 잘 만드는 것으로 알려진 홍보회사로 이번 프로젝트의 마케팅과 홍보업무를 담당했다. 캠페인 디자인과 전략은 익

명으로 뉴욕장기기증연합에서 활동하는 분이 도움을 주었는데 이 분 역시 장기이식수혜자의 가족이었다.

　인쇄된 홍보물은 캠페인 메시지의 주된 보급방법이었다. 광고홍보는 세 지역 내의 Cantonese와 Mandarin 어로 발행되는 신문에 자주 보도되었다. 유료광고 이외에 L3를 통해 이 회사와 관련된 인쇄물과 전자 매체들, 즉 수많은 라디오, 텔레비전 인쇄물로 배포되는 인터뷰 등에 의해 캠페인의 계약기간 이후에도 홍보가 지속될 수 있었다.

### *평가*

홍보노력에 대한 효과를 평가하기 위해 우리는 중국인이 주로 모이는 Brooklyn, Queens 그리고 차이나타운에서 설문조사를 실시했다. 표 7.1에 보듯이 우리는 2004년 캠페인 시작 전 634항목의 기초설문조사를 모았으며 캠페인이 끝날 무렵인 2004년 여름에 500문항의 설문조사를 수집했다. Brooklyn에서는 기초 캠페인이 시행되지 않았으므로 기초 캠페인의 영향을 평가하는 대조군으로 사용되었다.

### *시대상황적 영향*

사회적 연구에서는 치밀하게 잘 계획된 연구라도 당초 계획과는 달리 연구원의 통제 밖으로 이탈되는 경우가 발생할 수 있다. 2005년 10월7일자 CNN Money 보도자료가 이런 돌발적인 시대상황이고 연구결과를 평가할 때 감안해야 할 역사적 사건이다. 금요일에 방영된 CNN의 보도는 Brooklyn 장례식장과 New Jersey의 한 회사가 시신으로부터 신체의 일부를 적출해서 특수한 이식에 이용하는 회사로 팔아 넘긴 혐의로 조사를 받고 있다는 내용이었다. 그리고 Brooklyn에 있는 장례식장 측은 인체조직을 시신에서 가족의 동의도 없이 적출한 것으로 들어났다. 동시에 사랑하던 가족의 뼈가 2×4 사이즈의 나무조각으로 대체되었다는 비참한 사망자 가족들의 증언이 자세하게 텔레비전, 라디오, 그리고 신문을 통해 퍼져나갔다. 2008년 the Daily News에 보도된 최종판결 내용은 엽기적인 사업으로 수백만 달러의 이익을 본 Michael Mastromarino는 최소 18년형을 선고 받았다(Sherman, 2008). 이 뉴스는 전파를 타고 전국적으로 보도되었으며 특히 연구지역인 3개 지역에 집중적으로 알

**표 7.1**   Demographic characteristics of respondents to in-person surveys taken in 2004 and 2005

|  | 2004 | | 2005 | | |
|---|---|---|---|---|---|
|  | Count | Percent | Count | Percent | p-value |
| Total | 634 |  | 500 |  |  |
| Female | 320 | 50.5 | 283 | 56.6 | 0.0510 |
| Age |  |  |  |  |  |
| 18~30 | 169 | 26.7 | 163 | 32.6 | 0.0276 |
| 31~50 | 254 | 40.1 | 208 | 41.6 | 0.4953 |
| 50+ | 211 | 33.3 | 129 | 25.8 | 0.0010 |
| Born in United States | 13 | 2.1 | 15 | 3.0 | 0.8667 |
| English Primary Language | 34 | 5.4 | 45 | 9.0 | 0.4980 |

려졌다. 당연히 우리는 이 연구결과를 평가할 때 Brooklyn이 이 연구의 대조군으로서 사용되었음을 기억하고 평가해야 한다. 연구방법을 제안 시에 연구결과에 영향을 줄 수 있는 시대적 위협을 고려해야 한다.

### 홍보노력의 결과들

참가자들 중 장기를 기증할 생각이 없다고 밝힌 사람들의 비율은 모든 지역에서 증가한 것으로 확인되었고, 전체적으로 2004년 11%에서 2005년에는 21%로 확연히 증가했다(그림 7.1). 이는 당시 뉴스에 보도된 스캔들을 감안하면 놀라운 것도 아니다. 확실치 않다고 대답한 사람들의 수도 기초 조사의 64%에서 2005년에는 53%로 확실히 줄었다. 그렇지만 로지스틱 회귀분석법에 의하면 홍보활동이 시행된 곳과 Brooklyn의 대조군 지역 사이에는 통계학적으로 큰 차이는 찾을 수 없었다. 이는 2004년과 2005년 사이 두 조사지역의 장기기증에 대한 부정적인 견해를 보인 숫자가 비례적으로 증가했기 때문이다.

기증의사가 있다고 답변한 참가자들의 수는 홍보활동을 벌였던 차이나타운, Manhattan 지역에서는 증가되었고, Flushing, Queens지역은 증가하지 않았으며 특히 Brooklyn에서는 오히려 감소한 것을 발견했다. 전반적인 증가추세는 2004년 25%에서 2005년 26%로 나타났다.

나이, 성별, 주로 사용하는 언어 그리고 미국 내 거주기간 등을 감안한 로지스틱 회기분석에서는 2004년에서 2005년 사이에 차이나타운의 대상자들은 긍정적인 답변량이 대조군인 Brooklyn 지역주민에 비해 2.2배 증가(p = 0.040)

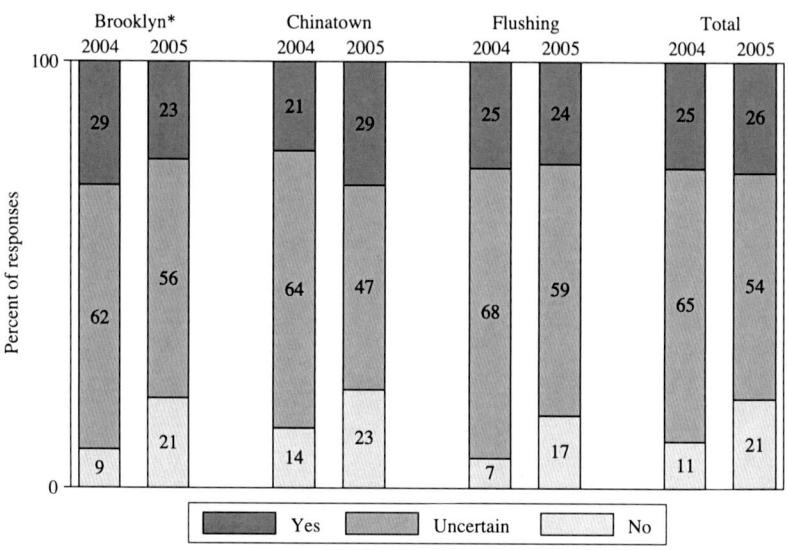

**그림 7.1** Responses to the survey question "I intend to donate my organs at my death", by year and intervention site.

하였다. 이것은 이 기간 동안에 Brooklyn 주민들의 긍정적인 응답자가 줄어든 것이 원인 중 하나이기도 하다.

결국 이 결과는 홍보활동기간 동안에 발생한 Brooklyn의 장례식장 스캔들에 대한 집중보도가 영향을 주었다는 사실을 반영하고 있다. 그러나 홍보활동을 시행한 지역 주민들의 장기기증에 대한 태도가 대조군이 Brooklyn만큼 심하게 부정적으로 변하지 않았다는 사실을 고려한다면 기초 캠페인이 작지만 주민들의 인식전환에 유효했다고 해석할 수 있다.

조사 결과 장기기증을 해야 할 상황이 되어도 기증 결정을 하지 못할 것 같다고 대답한 많은 수의 참여자들을 위해 중국인 사회가 장기기증을 선택할 때 보다 많은 정보를 토대로 선택할 수 있게끔 노력해야 한다는 의미에서 진전이 있었다. 심지어 참가자들이 설문조사자에게 기증에 관심이 없다고 말했더라도 어쩌면 이 대화는 그들이 장기기증에 대한 대화에 적극적으로 응했다는데 의미가 있다. 사람들이 장기기증에 대한 대화를 기피하지만 않는다면 우리는 기증에 장애물이었던 근거 없는 이야기들과 잘못된 인식들을 바로 잡을 수 있는 기회를 가질 수 있다는데 의미가 있다.

### 결과의 최대한 활용

스캔들에 대한 보도는 그 동안 캠페인에 쏟아 부은 수많은 노력과 얻어진 결과들을 왜소하게 만들었다. 그럼에도 불구하고 중요한 정보를 이번 프로젝트를 통해 얻을 수 있었다.

보편적으로 영어를 사용하지 않는 사람들은 정확한 건강정보를 얻고 사용하는데 불리하다. 그들은 왜 장기기증이 필요한지, 또 얼마나 많은 사람들이 기증을 기다리는 지를 이해하지 못한다. 일대일 교육이 예민한 정보를 나누는 데 가장 효과적인 방법이지만 이런 방법은 엄청난 시간과 자원이 필요하다. 자원봉사자들에 의해 미디어 캠페인이나 문헌을 나눠주는 방법으로 홍보하면 일대일 홍보교육보다는 노동력 소모는 적지만 효율적이지 못할 것이다. 뉴욕 장기기증 연합은 수준 높은 중국어로 된 소책자를 만들었다. 그러나 이 책자들을 어떻게 적절한 장소에 보급하고 또 대중들이 즐겨 읽게 할 것인가에 대한 문제가 해결되지 않고 있다. 또한 장기구득과 분배에 관한 미국 내 시스템을 어떻게 지역주민들에게 알릴 것인가라는 문제가 아직 해결되어야 할 숙제로 남아있다(Ganikos, this volume). 많은 지역주민들은 미국의 장기기증 체제를 보호하기 위한 규칙과 보호체계에 대해 잘 알지 못하고 있다(Molzahn et al., 2005).

기초 캠페인과 미디어 캠페인이 장기기증을 알리는 데는 효과적이었지만 관심을 행동으로 옮기는 데는 효과적이지 못했다(see Alvaro & Siegel, this volume). 장기기증이 생명을 살린다는 우리 프로젝트의 강한 신념만으로는 믿음을 장기기증 의사로 바꾸기에는 부족했다. 스캔들 때문이 아니더라도 한 가지 두드러진 장애물은 지역사회 주민들이 가족들에게 장기기증에 대해 이야기 하기를 꺼려하는 데 있다. 그 이유는 이런 대화가 불행을 가져올 것이라는 걱정과 부모들이 속상해하고, 화내지 않을까 하는 염려 때문이다(Braun & Nichols, 1997; Sze Wu, 2008). 불행히도 중국계 이민가족 중에는 세대간 대화가 아주 드문 경우가 많다. 많은 이민 가족들은 부모 자식간의 문화적응 차이에서 오는 문화적 관행차이를 조절하는데 힘들어 하고 있다. 종종 부모와 자식간에 죽음이나 죽어가는 순간과 어려운 내용을 토론할 수 있는 적절한 대화나 문화차이에 대한 인식 기술이 부족하다.

중국인 사회에서 장기기증동의 비율을 높이는데 있어서 또 다른 하나의 과제는 의료시설에 대한 불신이다. 브루클린 스캔들은 이점에서 도움이 되지 않았다. 의료에 대한 시민들의 불신은 일단 배제해 두더라도, 만약 의사와 간호사들이 장기기증에 대해 모호한 생각을 하고 있을 경우 그들은 환자나 대중들에게 장기기증을 권하거나 교육하지 않을 가능성이 높다. 장기기증을 홍보하는 관계자라도 복잡한 의학적 문제들, 도덕적 문제, 그리고 윤리적인 문제에 대해 그들의 환자와 효과적으로 대화할 수 있는 방법을 모를 수 있다(Shih, Lin, Lin, & Lee, 1998a, 1998b).

### *이번 연구를 통해 배운 점*

우리는 캠페인을 시작할 때 몇 가지의 가정을 가지고 있었다. 첫째, 문화적 신념 때문에 지역 주민들이 별로 설문조사에 참여하지 않을 것이라고 가정했다. 이로 인해 설문조사 완성율이 낮을 것으로 예상했다. 그러나 사회봉사 전문가와 및 그녀와 함께 한 자원봉사자들은 굉장한 양의 설문조사를 수행했다. 그 결과 우리는 당초 목표했던 400명의 참여자를 대상으로 기초 조사, 1년 후, 2년 후의 설문조사에 참여시킬 수 있었다.

우리는 또한 장기기증에 대한 중국인 사회의 태도는 매우 부정적일 것이라고 예상했다. 그러나 응답을 해준 대부분의 대상자들이 장기기증의 이점을 알고 있었고, 일부는 실제 장기기증의사가 있는 것으로 확인되어 매우 고무되었다. 장기기증에 대한 긍정적인 태도는 좋은 징조였지만 우리는 여전히 갈 길이 멀었다. 캠페인 수행 이후에도 존재하는 기증에 대한 심각한 지식부족이 큰 문제였다.

### *미래에 고려되어야 할 점과 반복되어야 할 점*

현재 장기구득 시스템은 사람들의 이타주의에 대부분 의지하고 있다. 다행히도 이타주의는 종교와 민족에 관계 없이 인정되는 개념이다. 인종과 민족사회를 대상으로 한 장기기증 교육 캠페인은 교회그룹, 이웃모임, 자원봉사단, 기증 단체와 같이 도덕심의 호소에 잘 반응할 수 있는 청중들을 겨냥하는 것을 고려해야 한다. 특정 주민을 대상으로 한 교육 캠페인은 전체 지역사회를 대상으로 하는 대중 교육보다 더 효율적일 수 있다.

장래에 미국거주 동양인을 대상으로 한 캠페인들은 장기기증 절차에 대한 지식을 높이는데 주안점을 두어야 한다. 특히 장기구득과 불평등한 분배에 대한 근거 없는 이야기에 대해 정확한 지식을 주어야 하고, 가족간에 장기기증에 대한 대화가 이루어질 수 있도록 노력해야 한다. 올바른 정보와 지식을 가지는 것이 장기기증 의지를 향상시킬 수 있다.

또한 지역사회 지도자와 영향력 있는 그룹이 장기기증을 지지하게 하는 것이 중요하다. 각 문화적 배경에 적합한 봉사자가 그 지역의 언어에 능통하다면 더할 나위 없이 중요하다. 마지막으로 교육 캠페인과 홍보 봉사활동이 결과를 얻기 위해선 긴 기간의 연구가 필요하다. 중국인 사회를 통해 알게 된 것은 장기기증의 장벽들이 문화와 전통적인 신념과 깊은 관련이 있다는 것이다. 기증에 대한 정확한 정보를 제공하고 사회에서 나돌고 있는 잘못된 이야기들을 바로잡아 주는 지속적인 캠페인이 허심탄회한 토론이전에 시행되어야 한다. 그래야 장기기증에 있어서 자세한 설명을 듣고 기증선택을 하는 경우가 많아질 것이다.

## 메모

이 연구는 미국 Department of Health and Human Services가 Paul L. Hebert(PI)에게 준 연구비로(#R39 OT01213-01-00) 수행되었다. 이 보고서내의 의견과 해석은 연구자들의 것으로 연구자금을 지원한 기관과 무관하다.

## 참고 문헌

1. Barnes, J. S., & Bennett, C. E. (2002, February). The Asian population: 2000 (Census 2000 Brief). Washington, DC: U.S. Department of Commerce, U.S. Census Bureau.
2. Boey, K. W. (2001). A cross-validation study of nurses' attitudes and commitment to organ donation in Hong Kong. International Journal of Nursing Studies, 39, 95~104.
3. Braun, K. L., & Nichols, R. (1997). Death and dying in four Asian American samples: A descriptive study. Death Studies, 21, 327~359.
4. Chan, A. Y. T., Ng, W. D., Tse, M. H., & Cheung, R. (1990). Public attitudes toward kidney donation in Hong Kong. Dialysis and Transplantation, 19, 242~258.
5. Cheung, A. H. S., Alden, D. L., & Wheeler, M. S. (1998). Cultural attitudes of Asian-Americans toward death adversely impact organ donation. Transplantation Proceedings, 30, 3609~3610.

6. Lam, W. A., & McCullough, L. B. (2000). Influence of religious and spiritual values on the willingness of Chinese-Americans to donate organs for transplantation. Clinical Transplantation, 14, 449~456.
7. Molzahn, A. E., Starzomski, R., McDonald, M., & O' Loughlin, C. (2005). Chinese Canadian beliefs toward organ donation. Qualitative Health Research, 15, 82~98.
8. Sherman, W. (2008, January 16). Plea deal for body-snatch ring boss. Daily News. Retrieved June 4, 2009, from http://www.nydailynews.com/news/ny_crime/2008/01/16/2008-01-16_plea_deal_for_bodysnatch_ring_boss.html
9. Shih, F. J., Lin, M. H., Lin, H. Y., & Lee, C. J. (1998a). Profile of the ideal nursing image during the discharge-preparation transition: Chinese patients' perspective. Dialysis and Transplantation, 27, 269~312.
10. Shih, F. J., Lin, M. H., Lin, H. Y., & Lee, C. J. (1998b). The degree of recovery from kidney transplantation before discharge from the hospital: Chinese patients' perspective. Transplantation Proceedings, 30, 3639~3642.
11. Sze Wu, A. M. (2008). Discussion of posthumous organ donation in Chinese families. Psychology, Health & Medicine, 13, 48~54.
12. Wheeler, M. S., O' Friel, M., & Cheung, A. H. S. (1994). Cultural beliefs of Americans as barriers to organ donation. Journal of Transplant Coordination, 4, 146~150.
13. Yeung, I., Kong, S. H., & Lee, J. (2000). Attitude towards organ donation in Hong Kong. Social Science & Medicine, 50, 1643~1654.

# 8장

# 인디언, 알래스카인, 그리고 원주민 사회에 대한 intervention 연구

장기와 조직 기증의 모형

*Nancy L. Fahrenwald*

## 개요

아메리칸 인디언(AI)과 미국의 알래스카인, 그리고 캐나다의 First Nation(FN) 사람들은 각 국가의 일반시민들보다 높은 만성적인 질환들을 경험한다. 각 그룹이 다 다르지만, 공통적인 현실은 제2형 당뇨병이 유행성 질환처럼 발생한다는 사실이다. 그래서 제2형 당뇨병과 관련된 문제들을 이해하고 이들을 해결하기 위한 연구가 필요하다. 이중 짚고 넘어가야 하는 것이 AI, AN, 그리고 FN의 사람들 사이의 신장이식과 장기기증 동의 비율의 격차를 줄이는 노력에 대한 것이다. 이 장에서는 원주민 사회 내의 장기 및 조직 기증현실을 반영하는 사회적, 행동학적 연구의 필요성을 설명했다. 또 참여연구체제와 지역주민들과의 신뢰를 바탕으로 한 동업관계를 포함한 중재(intervention)연구들의 접근방법을 기술했다. 참여연구체제는 Northern Plains AI 부족들의 장기 및 조직기증 방법에 관한 영역을 연구할 때 행동연구에 응용되었다. 그리고 향후 북 아메리카의 토착민들에 대해 연구되어야 할 내용들이 제시되어있다.

## 북 아메리카의 토착민들

미국과 캐나다의 토착민들은 많은 이름들로 불리어 지는데 그 예로는 미국의 Native Americans, American Indians, Alaska Natives가 있고, 그리고 캐나다의 First Nations 토착민 중에는 북아메리카의 인디언, Inuit, Mtis 등이 있다.

이들은 연구에 관련된 1,000개가 넘는 부족들과 주민들의 일부분에 불과하며 각자 특별하고 중요한 역사와 문화를 보유하고 있다. 이번 장에서는 북 아메리카 주민들을 아메리칸 인디언, 알래스카 토착민, 그리고 First Nations로 호칭하여 그들에게 최대한 예의를 갖추고 존중하려 했다. 이번 연구의 주된 대상은 AI 부족들이었고 AN들과 FN들에 대한 문헌고찰이 함께 사용되었다.

2000년 미국의 인구조사에 따르면 AI 또는 AN이라고 신원을 밝힌 이들은 인구의 1.5% 또는 450만명에 달한다(U.S. Census Bureau, 2002). 그런데 연방정부에 의해 확인된 AI와 AN 부족들과 확인되지 않은 부족들을 다 합치면 569개의 부족에 달한다. 가장 많이 집중된 지역은 Alaska, Arizona, Montana, New Mexico, Oklahoma, 그리고 South Dakota주들이다(Centers for Disease Control and Prevention, 2008). 2001년에 캐나다 내에서는 3.3%에 해당하는 약 100만 명의 인구가 토착민이었다(Statistics Canada, 2001). 현재 Nunavut, Northwest Territories, 그리고 Yukon에 가장 많은 FN 토착민들이 거주하고 있으며(Natural Resources Canada, 2001), 614개의 FN 지역사회가 존재한다(Indian and Northern Canada Affairs, n.d.). 부족의 땅과 FN 지역사회들은 대부분 지방에 위치해 있지만 지난 30년간 경제적 기회가 있는 도시로 이주하는 경향이 있었다(Norrell, 2005). 실제로 56%의 AI와 AN 토착민들과 40%의 FN 토착민들은 그들의 부족 땅을 떠나서 사는 것으로 알려졌다(Baldwin et al., 2002; Tookenay, 1996).

## 건강의료 (Health Care)

미국 내 부족들은 연방정부에 의해 인정이 될 경우 정부가 주는 의료 및 교육 혜택을 받을 수 있는 독립적인 단체이다(Centers for Disease Control and Prevention, 2008). 캐나다는 FN 지역사회를 위해 헌신적으로 의료 및 교육프로그램을 제공했지만 캐나다 사회의 의료제도상 완벽한 혜택을 받지는 못하고 있다(Indian and Northern Canada Affairs, n.d.).

인디언 의료서비스(HIS)와 Alaska 토착민 부족 의료 협력단(ANTHC)은 연방정부 단체들로서 미국 내 부족들의 필요한 의료서비스를 제공한다. 이 서비스들은 예약을 해야 하며 HIS는 아주 작은 비율을 도시 내 프로그램에 할당하기 때문에 도시인들은 IHS로부터 혜택을 받기가 어렵다(Zuckerman, Haley, Roubideaux, & Lillie-Blanton, 2004). IHS 또는 ANTHC의 혜택을 받아도 이 혜택은 기초 의료서비스에 한정되어 있으며 전문 의료서비스는 ANTHC에 의해서만 일부 제공된다. 전문 의료서비스를 받으려면 부족들은 다른 단체들과 계약을 해야 한다. 계약 의료서비스에 필요한 전체 자금은 의회에 의해 결정된다. 따라서 전문 의료 서비스는 이 할당금액에 의해 제한된다. 이러한 치료가 필요한 사람들은 우선 순위 명부에 올라가야지 혜택을 받을 수 있고 그렇더라도 혜택은 꼭 필요한 진단검사 또는 치료에만 한정되어 있다. 우선 순위 명부에 올라가려면 수개월씩을 기다리기도 한다. 한참을 기다린 후 돈이 남아 있을 경우 이들은 겨우 CHS를 찾아갈 수 있다(Commission on Civil Rights, 2003). 프로그램은 한 사람당 차비, 그리고 허가된 의료센터의 입원비를 제공한다. 확실히 IHS와 CHS의 현실은 의료 서비스의 접근성이나 이용편이성 면에서 엄청난 문제를 가지고 있다.

## 건강격차 (Health Disparities)

AI, AN, 그리고 FN 토착민들의 건강에 지리적, 경제적인 요인들이 부분적으로 영향을 준다. 인디언 보호구역과 이들 지역사회의 고립된 위치는 이 지역민들의 열악한 건강상태에 영향을 주는 불리한 경제조건 때문에 골머리를 앓고 있다. 이 불리한 점들 가운데는 눈에 띄는 수입차이, 교육률 차이, 취업률 차이 등이 있다. 백인보다 많은 토착민이 연방정부에서 지정한 빈곤선 아래에 있으며(AI와 AN토착민의 33% 그리고 백인의 13%가 빈곤선 아래에 있다) 또한 이들은 낮은 고등학교 졸업률을 보이고 있다. 이 사실은 미국 토착민들이 백인들에 비해 연 평균 수입이 매우 낮다는 사실을 뒷받침 한다. AI과 AN 토착민들의 실업률은 다른 국민들에 비해서 높은 추세이다(U.S. Census Bureau, 1999). 이들의 사회경제적 차이는 예방, 조기발견, 그리고 만성병을 포함한 다양한 건강관련 치료문제에 영향을 주고 있다.

특정 만성병과 이에 의해 생기는 건강문제들이 장기기증 필요성을 야기했다. 제2형 당뇨병이 AI, AN과 FN 토착민들 사이에서 일반인들보다 3배에서 8배가량 높게 나타난다(Lee et al., 1995; Population Reference Bureau, 1999).

Strong Heart Study 자료에 의하면 북부 평지 AI 부족의 45세에서 74세 성인 중 1/3이 제2형 당뇨병을 가지고 있다(Population Reference Bureau). 이런 높은 발병률은 많은 합병증을 부추기는데 그 중 하나가 말기 신장질환(end-stage renal disease; ESRD)이다. 제2형 당뇨병은 ESRD의 대표적인 발병요인이며 이 상황이 진행이 되면 신장을 완전히 손상시키며 이로 인해 목숨을 유지하기 위해 투석 또는 신장이식을 해야만 한다(Health Canada, 2007; Isaacs, 2004).

제2형 당뇨병이 특별하게 많은 AI와 AN 부족은 ESRD가 백인들보다 3배 많이 발병하며(Narva, 2003), 발병시작점도 6년이 젊다(Isaacs, 2004). 이런 걱정스러운 통계자료는 제2형 당뇨병과 ESRD이 모두 불균형적으로 많음을 의미하고 있다. 제2형 당뇨병 증가추세, 보호구역의 지리적 고립, 그리고 한정된 CHS 자금 등의 지속적인 악화현상을 고려할 때 ESRD의 문제를 가진 AI와 AN 토착민들의 문제는 미래에도 지속될 것으로 보인다. 그래서 ESRD의 관리보다 의료경비가 저렴한 신장이식의 필요성을 부인할 수 없다(Newman, Marfin, Eggers, & Helgerson, 1990). 가격절감 뿐 아니라 삶의 질이나 생존기간 등을 보더라도 장기간의 투석치료보다 신장이식이 그 결과가 훨씬 더 좋다(Evans et al., 1985; Port, Wolfe, Mauger, Berling, & Jiang, 1993).

## AI, AN, 그리고 FN 토착민들 사이의 장기와 조직기증

건강과 관련된 각종 결정들은 각 종족들의 문화적인 맥락에서 이루어지는 경우가 많다. 구체적으로 장기와 조직기증에 관련해서 중서부 부족들을 대상으로 한 연구를 보면 보건의료시스템에 대한 불신이 사후장기기증을 단념하게 만든다고 보고하고 있다(Wolfe et al., 1999). 여기에 더해서 원주민들은 백인들이 장기가 필요하기 때문에 본인의 죽음을 재촉한다는 걱정이 내재하고 있다(Upper Midwest Organ Procurement Organization, 1995). Coast Salish FNs 토착민들을 상대로 문화적 신념에 대한 인터뷰를 한 결과 상호 신뢰의 부족, 토착민들의 삶에 대한 잘못된 인식 그리고 현시대와 전통적 관점 사이의 긴장 등이 존재한다는 것을 확인하였다. 장기기증에 대한 대화는 회피하고 싶은 대화내용에 속하며, 이와 함께 다른 이들을 도와주려는 욕구와 필요성이 한 사람의 영혼을 옮겨야 한다는 걱정도 함께 있다(Scheper-Hughes, 2000). 일부 AI와 AN 토착민들 사이에서는 몸은 사후에도 보존되어야 한다는 믿음이 존재해서 장기기증과 충돌되고 있다(Molzahn, Starzomski, McDonald, & O'Loughlin, 2004). 이런 신념은 사후 장기기증을 반대하는 중서부 토착부족민들 사이에서 흔한 일이었지만 일부 조사대상자들은 자신의 친인척간의 신장기증은 반대하지 않았다(Blagg et al., 1992).

AI과 AN 토착민들 사이의 사후 장기기증률은 일반 인구들보다는 낮은 것으로 나타났다(Danielson, LaPree, Odland, & Steffens, 1998; Molzahn et al., 2004). 중서부 평지 부족들을 대상으로 한 조사에서 백인의 사후기증률은 66% 이었고 나머지 소수민족들의 사후기증률은 34.6% 이었으며, 이와는 대조적으로 AI 인구의 사후기증률은 39%이었다(Wolfe et al., 1999). 이러한 신장기증의 필요성과 AI 토착민들의 낮은 사후 기증 동의율 사이의 격차는 짚고 넘어가야 한다. 인디언 기증자들이 많으면 많을수록 인간 백혈구 항원(HLA) 일치율을 높일 수 있으며, 이식 후 좋은 생존율을 만들어 낼 것이다. 북부 평지 부족들(Cheyenne River과 Oglala Lakota)에 대한 두 편의 유전학적 연구에서는 신장이식이 필요한 15%의 사람들이 자신의 부족원들 가운데서 완벽한 매치 대상을 만날 수 있다고 했다. 이들 부족 내부에서의 기증자 적합율은 다른 그룹들보다 높다(Institute of Medicine, 2006).

사후 기증동의와 다르게 4개의 중서부 부족들 사이에서 가족간 생체이식은 긍정적이었다(Blagg et al., 1992). Menominee, Ho-Chunk, Ojibway, 그리고 Sioux 부족원들의 10명 중 8명은 병이 있는 가족을 위해서 생체신장기증을 할 의향이 있다고 조사되었다. IHS보고에 의하면 AI와 AN부족의 친인척간 신장이식 동의율은 백인들의 친인척간 신장이식 동의율과 비슷하다고 한다(Leffell et al., 2004). AI 지역사회의 지방과 도시에 대한 설문조사에 의하면 주민들은 기증에 대해서 주로 TV와 신문을 통해서 알게 되었다고 했지만, 참여자의 반은 라디오, 친구 또는 책자를 통해서 알게 되었다고 한다. 기증에 관련된 지식은 당뇨병의 치료와 관련해서 자연스럽게 알게 된다. 39%의 지역사회인들은 신장병이 그들 사회의 가장 큰 문제라고 지적했으며 20%는 그들의 가족원이 신장 투석경험이 있다고 보고했다. 주민의 71%는 ESRD 치료의 가장 효과적인 방법이 이식임을 알고 있었다. 약 1/3의 부족원들은 자신의 장기를 기증할 의사가 있지만 오직 1/10만이 운전면허에 기증의사를 기록했거나 기증희망 카드를 보유하고 있다(Molzahn et al., 2004). 기증의사 여부와 이를 운전면허 또는 기증카드를 통해 등록하는 데는 확연한 격차가 있었다.

## AI, AN, 그리고 FN 지역인들과의 연구

토착민사이의 낮은 장기기증 동의율과 함께 신장이식의 수요 증가가 타 인종에 비해 심각한 건강 불균형을 만들고 있다. 이 격차는 추상적이거나 이론적, 또는 다른 인종에서 행동의 변화를 유도하는 노력들로는 해결될 수 없다. 지역민의 문화적 배경을 알고, 이론적으로 확실한 배경을 가지는, 그리고 실제로 검증된 접근 방법들이 필요하다. 하지만 AI, AN 그리고 FN 지역사회에서는 왜 연구가 더 필요한가? 라고 묻는다. 역사는 이 질문에 대한 대답을 할 책임이 있다.

과거에는 일부 보건관련 연구자들은 문화에 대한 이해가 부족했고, 토착민들과 오랜 기간 신뢰관계를 만들어 가는 책임감 또한 없었다. Linda Tom-Orme은 이런 연구자들을 어느 날 느닷없이 지역에 내려와서 그들의 건강증진이나 삶의 질에 도움을 주기는커녕 단지 부족민들을 헤집고 떠나는 헬리콥터 연구원이라 불렀다(Narva, 1996). 이런 연구는 지역사회 주민들을 이용하기만 하고 결과적으로 주민들의 불신만 쌓는다. 이 뿐 아니라 이런 연구는 지역사회에 별로 변화를 주지도 못하면서 수많은 자료수집을 해야 하는 부담 때문에 부족대표들 사이에서 천덕꾸러기 같은 존재이다(Tom-Orme, 2006).

역사적으로 볼 때 이런 연구, 치료는 AI, AN 그리고 FN 지역사회 주민들을 연구참여자가 아닌 실험 대상자로 취급하였음이 사실이었다. 연구과정에서 지역민을 연구참여자로 함께 하기 위해서는 지역사회에 대한 장기간의 봉사가 필요했다. 이런 장기간의 희생을 통해 상호간의 존경과 믿음이 만들어지기 때문이다(Tom-Orme, 2006). 지역사회 참여연구(CBPR)는 연구자와 대상자가 서로 협력적으로 접근하는 연구 형태로서, 지역사회에 중요한 문제를 해결하기 위한 주제를 선택함으로 시작된다. 이 연구방법의 중요한 관점은 지역민들의 건강을 증진시키고 다른 지역민들과의 건강에 대한 격차를 줄이기 위한 사회적 변화를 위해 지식을 모으고 함께 행동을 하는데 있다(Tom-Orme). 모든 참가자들은 평등하게 CBPR연구에 관여하며 각 참가자들은 서로간에 각자의 고유한 장점을 존중한다. 그리고 CBPR의 접근방법은 연구의 개념과 수행에 있어서 지역사회를 포함하는 것이다.

토착민 지역사회와 좋은 관계를 만들어가는 데는 부족들의 자주권과 이들의 자주 선택권을 존중하는데 기반을 둔 장기간의 헌신과 노력이 필요하다. 건강관련 연구는 토착민사회에 있어서 꼭 우선사항이라고 할 수는 없다. 하지만 건강에 관한 염려와 의식은 우선사항이다. 따라서 연구에 필요한 관점들과 지역민들의 건강문제를 함께 해결해 줄 수 있는 이해와 해결책의 접목이 필수적이다(Davis & Reid, 1999; Israel, Eng, Schulz, & Parke, 2005; Narva, 1996; Tom-Orme, 2006).

연구의 목적인 고형장기와 조직 기증을 독려하기 위한 노력은 주민들의 건강현실과 한정된 의료서비스를 감안할 때 비현실적이고 급박하지 않다. 하지만 지역사회에 요구되는 문제라는 관점에서 보면 제2형 당뇨병과 ESRD로 인해 신장 투석을 받고 있는 가족들과 지역민들은 이번 연구 안건의 중요성을 인식한다(Molzahn et al., 2004). 지역 주민들은 그들의 친구나 가족들 중 운좋게 신장을 기증받아 이식한 사람들이 하는 이야기를 잘 알고 있다. 그들은 이식 후 자신의 건강과 삶의 변화에 대해 늘 자랑하고 있다. 장기기증이 지역사회에 꼭 필요한 것이고, 타 지역과의 건강격차를 지역사회 주민들의 참여로 해결할 수 있다는 점이 인정되면 이번 연구에 상당한 혜택이 있을 것이다.

각 부족들은 그들만의 독특한 문화, 역사 그리고 언어가 있다. 따라서 이런 연구를 여러 부족들에게 공통적으로 적용할 수 있게 표준화 하는 것은 부적절한 것이다. 연구자들은 각 부족에 대한 세계적인 관점, 역사관, 그리고 전통문화를 배울 필요가 있다. 문화라는 틀 안에서 사회적이고 행동적인 방법을 통해 장기 및 조직 기증을 독려하는 방법은 북부 평지 부족들의 연구경험을 통해 잘 알 수 있다.

## 북부 평지 부족들과의 중재(intervention) 연구

건강상태 개선과 건강격차를 줄이는 것을 목표로 한 CBPR유형의 연구 중재(intervention)에는 2가지 중요한 가정이 있다. 첫째 가정은 확실한 intervention은 지역사회의 통찰력과 원인에 대한 지역사회의 통념적 이론을 과학적 방법으로 변환시킨다는 사실이다. 둘째 가정은 지역사회참여는 필수적이며 이런 참여는 그들 건강을 개선시키는 부수적인 가치가 있다는 것이다(Wallerstein & Duran, 2006). 과학적 문헌들을 보면 CBPR유형을 토대로 한 연구들이 증가하고 있으며 특히 열악한 인구계층의 건강격차를 줄이는 연구에 이 방법이 많이 사용된다. 이런 연구들은 지역사회가 연구 과정과 그 결과에 파트너로 참여하기 때문에 각 연구마다 큰 차이가 있다. CBPR유형의 평론 모델은 이런 연구의 질적 안목을 향상시켜 주었다(Viswanathan et al., 2004).

## 협동학습 대화에 대한 지역사회 참여

지역사회의 참여는 건강문제의 해결책이 사회적 규범과 연구대상 인구의 신앙 안에서 받아들여지는 종합적인 지식과 지혜를 필요로 한다는 사실을 포용하는 것이다. 지역사회의 참여는 지속적이다. 연구 제안서가 작성되기 오래 전부터 시작되었거나 또는 프로젝트가 개시될 때 시작되기도 한다. 이런 참여는 양자간의 관계가 서로 상생적이고, 참가자들의 지속적인 참여와 희생이 있을 때 기대할 수 있다(Seifer, 2003).

북부 평지 부족주민들에 대한 CBPR 연구방법은 학술단체, 각 기관단체들, 지역사회 파트너들과의 협동학습으로 시작되었다. 협동학습은 파트너가 서로를 통해 배울 때 일어나며 문제식별과 해결책을 찾는데 더욱 효과적이다(Wallerstein & Duran, 2006).

최초 대화는 부족 대표들, 치료 주술사들, 그리고 South Dakota Lion's Eye Bank, Spirit of the North Tissue Services의 이사들과의 대화를 위해 초대된 의료인들 사이에서 이루어졌다. Eye Bank의 미션 중 하나는 지역사회 주민들에게 장기, 안구, 그리고 조직기증의 중요성을 교육시키는 것이다. 그러나 미주에서 가장 큰 소수민족인 AI토착민에게 이 목표를 실현하는 것이 쉽지 않다는 사실을 모두 잘 알고 있었다. Eye Bank는 South Dakota내의 모든 사망자에 대한 보고를 받으며 모든 사후기증 동의자를 의뢰 받고 있다. 지난 10년간 NA토착민 내의 사후기증을 위한 의뢰건수는 낮다 못해 거의 존재하지 않았다. 연구 초기 부족 주민들과의 대화는 이와 같은 자료내용에 집중했다. 부족

주민들은 이 자료에 대해 그들의 관점을 이야기하고 기증의도에 영향을 주는 문화적 통념과 사회의 규범이 무엇인지 토의했다. 그리고 이와 관련한 문제들을 해결하기 위해 노력했다. 이런 초기 대화들을 통해서 지역사회 자문위원회(CAC; Community Advisory Council)가 구성되었고 이들에게는 이 문제들이 문화적으로 받아들여질 수 있는 intervention을 개발하는 임무가 주어졌다.

### 지역사회 자문위원회

CAC 위원들은 초기 부족간 대화의 참가자들과 족장들에 의해서 추천되었다. 위원회에는 참여단체 파트너(Eye Bank의 전무이사와 이사들)와 교육단체 파트너가 포함되었다. 위원회 업무 수행은 대화와 포용을 위해 문화적 접근을 통해 이루어졌다. 주민들의 영적인 관점이 항상 대화의 중심이 되었고, 아프거나 도움이 필요한 주민들을 위한 기도로 시작되었다. 장기와 조직기증의 불균형으로 야기되는 보건의료 현상에 대한 부족 구성원들의 통찰력과 이해를 구하기 위한 접근들이 시도되었다. 이런 통찰력들은 NA 주민들의 기증동의율와 기증의도율을 기증필요성 특히 신장기증을 기다리는 환자의 통계와 비교한 자료를 제공함으로 종합적인 개념을 갖게 했다.

사회적 그리고 행동적인 변화를 위한 이론들은 교육단체 파트너들에 의해 제안되었으며 이 대화를 통해 지역사회 주민들이 장기 또는 조직기증자가 되는데 있어서 현명한 결정을 할 수 있게 문화적이고 학문적 이론을 겸한 접근을 해야 한다는데 의견 일치를 보았다(Fahrenwald & Stabnow, 2005).

CAC의 업무는 연구의 주춧돌이다. CAC는 연구에 필요한 문항을 개발했고, intervention의 문화적이며 이론적인 기반을 만드는데 도움을 주었고, 성과측정 방법을 선택했으며, Intervention 내용들의 개발 및 평가를 가능하게 했고, 지역사회에서 intervention의 시행을 도왔다. 자문위원들은 그들의 장기 및 조직 기증에 대한 신념이 지역사회 주민들과 서로 나눌 수 없다는 사실을 알게되었다. 특히 전통적인 신념과 가치관을 가지고 사는 인디언 보호구역의 성인들과는 의견교환이 어려웠다. 이 문제들에 접근하기 전에 지역적 지식과 신념을 알아내기 위한 탐험적 연구가 필요했다. 지역에 관한 지식은 intervention의 노력들을 알리는데 필요했다.

### 지역적 지식의 적용

북부 평지 부족들의 장기 및 조직기증에 관한 연구가 드물어서 한 부족의 장기 및 조직 기증에 대한 사회문화적 요인을 알아내기 위해 ethnographic exploration이 이루어졌다(Fahrenwald & Stabnow, 2005). 이 연구를 위해 능력을 양성하는 방법(capacity building approach)이 사용되었다. 연구기술을 익히길 원하는 부족의 간호학과 학생이 부족의 대학과 주립대학교 학위를 통해서 확인되었다. 학생들은 우수한 연구방법들을 대학의 파트너를 통해 교육 받은 후, 자료수집과 분석을 시행하고, 그 결과를 지역주민들과 학술집단들과 이 내용을 나누었다. 이런 능력양성 과정은 지역사회의 힘을 기르데 있어서 가장 중요하며 이것은 CBPR 접근방법의 주된 원칙이다.

이번 인디언 보호구역에서 사는 성인을 상대로 한 ethnographic exploration 연구에서는 5가지의 주제가 발견되었다. 그것은 확실하지 않은 기증에 관한 지식, 당뇨병의 심각성에 대한 경각심, 현재의 보건의료 문제점에 대한 전통적 믿음의 점진적 전환, 지역 보건의료 시스템의 장기 및 조직기증 참여기능 그리고 추천된 원조(outreach) 노력들이 있다. 참여자들은 기증에 대해 별다른 지식이 없었지만 기증자와 수혜자 간의 이식적합성에 대한 기본적인 이해는 하고 있었다. 모든 참여자들은 그들 사회내의 당뇨병에 관한 문제를 알고 있었으며 신장기증자가 심각하게 필요하다는 것 또한 알고 있었다. 참여자들은 신장기증자가 부족하기 때문에 온전한 몸으로 영혼세계에 가야 한다는 전통적 가치관이 재검토 되어야 한다고 주장했다. 그럼에도 불구하고 그들은 지방 보건의료 시스템이 전통적 신념(traditional beliefs)을 반영하거나 장기기증 규정들을 제대로 시행할 수 있는지 확신이 서지 않았다. 지역사회 연결망, 대중매체 그리고 부족장들을 활용한 적절한 지역사회 outreach가 필요하다고 확인되었다(Fahrenwald & Stabnow, 2005).

참여자들은 장기와 조직기증을 위한 원조(outreach)가 인디언 보호지역에 필요하다고 말했으며 이런 프로그램들이 전통신념을 존중하고 문화적 맥락에서 기증에 대한 선택권을 주어야 하며 당뇨병과 이식을 경험한 이들의 이야기를 전하는 동시에 가족간의 대화를 촉진해야 한다고 말했다. 민족지학상의 탐구(ethnographic exploration)를 통해 찾아낸 것들은 intervention연구에 영향을 주는 지역적 지식을 제공하였다.

## 연구과정과 결과물에 대한 지역사회구성원들의 투자

각 인디언 보호구역을 지원하는 부족위원들과 Aberdeen 지역의 인디언 의료 서비스를 지원하는 부족 족장들의 보건위원회를 포함하는 각 부족의 기관들은 정식 해결책으로서 intervention연구를 허가했다. CAC에 의해 선택된 원조(outreach) 코디네이터는 intervention 진행과정을 촉진했다.

부족의 원조(outreach) 코디네이터의 역할은 참여단체와 교육단체 파트너들에 의해 선정된 첫 사람만으로는 해결할 수 없었다. 이들 파트너들은 한때 부족원이었지만 인디언 보호구역에 살고 있지 않는 젊은 지원자를 통해 에너지와 열정을 쏟아 붓는 일에 주력했다. 그러나 CAC의 종합적인 결론은 원조(outreach) 코디네이터는 그 부족사회에 주거하며 부족 내에서 존경 받는 연장자가 필요하다는 것이다. 원조(outreach) 코디네이터 결정에 CAC가 한 투자와 필요한 부족의 동의를 받기 위한 원조(outreach) 코디네이터의 노력, 그리고 궁극적으로 4개의 인디언 보호구역에서 intervention을 시행하기에 필요한 관계를 구축하는 이 모든 노력들이 이번 연구가 진행될 수 있게 했다.

### *Intervention 개발과 전달방법*

CAC은 intervention을 지역언어로 만들었지만 영어로 번역된 내용으로 홍보하기를 권장했다. 생명의 선물이라는 의미의 'Wacip' Unpi Wiconi'는 4개의 북부 평지 인디언 보호구역 거주 성인들이 장기와 조직기증자가 될 수 있게 돕기 위하여 만들어졌다. 고문위원과 원조(outreach) 코디네이터가 intervntion 보급방법을 결정했다. 이 보급방법은 얼굴을 마주보고 하는 교육으로 직장, 집회장소, 사회단체 모임, 의료기구 전시회, 건강시설과 교회 등을 통해 원조(outreach) 코디네이터에 의해서 지역사회 주민들에게 전달되었다.

이번 intervention에 이용된 재료 중에는 장기를 기다리는 이식대기자들을 포함하여 지역에서 장기를 기증했거나 이식받은 수혜자들의 이야기를 담은 8분 영상이 포함되었다. 안내책자는 지역사회 기증자들과 수혜자들의 이야기를 전달했고, 교육책자는 장기기증에 관한 현대적 교육내용을 제공하였으며, 포스터와 라디오 광고들은 기증의 중요성을 알리는데 이용되었다. 모든 자료들은 AI가 소유하고 운영하는 두 개의 광고업체의 공동작업으로 만들어졌다.

Intervention 초안 자료들은 CAC에 의해서 검토되었고 수정되었으며 이후 시행에 앞서 인디언 보호구역 주민들에 의해 평가 되었다. 최종 결과는 현시대의 행동변화 이론과 문화적 관점이 융합되어 이루어졌다. CAC는 교육 계획들을 입에서 입으로 전해지는 전통적인 이야기에 집중하기로 정했다. 이야기를 듣는 것은 문화적 가치와 전통들을 다음 세대에 전하는데 있어서 큰 가치가 있다. 또 CAC가 선택한 소재는 축적된 부와 권력 지배적인 서부가치관과 대조되는 너그러움의 문화적 가치를 제시하는 것으로 결정했다. 제안된 이런 방법은 초창기 토착부족들의 공동체 생활을 영상자료로 제공하고, 교육자료의 도입 부분에 내레이션을 통해 전통적 너그러움을 반영할 수 있게 했다(Fahrenwald, Belitz, Keckler, & Sharma, 2007).

비디오와 인쇄자료들에는 모두 지역 부족원들과 그들의 가족사진들이 포함되었다. 이 참여자들은 그들이 장기나 조직을 기증받았던 이야기, 신장을 기증했던 경험, 신장기증자가 나타나기를 기다리던 때의 이야기, 또는 사망한 가족을 대신해 장기와 조직기증을 결정했던 이야기 등을 이야기 하는 것에 대해 동의했다. CAC에 의해 영어권 시청자를 위해 만들어진 원본 동영상에 부분적으로 전통 음악과 언어를 포함시켰다. 지역의 드럼연주 그룹과 자원봉사자로 나선 영적 지도자가 장기와 조직을 기다리는 사람들과 그외 몸이 불편한 많은 사람들을 위해서 기도를 해주었다. 인쇄자료들에 포함된 그림, 색깔, 그리고 메시지들은 CAC에 의해 선택되었다.

또한 Intervention 메시지는 현재의 행동변화 이론에 기반을 두고 있었다. 행동변화의 Transtheoretical Model(TTM)은 이미 30 여 년간 존재했었고(Prochaska, 1979) 여러 가지 건강습관들에 적용되어졌다(Prochaska et al., 1994). TTM의 매력은 의사결정이 흑백논리인 예 또는 아니오로 되지 않고, 오히려 비선형 의도 형성(nonlinear process of intention formation)에 의해 행동으로 옮겨진다는 것이다. 이 모델은 의사결정에 있어서 비선형적 진행을 하는 문화적 개념에 적합하기 때문에 선택되었고, 또한 장기 및 조직의 기증자가 되려 할 때 보여주는 변덕스러운 심정의 변화를 유연성 있게 잘 반영할 수 있기 때문에 선정되었다. TTM은 다양한 행동학적 이론들을 접목시켜서 장기 및 조직기증의 의사가 없는 단계로부터(precontemplation 단계) 기증의도를 가지는 단계(contemplation 단계), 기증희망 카드에 등록하는 행동의 변화 단계,

기증 결정 의사를 가족과 함께 나누는 단계(action 단계) 등으로의 변화들을 조장하게 하였다. Intervention 메시지들은 앞서 말했던 기증의사가 없는 경우부터 기증의사가 생기는 단계, 이를 행동으로 옮기는 단계, 최종적으로 이를 가족과 나누는 단계를 조성하는 TTM의 구성과 적절했다. 행동학자들은 메시지를 각 행동변화 단계와 유사하게 구성하고, 최소한 세 개의 메시지들이 각 단계들과 관련하여 제시되도록 검토했다.

Intervention의 전달은 원조(outreach) 코디네이터들이 부족의 지도자들이나 어르신들, 그리고 의료서비스 제공자들과의 관계형성 노력들에 의해 영향을 받았다. 각 인디언 보호구역의 사회양상이 달랐기 때문에, 이 지역사회에서 사회의 구조와 대화방법들을 찾는 것은 프로그램 전달에 매우 중요했다.

## 결과 측정 방법에 대한 선택

장기 및 조직기증자가 되려는 결심을 표시하는 것과 그 결정을 가족과 나누는 일이 이번 연구의 결과측정의 일차 목표였다. 이를 위해 시행한 간단한 설문조사는 대학생들을 상대로 시험 전후의 변화 측정을 위해 개발된 원래의 양식을 수정하여 사용하였다(Robbins et al., 2002). 그러나 CAC는 원래 양식이 문화적면에서 부적절하며, 의사결정의 시간적인 면에(예를 들면 30일과 6개월의 결과) 초점을 두었기 때문에 동의하지 않았고, 이로 인해 내용이 변경되었다. 변경된 내용에는 장기기증자로 결정하기까지의 시간을 3단계로 나누어서 대답할 수 있게 했다(Fahrenwald & Stabnow, 2005). 6개월과 30일의 조사는 단순화를 위해서 제거하고 AI 부족의 문화적 배경에 맞는 시간단위를 사용했다. 이번 조사의 신뢰도와 타당성은 인디언 보호구역내 거주하는 성인들을 상대로 한 시험연구를 통해서 확인되었다.

참여자들에게는 장기와 조직기증을 할 준비가 되어있는지를 알아보는 설문조사가 교육시간 전후에 이루어졌다. 참여자들이 장기기증카드에 싸인 할 의사를 보이거나 운전면허증에 기증의사를 등록하려 하면 설문조사는 끝이 나고, 그들에게는 마지막으로 각자 가족원들과 이 결정을 나누었는지에 대한 추적조사에 동의할 것인지를 물었다. 가족과 이 결정에 대해 대화를 했는지에 대한 확인은 전화를 통해 개인적으로 이루어졌다.

## 결과 요약

1,580명의 성인들이 이번 intervention에 참여했고 이들 모두가 intervention이 전과 이후의 검사에 참여하여 자료수집이 가능했다(Fahrenwald et al., 2007). Intervention 이전에는 참가자의 60%가 장기 및 조직 기증자가 되기를 생각조차 하지 않았으며 40%만 이에 대해 생각은 하고 있었다. Intervention 이후 1,580명의 참가자중 약 10%가 기증카드에 사인을 하고 이 사실을 그들의 가족들에게 알렸으며, 이 가족간 대화는 현장에서 설문조사를 담당했던 코디네이터에 의해서 확인되었다. 모든 참가자들 중 50%가 넘는 인원들이 장기 및 조직 기증자가 되려는 의도를 가지기 시작했고, intervention후에도 자신의 의지에 변화가 없었던 사람은 40%가 조금 넘었다.

이번 연구 결과들은 single-group design(개인의 의사결정이 다른 사람들의 의사에 의해 영향을 받지 않는다는 가정을 가진 연구방법)이었고, 무작위 추출이 아니라는 면에서 한계가 있었다. 그래도 긍정적인 결과들은 intervention이 장기와 조직기증 결정에 영향을 주는 것으로 나타난 사실이다. 의외의 결과는 젊은 참여자들이 장기와 조직기증 희망자가 될 확률이 높게 나타난 것이다. 가족들과의 대화 여부에 대한 확인은 인디언 보호구역 거주자들이 넓은 지역에 분포되어 있었고 전화 연결에 어려움이 있어서 한계가 있었다. 따라서 가족들과 직접 대면하여 조사하는 방법이 추천할 만한 추적조사 방법이었다.

### 접근에 따른 장벽

인디언 사회를 대상으로 문화적 목적과 이론에 기초한 interventions을 개발하고 이런 intervention들을 실험적 방법으로 점검하여, 사회의 표준에 적합한 방법을 만드는 데는 시간이 걸린다. Intervention을 완성하는 데는 약 1년이 걸렸다. 과정 자체로 봤을 때 이 시간은 잘 투자되었다고 보지만, 자금을 제공했던 단체들의 관점에서 봤을 때는 그렇지 못했다. 이 정도 규모의 프로젝트가 있기까지 여러 관계를 만들어가는 데는 intervention 제작 이전에 이미 2년이라는 긴 시간이 걸렸다.

소외된 지역사회 주민들과 함께 일한다는 것은 명예로운 일이고 특권이며, 상호 신뢰를 유지할 수 있다는 것은 지속적인 협조에 가장 중요한 점이다.

Intervention 제작기간 동안 참여한 지역사회 주민들과 CAC 회원들의 기여를 인지하고 합당한 대우를 하는 것은 연구 초기에 상호 대화로 결정되어야 한다. 지역 주민들이 제공한 시간과 함께 나눈 지혜를 존중하는 것은 매우 중요하다. 사례금 지급방법으로는 은행계좌 입금과 같은 일반적인 방법이 항상 가능한 것은 아니다. 일부 인디언 보호구역들은 은행이 없기도 하고 은행 계좌가 아예 없는 경우도 더러 있다.

인디언들의 기증희망 등록의사 표현에서 알게 된 특이한 현상은 운전면허 등록과 관련된 부족 자치제도의 현실이었다. 인디언 보호구역내에서는 운전면허가 없이도 운전이 가능하기 때문에 운전면허에 기증의사 표현을 하는 방법은 주정부 시스템을 통해 기증자 ID 카드를 요청하는 방법 또는 기증의사를 기록한 서류를 가지고 다니는 등의 다른 방법이 필요했다.

북부 평지 인디언 보호구역에서 지역사회를 기초한 intervention을 시행할 때 그 지역의 지형적 조건을 고려해야 한다. 혹독한 겨울 날씨와 광활하고 넓은 지역적 특성, 그리고 한정된 인적 물적 자원들이 고려해야 할 현실이다. 이런 문제점들을 예상하고 대체할 수 있는 해결책을 계획하는 것이 연구과정에 있어서 매우 중요하다.

## 결론

과학자들은 건강의 격차를 개선하는데 참여할 기회와 책임이 있다. AI, AN 그리고 FN 지역사회들과 함께 일을 할 때 우리에게 주어진 책임은 허약한 건강 상태 또는 떨어진 삶의 질을 개선하는 노력의 일환으로 주민들과의 신뢰성 확립과 장기적인 우호관계를 유지하는 것이었다. 추가적인 사회에 기반한 참여 연구는 AI, AN 그리고 FN 지역사회에 존재하는 장기 및 조직 기증과 수요와 격차를 줄이려는 우리의 노력을 강화시켜 줄 것이다. 공동 참여자들 간에는 접근방법에 있어서 융통성이 필요하고, 연구 전체 과정에서 제기되는 새로운 대체 안에 대해서 항상 열린 관점을 가져야 한다.

## 감사의 말

이번 연구는 South Dakota Lion의 Eye Bank와 U.S. Health and Human Services 소속 South Dakota 주립대학교, Health Resources and Services Administration, Division of Transplantation, R39 OT01211-01에서 제공하는 연구비로 이루어 졌다. 저자는 연구 팀원들(Christine Belitz, the South Dakota Lion's Eye Bank(SDLEB)의 전무이사; 그리고 Arliss Keckler, 원조(outreach) 코디네이터, SDLEB)을 포함해 intervention의 개발, 평가에 참여한 모든 이들에게 감사를 표한다. 이 장에 표현된 소견은 오직 연구자의 것이며 Indian Health Service의 관점을 반영했다고 할 수는 없다.

## 참고 문헌

1. Baldwin, L. M., Grossman, D. C., Casey, S., Hollow, W., Sugarman, J. R., Freeman, W. L., et al. (2002). Prenatal and birth outcomes among rural and urban American Indians/Alaska Natives. American Journal of Public Health, 92, 1491~1497.
2. Blagg, C. R., Helgerson, S. D., Warren, C. W., Keendenton, K., Seely, M., Peterson, L., et al. (1992). Awareness and attitudes of northwest Native Americans regarding organ donation and transplantation. Clinical Transplantation, 6, 436~442.
3. Centers for Disease Control and Prevention. (2008). American Indian and Alaska Native populations. Office of Minority Health. Retrieved March 30, 2007, from http://www.cdc.gov/omh/Populations/AIAN/AIAN.htm
4. Commission on Civil Rights. (2003). A quiet crisis: Federal funding and unmet needs in Indian country. Retrieved March 30, 2007, from www.usccr.gov/pubs/na0703/na0731.pdf
5. Danielson, B. L., LaPree, A. J., Odland, M. D., & Steffens, E. K. (1998). Attitudes and beliefs concerning organ donation among Native Americans in the upper Midwest. Journal of Transplant Coordination, 8, 153~156.
6. Davis, S. M., & Reid, R. (1999). Practicing participatory research in American Indian communities. American Journal of Clinical Nutrition, 69, 755S~759S.
7. Evans, R.W., Manninen, D.L., Garrison, L.P., Jr., Hart, L.G., Blagg, C.R., Gutman, R.A., et al. (1985). The quality of life of patients with end-stage renal disease. New England Journal of Medicine, 312, 553~559.
8. Fahrenwald, N. L., Belitz, C., Keckler, A., & Sharma, M. (2007). Sharing the gift of life: An intervention to increase organ and tissue donation for American Indians. Progress in Transplantation, 17, 281~288.
9. Fahrenwald, N. L., & Stabnow, W. (2005). Sociocultural perspective on organ and tissue donation among reservation-dwelling American Indian adults. Ethnicity & Health, 10, 341~354.
10. Health Canada. (2007). Diabetes among Aboriginal people in Canada: The evidence. Retrieved March 30, 2007, from http://www.hc-sc.gc.ca/fnih-spni/alt_formats/fnihb-dgspni/pdf/pubs/diabete/2001_evidence_faits_e.pdf
11. Indian and Northern Canada Affairs. (N.d.). Frequently asked questions about Aboriginal peo-

ples. Retrieved March 30, 2007, from http://www.ainc-inac.gc.ca/pr/info/info125_e.html
12. Institute of Medicine. (2006). Organ donation: Opportunities for action, Committee on Increasing Rates of Organ Donation (J. F. Childress & C. T. Liverman, Eds.). Washington, DC: National Academy of Sciences.
13. Isaacs, R. (2004). Ethical implications of ethnic disparities in chronic kidney disease and kidney transplantation. Advances in Renal Replacement Therapy, 11, 55~58.
14. Israel, B. A., Eng, E., Schulz, A. J., & Parke, E. A. (Eds.). (2005). Methods in communitybased participatory research for health. San Francisco: Jossey-Bass.
15. Lee, E. T., Howard, B. V., Savage, P. J., Cowan, L. D., Fabsitz, R. R., Oopik, A. J., et al. (1995). Diabetes and impaired glucose tolerance in three American Indian populations aged 4574 years: The Strong Heart Study. Diabetes Care, 18, 599~610.
16. Leffell, M. S., Fallin, M. D., Hildebrand, W. H., Cavett, J. W., Iglehart, B. A., & Zachary,A. A. (2004). HLA alleles and haplotypes among the Lakota Sioux: Report of the ASHI minority workshops, part III. Human Immunology, 65, 78~89.
17. Molzahn, A. E., Starzomski, R., McDonald, M., & O' Loughlin, C. (2004). Aboriginal beliefs about organ donation: Some Coast Salish viewpoints. Canadian Journal of Nursing Research, 36, 110~128.
18. Narva, A. S. (1996). ESRD in the American Indian population. Nephrology News Issues, 10, 28~30.
19. Narva, A. S. (2003). The spectrum of kidney disease in American Indians. Kidney International Supplement, S, 37.
20. Natural Resources Canada. (2001). Percentage of Aboriginal population by Census division. Retrieved March 30, 2007, from http://atlas.nrcan.gc.ca/site/english/maps/peopleandsociety/population/aboriginalpopulation/abo_2001/pm_abpopcd_01/
21. Newman, J. M., Marfin, A. A., Eggers, P. W., & Helgerson, S. D. (1990). End state renal disease among Native Americans, 198386. American Journal of Public Health, 80, 318~319.
22. Norrell, B. (2005). Urban Indian summit mirrors population shift. Indian Country Today, 24, 36. Retrieved March 30, 2007, from http://indiancountry.com/content.cfm?id = 1096410344
23. Population Reference Bureau. (1999). Population bulletin. Retrieved March 30, 2007, from http://www.prb.org/Publications/PopulationBulletins.aspx
24. Port, F. K., Wolfe, R. A., Mauger, E. A., Berling, D. P., & Jiang, K. (1993). Comparison of survival probabilities for dialysis patients vs cadaveric renal transplant recipients. Journal of American Medical Association, 270, 1339~1343.
25. Prochaska, J. O. (1979). Systems of psychotherapy: a transtheoretical analysis. Homewood, IL: Dorsey Press.
26. Prochaska, J. O., Velicer, W. F., Rossi, J. S., Goldstein, M. G., Marcus, B. H., Rakowski, W, et al. (1994). Stages of change and decisional balance for 12 problem behaviors. Health Psychology, 13, 39~46.
27. Robbins, M. L., Ganikos, M., Leino, E. M., Eastwood, A., Webster, L., & Bieterman, C. (2002). Stage-based intervention to increase intent for organ donation among college students. Annals of Behavioral Medicine, 24, S138.
28. Scheper-Hughes, N. (2000). The global traffic in human organs. Current Anthropology, 41, 191~224.
29. Seifer, S. (2003). Documenting and assessing community based scholarship: Resources for faculty. In M. Minkler & N. Wallerstein (Eds.), Community based participatory research for health (pp. 429~443). San Francisco: Jossey-Bass.
30. Statistics Canada. (2001). Population reporting an Aboriginal identity, by mother tongue, by province and territory: 2001 Census. Retrieved March 30, 2007, from http://www40.statcan.ca/

101/cst01/demo38a.htm?sdi = aboriginal/
31. Tom-Orme, L. (2006). Research and American Indian/Alaska Native health: A nursing perspective. Journal of Transcultural Nursing, 17, 261~265.
32. Tookenay, V. F. (1996). Improving the health status of Aboriginal people in Canada: New directions, new responsibilities. Canadian Medical Association Journal, 155, 1581~1583.
33. Upper Midwest Organ Procurement Organization. (1995). Medical record review of 17 major donor hospitals in the region. Minneapolis: LifeSources.
34. U.S. Census Bureau. (1999). Statistical abstract of the United States: The national data book. Washington, DC: U.S. Census Bureau.
35. U.S. Census Bureau. (2002). The American Indian and Alaska Native population. Washington, DC: US Census Bureau.
36. Viswanathan, M., Ammerman, A., Eng, E., Gartlehner, G., Lohr, K. N., Griffith, D., et al. (2004). Community-based participatory research: Assessing the evidence (Evidence report/technology assessment No. 99, prepared by RTIUniversity of North Carolina Evidence-Based Practice Center under Contract No. 290-02-0016; AHRQ Publication 04-E022-2). Rockville, MD: Agency for Healthcare Research and Quality.
37. Wallerstein, N. B., & Duran, B. (2006). Using community-based research to address health disparities. Health Promotion Practice, 3, 312~323.
38. Wolfe, R. A., Ashby, V. B., Milford, E. L., Ojo, A. O., Ettenger, R. E., Agodoa, L., et al. (1999). Comparison of mortality in all patients on dialysis, patients on dialysis awaiting transplantation, and recipients of a first cadaveric transplant. New England Journal of Medicine, 341, 1725~1730.
39. Zuckerman, S., Haley, J., Roubideaux, Y., & Lillie-Blanton, M. (2004). Health service access, use, and insurance coverage among American Indians/Alaska Natives and Whites: What role does the Indian Health Service play? American Journal of Public Health, 94, 53~59.

# 참여 저자 목록 List of Contributors

G. Caleb Alexander, MD, MS, Assistant Professor, Department of Medicine, University of Chicago
E-mail: galexand@uchicago.edu

Margaret D. Allen, MD, Research Member, Benaroya Research Institute, and Affiliate Professor of Surgery, University of Washington
E-mail: mallen@benaroyaresearch.org

Eusebio M. Alvaro, PhD, Research Professor, School for Behavioral and Organizational Sciences, Claremont Graduate University
E-mail: Eusebio.alvaro@cgu.edu

Ashley E. Anker, PhD, post-doctoral Research Associate, Department of Communication, University at Buffalo, State University of New York
E-mail: aeanker@buffalo.edu

David Bosch, MA, Communications Director, Gift of Hope Organ & Tissue Donation
E-mail: dbosch@giftofhope.org

William D. Crano, PhD, Oskamp Professor of Psychology, School for Behavioral and Organizational Sciences, Claremont Graduate University
E-mail: William.crano@cgu.edu

Diane Dodd-McCue, DBA, Associate Professor, Program in Patient Counseling, Virginia Commonwealth University
E-mail: ddoddmccue@vcu.edu

Kimbertey Downing, PhD, Co-Director, Institute for Policy Research, Affiliated Research Associate Professor, Department of Political Science, University of Cincinnati
E-mail: kim.downing@uc.edu

Kelly Eng, Community Relations Specialist, New York Organ Donor Network
E-mail: keng@nyodn.org

Nancy L. Fahrenwald, PhD, RN, Associate Professor, College of Nursing, South Dakota State University
E-mail: nancy.fahrenwald@sdstate.edu

Thomas Hugh Feeley, PhD, Associate Professor, Department of Communications, University at Buffalo, State University of New York
E-mail: thfeeley@buffalo.edu

Robert L. Fischer, PhD, Center on Urban Poverty and Community Development, Mandel School of Applied Social Sciences, Case Western Reserve University
E-mail: fischer@case.edu

Mary Ganikos, PhD, Chief, Public and Professional Education Branch, Division of Transplantation, Health Resources and Services Administration, U.S. Department of Health and Human Services
E-mail: mganikos@hrsa.gov

Jackie Gnepp, PhD, President, Humanly Possible, Inc.
E-mail: Jackie@HumanlyPossible.com

Kate Grubbs O' Connor, BS, Chief Operating Officer, National Kidney Foundation of Illinois, 215 W. Illinois Street, Suite 1C, Chicago, IL 60610
E-mail: koconnor@nkfi.org

Susan Gunderson, MHA, CEO, LifeSource
E-mail: info@life-source.org

Paul L. Hebert, PhD, Investigator and Research Associate Professor, Health Services Research and Development, Mount Sinai School of Medicine, and Department of Health Services, University of Washington School of Public Health
E-mail: Paul.Hebert2@va.gov

Zachary P. Hohman, MA, Graduate Student, School for Behavioral and Organizational Sciences, Claremont Graduate University
E-mail: Zachary.hohman@cgu.edu

Diane Hollingsworth, BBA, Manager of Transplantation and Organ Donor Awareness Education, National Kidney Foundation of Illinois
E-mail: hollingsworthdm@aol.com

Carolyn C. Johnson, PhD, FAAHB, NCC, LPC, Professor, Department of Community Health Sciences, Tulane University School of Public Health and Tropical Medicine
E-mail: cjohnso5@tulane.edu

Clarence Jones, MA, Outreach Director, Southside Community Health Services
E-mail: clarence.jones@southsidechs.org

Linda L. Jones, RN, Emetitis CEO, Lifeline of Ohio Organ Procurement Organization
E-mail: ljones0625@sbcglobal.net

Sara Pace Jones, Director, Donor Program Development, Donor Network of Arizona
E-mail: sara@dnaz.org

Joshua Klayman, PhD, Professor Emeritus of Behavioral Science, Booth School of Business, University of Chicago
E-mail: joshk@uchicago.edu

# 참여저자 목록

Willa Lang, MSW, Executive Director, National Kidney Foundation of Illinois,
215 W. Illinois Street, Suite 1C, Chicago, IL 60610
E-mail: wlang@nkfi.org

Susan Mau Larson, APR, Director of Public Affairs, LifeSource
E-mail: info@life-source.org

Regina Lee, JD, Chief, Development Officer, Charles B. Wang Community Health Center
E-mail: rlee@cbwchc.org

David Meltzer, MD, PhD, Associate Professor, Department of Medicine, University of Chicago
E-mail: dmeltzer@medicine.bsd.uchicago.edu

Susan E. Morgan, PhD, Professor, Department of Communications, Purdue University
E-mail: semorgan@purdue.edu

Stuart Oskamp, PhD, Emeritus, Claremont Graduate University
E-mail: stuart.oskamp@cgu.edu

Catherine Paykin, MSSW, Transplant Services Programs Director, National Kidney Foundation
E-mail: cathyp@kidney.org

Gigi Politoski, BA, Senior Vice President of Programs, National Kidney Foundation
E-mail: gigip@kidney.org

Anita Pomerantz, PhD, Professor, Department of Communication, University at Albany, The State University of New York
E-mail: apom@albany.edu

Michael T. Quinn, PhD, Associate Professor, Department of Medicine, University of Chicago
E-mail: mquinn@medicine.bsd.uchicago.edu

David M. Radosevich, PhD, RN, Assistant Professor, University of Minnesota
E-mail: davidmr@umn.edu

Julia Rivera, MHS, Director of Communications, New York Organ Donor Network
E-mail: Jrivera@nyodn.org

James R. Rodrigue, PhD, Psychologist, Beth Israel Deaconess Medical Center, The Transplant Center
E-mail: jrrodrig@bidmc.harvard.edu

Tiffany Scott, LifeSource
E-mail: info@life-source.org

Susan Seto-Yee, RN, Clinical Director, Charles B. Wang Community Health Center
　　E-mail: syee@cbwchc.org

Jason T. Siegel, PhD, Research Professor, School for Behavioral and Organizational Sciences, Claremont Graduate University
　　E-mail: Jason.siegel@cgu.edu

Linda Singleton-Driscoll, MBA, Principal, Chléire Consulting, Inc.
　　E-mail: linda@chleire.com

Barbara Stillwater, PhD, RN, Director, Diabetes Prevention and Control Program, Division of Public Health, State of Alaska
　　E-mail: barbara.stillwater@alaska.gov

William Tendle, MS, Executive Director, Southside Community Health Services
　　E-mail: bill.tendle@southsidechs.org

Donald E. Vincent, MA, Doctoral Candidate, Department of Communications, University at Buffalo, State University of New York
　　E-mail: vincent4@buffalo.edu

Amy D. Waterman, PhD, Assistant Professor, Department of Internal Medicine, Washington University School of Medicine
　　E-mail: amywaterman@wustl.edu

Larry S. Webber, PhD, Professor, Department of Biostatistics, Tulane University School of Public Health and Tropical Medicine
　　E-mail: lwebber@tulane.edu

Carla Williams, Former Executive Director, New York Alliance for Donation, Inc.
　　E-mail: crw03@health.state.ny.us